何以华夏

陈稺常 著

新世界出版社

图书在版编目（C I P）数据

何以华夏 / 陈稼常著. -- 北京：新世界出版社，2023.5（2025.5重印）
ISBN 978-7-5104-7641-9

Ⅰ.①何… Ⅱ.①陈… Ⅲ.①中国历史—先秦时代—通俗读物 Ⅳ.① K220.9

中国国家版本馆CIP数据核字（2023）第 033897 号

何以华夏

作　　者：陈稼常
责任编辑：刘　颖
责任校对：宣　慧　张杰楠
责任印制：王宝根
出　　版：新世界出版社
网　　址：http://www.nwp.com.cn
社　　址：北京西城区百万庄大街 24 号（100037）
发 行 部：(010)6899 5968（电话）(010)6899 0635（电话）
总 编 室：(010)6899 5424（电话）(010)6832 6679（传真）
版 权 部：+8610 6899 6306（电话）nwpcd@sina.com（电邮）
印　　刷：嘉业印刷（天津）有限公司
经　　销：新华书店
开　　本：710mm × 1000mm　1/16　尺寸：170mm × 240mm
字　　数：300 千字　印张：21
版　　次：2023 年 5 月第 1 版　2025 年 5 月第 4 次印刷
书　　号：ISBN 978-7-5104-7641-9
定　　价：65.00 元

编者说明

华夏文明历史源远流长，是世界上最古老的文明之一，也是世界上持续时间最长的文明之一。我们的民族气质与文化性格是如何形成的？回顾我们的源头、梳理我们的根脉，具有特别重要的意义。这是当下我们的历史责任，也是为后人永续传承我们民族文化道统而义不容辞的工作。陈穉常是我国著名历史学家，她的《中国上古史演义》，曾被列入全国学生必读书目。在今天来看，这本书内容丰厚、文采焕然，毫不过时，仍是通俗史中的上乘之作。本书以华夏文明形成的历史发展脉络为主线，介绍了自地球上有生物起至西周灭亡的历史。为了使中国文化得以更好地传承下去，我们重新出版此书，周朝于西周时期称王天下，始称华夏，故此次出版更名为《何以华夏》。希望本书能供读者品读我们祖先的风貌和才华，探寻华夏文化之根及华夏民族精神的源头。

在编辑这本书的过程中，我们遇到了一些挑战和困难——由于时代的变迁，书中某些语词的运用已经不符合现今读者的阅读习惯。因此，我们在参照原书最初版本的基础上，一方面尽量保持原作的风貌，未做大的改动；另一方面也根据现代阅读习惯及汉语规范，对原版行文明显不妥处酌情勘误、修订。

除有出处的引文保持原貌外，具体操作遵从以下修改：

一、标点审校，尤其是引号、分号、书名号、破折号等的使用，均按照现代汉语规范进行修改。

二、原版中的异体字，按照《现代汉语辞典》改为通用简体字。

三、词语发生变迁的，均以现代汉语标准用法统一修订。如：“发见”改“发现”，“精采”改“精彩”，“身分”改“身份”，“惟一”改“唯一”，“孳生”改“滋生”，“玉珪”改“玉圭”，“罣碍”改“挂碍”，“甦醒”改“苏醒”，“原故”改“缘故”，“蕃殖”改“繁殖”，“徬徨”改“彷徨”，“胡涂”改“糊涂”等。

此外，地名与现今行政划分标准有出入的，如“商县”今为“商洛市商州区”，“鞏县”今为“巩义市”，“潍县”今为“潍坊市”，“掖县”今为“莱州市”等，统一加编者注说明。

最后的修订结果若有不妥之处，还望读者海涵。

自 序

一九五一年春间，顾颉刚先生拿来吕叔达先生的《中国通史演义》稿子，嘱我把它改写。当时我以为这种工作和我的兴趣很相合，便不加考虑地答应了。可是吕先生原稿，上古部分只有一万多字，改写是不可能的，便和顾先生商量，需要另外写过，尽可能利用新旧史料和新的历史观点结合起来，扩充范围，适当地加以夸张，才可以符合演义体裁；但是字数可能增加好几倍。顾先生说："那么，就先写一部上古史演义，其余再分册来写。"事情就这样决定了。

拿起笔来，才感到这本书虽然是一种小说性质，却并不省事，因为除了要有正确的观点之外，还得注重趣味化；在不违背历史事实的原则下，予以形象化的描绘。已往我国历史小说不算太少，可是除了几部杰出的如《三国演义》等以外，一般说来，大都不够趣味化。因为它们差不多都是依照官书所载的历史事迹加以编写，注重的只是一姓兴亡，宫廷琐事，或者个人成败，局势分合；而对于劳动人民的创造，社会文化的发展，以及中华民族英勇斗争的精神和优秀的传统，则很少谈到，更不能要求它们有新的正确的历史观点了。

至于上古史阶段的演义那就更少了。有的完全用神话组成，例如《上古神话演义》。有的带着浓厚的迷信色彩，例如《封神演义》。根据正确史料来写成的上古史演义，似乎还不曾有过。（《廿四史演义》里有过很短的一部分，也是照抄古书。）最大的原因恐怕还是因为中国上古史料虽然不少，但是写起长篇小说来，还嫌不够，就只好避而不谈，去描写渺茫的神话。古人说：“画牛马难，画鬼魅易。”这大约就是上古史演义所以很少有人根据历史事迹来写的原因吧！

当然，古代人民传说的神话，不是不可描写的。这些神话的来源，可能是古代人民对于劳动创造的热爱，或对于自然现象的幻想，还是有它一定的意义的。

近代考古学大兴，由于地下发掘，丰富了研究上古的史料；还有天文、地质、生物、甲骨、金石等科学家探索出上古的实在情形；尤其社会科学家阐明了社会发展史。这一切都使研究上古史的人们增加了许多便利。条件既然比较好，按理似乎可以依据关于上古的新旧史料，来写一部比较可看的上古史演义了。

但是真要写起来，问题可就多了。因为这些史料大半散见于各种书刊，必需多方搜罗。而且它们中间还存在着各执一词、彼此矛盾的情况；有些问题是历史学家们聚讼纷纭、迄今还没有得到结论的。选择去取之间，煞费斟酌。甚至若干年内仅有一片空白，毫无史实；或只剩一鳞片羽，真有“食之无味，弃之可惜”之感。

有些地方，中国史料不足似乎可以采用外国历史学家研究的成果，可是它们往往又不一定适合于中国情况。例如外国历史学家说：苏联是农业早于狩猎的；可是中国史上，伏羲神农的次序，已经成为几千年固定的传说。又如外国史肯定猿人最早是吃葡萄的，可是中国上古似乎没有葡萄。外国史认为最早的陶器是由篮子敷泥烧成的，可是中国最早的陶器记载是《周礼》的裹烧。其他如上古的动物植物，也未必中外尽同。为了慎重起见，除中国地下已经发现的之外，一概舍弃。有些地方，上古史料不足，又似可把中古以下的史料来类推，可是中国上古的生活和中古以下大不相同，许多文物名词都不是上古所有的。例如佛教在汉时始入中国，汉以前书籍无“僧”字。本书于上古巫祝，一概不用“僧侣”字样。“酋长”二字始见于《汉书·张敞传》，原文意义乃指窃盗的魁帅，与后人引申为部落首领的意义迥不相同（“部落”二字亦始见于《后汉书》，上古无此名词）。本书于上古氏族首领，一概不用“部落酋长”字样，其他一切词语，也都依照时代背景，极力避免杂用。

这样选择起来，时代越古，可以运用的词语就越少，何况还有许多应该删除的不正确史料和唯心派的见解呢！写的时候，真好比“衣败絮，行荆棘中”，随时随地都发生挂碍，兢兢业业，只怕摔倒，哪里还谈得到文字的好丑呢！可是在筚路蓝缕之中，坚持到底，也自有一种愉快的滋味。

现在总算把它写完了，不知不觉已经写了三十万字。自己看了几遍，还是很不满意，而且由于个人才力所限，一定有许多见不到的地方，现在也只得算了。还请读者多多批评指正，使这本不成熟的作品得以陆续修正，减少错误。

最后，本书在写作过程中及印成样本后，曾蒙各方师友提出许多宝贵的意见，帮助很大，特别在此附笔志谢。

陈穉常

一九五四年八月

楔 子

这真是一幅历史上永远不朽的图画，自从一九四九年十月一日我在北京参加了中华人民共和国开国大典以后，脑里常常浮现着这个动人的镜头。

整个广场排满了几十万人民组成的队伍，数不尽的红旗波浪般汹涌着。当毛泽东主席宣布中华人民共和国中央人民政府成立的时候，广场上登时发出震天动地的一片欢呼，千万只眼睛注视下的五星红旗缓缓地由旗杆升上，在光辉灿烂的阳光中庄严地招展着，接着便是轰隆轰隆的二十八声礼炮，那声音真是山摇地动，象征着全国人民的坚强力量。一阵阵的口号和掌声，陆续不断地响彻云霄，整个首都，以至整个中国，都沉浸在狂欢的热潮里。大家都认识到，在毛泽东主席和中国共产党的正确领导下，中国一定可以达到独立、民主、和平、统一、富强五者具备的国家，这是何等幸福啊！

当我极端兴奋的时候，又拿起毛泽东主席的《中国革命和中国共产党》，从头细细地看下去。在这书中，他告诉我们说："我们中国是世界上最大国家之一，它的领土和整个欧洲的面积差不多相等。在这个广大的领土之上，有广大的肥田沃地，给我们以衣食之源；有纵横全国的大小山脉，给我们生长了广大的森林，贮藏了丰富的矿产；有很多的江河湖泽，给我们以舟楫和灌溉之利；有很长的海岸线，给我们以交通海外各民族的方便。从很早的古代起，我们中华民族的祖先就劳动、生息、繁殖在这块广大的土地之上。"

这样壮丽伟大的祖国，有着雄阔浩瀚的山河，用之不竭取之不尽的宝藏，而我们就是承受这份丰富遗产的主人，这是何等荣幸的事情啊！我看了上面一段，全身都感觉温暖起来，于是怀着无限愉快的心情，再看下去：

“我们中国现在拥有四亿五千万人口[①]，差不多占了全世界人口的四分之一。在这四亿五千万人口中，十分之九以上为汉人。此外，还有蒙人、回人、藏人、维吾尔人、苗人、彝人、僮人[②]、仲家人[③]、朝鲜人等，共有数十种少数民族，虽然文化发展的程度不同，但是都已有长久的历史。中国是一个由多数民族结合而成的拥有广大人口的国家。”

我们是这样一个人口众多的大家庭，这家庭哪里来的呢？在什么时候我们才团结在一起的呢？我对于这些常识实在太缺乏了，我觉得非常惭愧。再读下去：

“中华民族的发展（这里说的主要是汉族的发展），和世界上别的许多民族同样，曾经经过了若干万年的无阶级的原始公社的生活。而从原始公社崩溃，社会生活转入阶级生活那个时代开始，经过奴隶社会、封建社会，直到现在，已有了大约四千年之久。在中华民族的开化史上，有素称发达的农业和手工业，有许多伟大的思想家、科学家、发明家、政治家、军事家、文学家和艺术家，有丰富的文化典籍。在很早的时候，中国就有了指南针的发明。还在一千八百年前，已经发明了造纸法。在一千三百年前，已经发明了刻板印刷。在八百年前，更发明了活字印刷。火药的应用，也在欧洲人之前。所以，中国是世界文明发达最早的国家之一，中国已有了将近四千年的有文字可考的

---

① 毛泽东主席发表这篇文字时，还在一九三九年十二月。到一九五四年各地进行基层选举工作时进行人口调查，据初步统计，一九五三年六月三十日的全国人口总数已达六亿零一百九十一万三千三百七十一人。——原版注（上海文化出版社，1955年9月第一版）

② 我国少数民族壮族的“壮”字原作“僮”。——编者注（本书脚注，除特别注明外，均为编者所加。）

③ “仲家人”指的是我国现在的少数民族布依族。

历史。”

我们的文化是这样地辉煌煊赫，我们的历史是这样地源远流长，我做一个中国人，真感到无上的光荣，无上的幸运，实在可以自豪。我充满了无限的自尊和热爱祖国的心情，再仔细读下去：

“中华民族不但以刻苦耐劳著称于世，同时又是酷爱自由、富于革命传统的民族。以汉族的历史为例，可以证明中国人民是不能忍受黑暗势力的统治的，他们每次都用革命的手段达到推翻和改造这种统治的目的。在汉族的数千年的历史上，有过大小几百次的农民起义反抗地主和贵族的黑暗统治。而多数朝代的更换，都是由于农民起义的力量才能得到成功的。中华民族的各族人民都反对外来民族的压迫，都要用反抗的手段解除这种压迫。他们赞成平等的联合，而不赞成互相压迫。在中华民族的几千年的历史中，产生了很多的民族英雄和革命领袖。所以，中华民族又是一个有光荣的革命传统和优秀的历史遗产的民族。”

原来这样可爱的锦绣河山，这样丰富的文化遗产，是我们英勇的祖先遗留给我们的；这样悠久而光辉的历史，是千万年来人民用自己的劳动与智慧创造出来的。我们在中国共产党和毛泽东主席的英明领导下，终于彻底推翻了帝国主义、封建主义与官僚资本主义的黑暗统治，取得了伟大无比的人民革命胜利，创建了今日辉煌灿烂的中华人民共和国。这和过去绵长的中国人民奋斗业绩是无法分割的。我们今天做了新中国的主人，享受着幸福胜利的果实，对于这样艰难缔造的光荣历史，实在应当好好学习，用爱国主义来武装自己的头脑。

可是要学习这样悠长的历史也不是容易的事。中国历史书籍虽然多得数不清，可惜大半都是站在统治阶级的立场，无数人民的创造业绩和劳动成果都给掩蔽了，歪曲了。虽然现在已经有了用正确观点写成的中国新历史，我们又因工作很忙，无法充分研究。

中国过去有《三国演义》一类的历史演义，它们在中国文艺史上自有一定的地位。虽然这些书是在过去封建时代产生的，不免受了传统历史的束缚，不能表达人民在历史中的决定作用，但是它们的形式和写法是大众所熟悉、所喜爱的。既然我们有这样宝贵的文学遗产，又有正确的马列主义历史科学，为什么不结合起来写一本书，给工作繁忙的人看呢？

我正在想得出神的时候，忽然门铃一响，门缝里塞进了一个邮包。我连忙捡起来，打开一看，原来是一个朋友寄给我的一本新出版的《中国上古史演义》。据朋友来信说，这一册书仅仅是四千多年的《中国通史演义》的首卷。是章回体的小说，内容很丰富，字句也很通俗易懂。跟着这一卷陆续出版的，还有《春秋演义》《战国演义》《秦楚演义》，一直到关于近代历史的演义。我高兴极了，便赶快搬了一把椅子，坐在院子里，静静地看了下去。它虽然还不十分符合我的理想，却也有些道理。现在，我就把它念出来给诸位朋友听一下吧！

目 录

第一回

开天辟地　兴亡何限鱼龙
从猿到人　劳动造成世界

我们人类的祖先究竟是从哪里来的？这是人人心里的一个疑问。

从古以来，在我国一直流传着一种神话。据说，在最古时候，天地初分，有一个人，叫作盘古。他生在天地的中间，天每日高了一丈，地也每日厚了一丈，盘古也每日长了一丈。他老是顶天立地地生活着。经过了一万八千年，天极高，地极厚，盘古也极长。他呼吸的气变成了风，他的声音变成了雷，他的眼睛一闪一闪就是电，他哭的眼泪变成了江河，他高兴时就是天晴，他生气了就是阴雨。后来，他死了，头变成山岳，眼睛变成日月，毛发变成草木，脂膏变成江海。他就是我们人类最早的祖先。盘古以后，还有三皇五帝和许多氏，大约离现在有一二百万年。这种神话一直流传了许多年代，成为民间有趣的故事。

到了近代，由于考古学发掘出许多古代遗留下来的化石，我们才知道我们人类的祖先的的确确是由古猿进化来的。尤其是伟大导师恩格斯所著的《从猿到人》，填补了人类远古历史的空白，使大家知道我们的祖先是通过不断的劳动，经历无数次艰难辛苦的斗争，才不断战胜自然，改造自己，创造了人类的文明和历史。那盘古开天辟地的神话，虽然说明了我国历史的悠长，却只不过是一个神话而已。

尽管如此，这个古代流传的神话却另有它的意义。它表现出我们的老祖先们并没有把“天地”认为是什么神创造的，而是靠人自己的力量来开辟的。因此，这个神话故事也说明了我们的最初祖先们，在改造自然和自然斗争的过程中，用自己的劳动创造了世界。

古代流传的神话既然不是事实，那么世界是怎样形成的呢？我们的最早祖先究竟是什么模样呢？

原来在最早最早的时候，据说天空中有许多像蒸气一般的东西。说它是云，它又闪闪发光，像许多星；说它是星，它又蓬蓬松松，像一团云。只好叫它作星云。它们在空中光辉灿烂，不停地旋转着。经过了不知几万万年，其中有团星云热度渐渐降低，有些部分陆续飞了出去，中间留下的一大团便凝结成了太阳。飞出去的那些部分也都凝结成了行星，围着太阳，不停地旋转。现在已经知道的太阳系大行星有九个，[①]其中一个便是地球。后来又由地球分出了绕着地球旋转的月亮。

地球最初既然是由太阳分出来的，所以非常炎热。过了几万万年，热度渐渐降低，表面就凝成了一层薄薄的壳，这就是地面。那个时候，地壳上面围着极厚的空气，空气里含着极多的水蒸气，上面满布着阴沉沉的黑云，不断地降下阵阵热雨。雨还没有降到地面，又被地面热气蒸发，重行化汽上升；这样地循环不绝。地壳受了震动，也有剧烈的崩裂，忽高忽低，不知变动了多少次。

这般昏黑热湿的地上，一点日光也没有，只有熊熊的火山烈焰，红彻云霄，地层崩陷的声音轰轰不绝，无数岩石灰尘满空飞舞，真和天崩地塌一般，实在太可怕了。

不知经过了多少万年，地球表面的热度越降越低，地壳也越来越厚，仿佛像一个带壳核桃的样子，高高低低，凹凸不平，不过略带一点扁形。雨渐渐可以降到地面，凝结成水，流在凹下的地方，就成了海洋。整个地球大半都是水，只有一点点陆地。据说，在那时的中国，只有泰山露出了山顶。

这个时候，比起以前，已经安静得多。可是空气依然浓厚，黑云遮蔽日

---

① 2006年国际天文学联合会大会决议从九大行星中开除了冥王星，将冥王星归入矮行星之列。至此，太阳系九大行星就变成了八大行星。

光，狂风暴雨不断地吹击，把地面的岩石溶化成泥，带到海洋里去。这就是所谓天地初开的样子。那时代还不曾有生物，所以叫作无生代，也叫作太古代。

后来，水里渐渐产生了一种很微小的蛋白质，慢慢变成了单细胞的水藻，这就是地上最早的生物。那时，水上半沉半浮的满是这种绿色浮渣，又像泡沫一般，漂来漂去，越生越多，有时被海水潮汐冲到岸边。那时，陆地上都是顽石，并没有一点生物。中国这块地方，除了泰山外，只有五台山和南口也露出了水面。

水藻越生越多，就渐渐有了比它更绿更大的苔藓。过了许多年，像紫菜、石花菜、海带、马尾藻之类都生满了海洋水底，朱碧纷披，非常好看。这时候水里增添了许多生趣，无数极小的动物也生出来了：一种名叫曙虫，身体小得很；一种名叫货币虫，圆得像一个钱；此外还有什么鲛石虫、太阳虫等。这些动物，现在说起来，很小很小，可是它们却是一切动物最早的祖先。

这些虫类身体都是软的，离开了水就要死亡。渐渐有一种比它适于生存的甲壳动物出现。其中，身子又扁又平、每一部裂成三片的三叶虫是繁殖得最早的。它偶然也能离水，全地球差不多都有它的踪迹。还有一种形似豆芽的贝类，名叫海豆芽。后来，大一点的动物也有了。横行的螃蟹在水底蹒跚地爬着，身长丈余的海蝎在海藻里穿来穿去，无数鱼类也都在摇头摆尾地逍遥自在。这时，中国北方刚刚露出一片大陆，东南也有一条狭长陆地，中间一大片都是极目无边的白茫茫海水。这些生物在这般汪洋大水里占尽了便宜，随意大量地扩充地盘。鱼类算是那时最高等的动物，尤其发展得快，千千万万地滋生起来，整个地球简直成了鱼的世界。这就是鱼类时代的古生代。

那时水里生物都欣欣向荣，许多鱼类为了自己的生活，互相争斗吞吃，大的吃小的，强的吃弱的，你抢我夺，把碧波似镜的海洋闹得天翻地覆。

一部分植物，因为繁殖得快，也渐渐向水边蔓延。可是海水是有涨有落的，一到潮退的时候，不免露出水面，甚至完全和水离开。那不能适应环境的，自然就枯干死了；剩下比较坚强的，表面便干得成了一层皮，来保持内部的水分，根部也增加了吸水能力，慢慢就变成了陆地的植物。不久，动物也就跟着上陆。最先是鱼类里面出了一种肺鱼，当潮退时候，它们就藏在泥里，露出头来，用肺呼吸空气。没有水，它们也能生活。后来，两栖动物像青蛙、蝾螈一类也渐渐出现，可是离水稍远的陆地还是没有生物。

植物到了陆地，样子也改变了，种类也增加了。那时气候比现在温暖，没有冬天，树木永远青青，又高又大，像木贼、石松、羊齿一类都很茂盛。一望青翠，映着碧澄澄海水，浮现着几片陆地，颇为幽美。只是还没有美丽的花和芳软的草，也没有唧唧歌唱的虫鸟和翩翩飞舞的蜂蝶。昆虫和现在的也不一样。蜻蜓大得吓人，翅膀有二三丈（原文如此）长；蜘蛛不会吐丝结网；蜗牛在陆地上爬着。这样阴森寂寞的世界，只有时时火山爆发的巨响和红焰来打破它的沉默。火山爆发一次，地壳就跟着变动一次。陆地渐渐高了起来，海水也逐渐涸浅。到了最后，中国成了一片大陆，海水完全退去，鱼类的黄金时代便结束了。这时气候大变，寒冷无比，全球都在冰雪堆积之下。许多生物都死亡了，只剩下少数，进入了另一个爬虫时代，就叫作中生代。

爬虫时代开始，冰雪渐渐融化，以前古生代植物都已压积在地层底下，变成煤层。现在地上又另外生出许多植物，像棕榈模样的苏铁和银杏、松、柏之类。那松、柏是一种矮小常青的植物，并不是现在的松、柏。一切动物也和古生代差不多。可是后来忽然出现了一种空前绝后的凶猛大动物，独霸世界数百万年，这就是爬虫类里的恐龙。

最早的爬虫，古生代已经有了。后来越生越多，身子也越来越大。它们因为觅食，不得不用细小的四足拖着笨重的身子，在潮湿的沼泽里勉强爬行。这样挣扎了几十万年，到了中生代，居然四足发达起来。有几种还会用后肢和尾巴来支持身体，把前肢伸出觅食。后来益发生得高大无比，像梁龙，有八九丈长；雷龙全身有六只大象重；还有暴龙，是食肉的，凶暴得很。这时代的动物统统给它们吃得走投无路，只剩下一些逃得快、躲得远的才留下性命。到了后来，整个地上可吃的东西差不多都给大肚皮的恐龙吃光了。恐龙们再也找不到足够的食物，越来越吃不饱。有时，一大群饥饿的龙正在盘踞湿地吃食生物的时候，碰着另外一群饥龙也来抢夺食物，就不免要发生一场恶斗，甚至自残同类地互相吞吃起来。

它们争斗的时候常常扬鳞振鬣，像暴雨般喷溅出满身的腥臭黏涎，再迅疾地用尾巴撞击海水，卷起堆叠如山的白浪，满空瀑布狂飞乱溅，弄得天昏地暗，云雾弥漫。它们在半空中张开血盆般大口，露出两排白森森利刃般的牙齿，跃起庞大身躯向敌人猛扑，好像腾云驾雾一般，张牙舞爪，昂头掉尾地搅成一片。这时，一望无际的森林，常常会给它们践踏得一排一排稀里哗啦地倒了下来。碎叶零枝，满空飞舞。巉巉崖石也常常给钢铁般的尾巴扫得像冰雹一般纷纷碎落。不消片刻，周围若干里地方都已扫成平地。那些逃得慢的动物尽数被踏为肉泥，砸成血酱。等到云开雾霁、天地清明的时候，早已陵谷全非，山川变色，只剩下无数残鳞，几洼血海。那些水里的蛇颈龙、鱼龙，陆上的剑龙、鳃龙，空中的翼手龙、蝙蝠龙、羽齿龙，头有三角的三觭龙，也都是凶恶成性，日日争斗。像这样可怖的疯狂残杀，就是恐龙的日常生活，在几百万年爬虫时代中一直进行着。

翼手龙又名飞龙，只有老鸦般大小；双爪的第五指和身体中间生了一层薄薄的膜，可以飞行。因为它没有毛羽，仍然算是爬虫，和蝙蝠龙、羽齿龙一般。后来进化到一种鸟，全身和爬虫一般，有羽毛，也有两排牙齿，翅膀前端有三个带着指爪的指头，尾巴是一条长骨，尾骨两边排着长羽。模样像鸟，又会飞行，所以称为始祖鸟。始祖鸟出现以后，渐渐就分化出了许多鸟，水里也添了许多鳄鱼、章鱼、乌贼、龟、鳖、蛤、贝之类。这时候，地上已经分出冬夏两季，渐渐夏短冬长，全年大半都是严寒，受不了寒冷的生物全都灭亡。尤其是身躯庞大的恐龙类，早已因为食物不够，终日斗争，再碰着这样寒冷气候，就渐渐衰微减少。到了最后，这赫赫不可一世的恐龙竟然弄到灭种。我们现在除了在化石里看到它们的骨骼外，再也找不到这些曾经霸占地球几百万年的动物的踪迹了。

爬虫时代结束了，就进到哺乳动物繁盛的近生代。

中生代末期，早已有了哺乳动物。它为了需要保暖，身上生了一种温软的毛，以后天气越来越冷，它的毛也越生越长。经过了多少万年，便成了有毛的动物。又因幼儿是胎生的，乳哺了一个时期，又把觅食避害的本领传授给幼儿，使它能够自己生活，才和母亲分开，所以在那样寒冷气候里，哺乳类能够安全度过。爬虫类对于它们所生的卵是完全照顾不了的，因此冻死了许多。只有鸟类和哺乳类相似，身上也有羽毛，也会孵育抚养幼鸟，所以鸟类也繁盛起来。

近生代初年，冰期已经过去，中国整个大陆都温暖得四季如春，各种树木非常茂盛。一大片一大片的森林，浓荫参天，连绵不断。地上也长满了碧芋芋的嫩草和香馥馥的鲜花。万紫千红，争妍斗艳，又有宛转歌唱的娇鸟和逐队寻芳的蜂蝶，这都是以前所没有的。在这样繁华美丽的环境里，哺乳类享受着无忧无虑的快乐生涯，滋生得特别蕃盛，大的小的，应有尽有，大半和现在模样不同。马有五个脚趾，身子只有狗大；狗却大得和熊一般。大象很多。还有一种猫，牙齿极尖利，像刀一般，后来越变越大，就成了剑齿虎。此外还有骆驼、犀牛、豺、狼、羊、鹿等，真是哺乳动物极盛的时期。

在那时候的许多动物中间，最机灵的要算猴子，种类也最多。小的有猕猴、狐猴等，大的有矮猿、鼻猿、黄河猿、上新猿，猩猩、狒狒等，布满了中国大陆。还有一种类人猿和人很相似，后来又进化为一种古猿，就是我们人类最早的祖先。它们都在茂盛的大森林里，终年享受着吃不完的甜美果子。

这样温暖快乐的时间大约有几百万年之久。以后渐渐因为许多火山陆续爆发，气候慢慢改变了，一点一点冷了下来，分出寒暑冬夏，不再是以前万花如绣、终岁长春的美景了。到了离现在二百万年左右的时候，地壳忽然起了一个大变动。无数火山纷纷爆裂，天动地摇；地层倒塌了不计其数，这边凹下，那边凸了起来。陆陆续续造成了不少山脉，喜马拉雅山和西藏高原就是在这个时候造成的，秦岭、南岭也出现了。在山脉之间，流出了浩浩荡荡的长江、黄河。东边的大陆陷下，成为黄海、渤海。这样一个大变动当然影响到周围的环境，气候突然冷了许多，寒多暖少。一到秋来，也照例西风飒飒，落叶萧萧。因为喜马拉雅山的高耸，把南方带有丰富水汽的云阻在山南，不能吹到山北亚洲的中部，雨量便渐渐减少了。雨量一少，大森林需要的水分不够，渐渐死去了许多，面积一天一天缩小；果子自然也少了。这时，享惯林里生活的动物，眼看着每天采的果子越来越少，寒风一起，树叶落得精光，再也不能保持温暖了，在饥寒交迫的情况下，只得陆续向森林较多的低湿地方迁移。

这时，中国北方，尤其是黄河下游一带，住满了无数古猿。它们把树上的果子渐渐吃光，只好天天下树到各处寻觅。但是那时地上各种凶猛的野兽很多，古猿抵御不过它们。唯一的办法，就是碰着敌人的时候赶快爬上树去。因为古猿有很长的臂，攀援树木特别快，所以古猿的生活是离不了树的。偶然下树来到地上，也不敢走到太远的地方。

树上果子渐渐少了，一部分古猿便攀枝跳树，跟着果子一点一点地搬移。南方天气比北方较暖，靠南一点的树林自然果子也比较多，古猿便渐渐搬向南方。到现在，南方还有这种猿类，但是它的名字已经不叫古猿而叫作现代猿了。

还有一部分开始没有搬走的古猿，到了森林减少，需要穿过大片平地才能找到另一片森林，于是它们就只好不搬了。因为它们穿过平地，就好像人类穿过大海一样危险，平地上有许多凶猛的敌人，时时刻刻会侵袭它们。

当它们饥饿的时候，有时也到地上采摘野果，或挖取地下的植物根茎来吃。爪不够长，便折了树枝来挖，渐渐学会了使用木棒。偶然也拾取石块，当作一种工具。慢慢就把前肢练习得比后肢灵活许多，特别是大拇指会和其他四个指头对向着握起来。天气越来越冷，它们就加紧找寻食物，无奈冬天时候，处处都是缺草少果，即使侥幸找到一些，也是今天饱明天饿，有一顿没一顿的。它们又不知道把多余的东西储藏起来，以致天天都得忙碌地找寻。

这天，有一个古猿到山下找寻食物，忽然看见一只花鹿在草堆里拨动。它看见古猿就迅速跑开去。古猿仔细一看，草丛下微微露出一块东西。它伸出前肢挖了一会，挖出一个圆形的球茎。闻了一闻，似乎有点香味，咬了一口，果然十分甘脆好吃。它心里非常高兴。正吃得起劲，远处忽然走来一只毛象，身材足有古猿的几十倍大，浑身灰色长毛，四条腿好像四棵大树，两只扁平的大耳，前面拖着一条长鼻，像蟒蛇一般左右卷舞，两边露出又尖又锐的两个长牙。古猿一看这般怪状，慌得回身就跑，蹿到旁边的一棵树上。这只毛象却很斯文，慢慢地走到草丛，伸出长鼻，卷了草送到嘴边，不多时便把一片草地统统吃光；站在那里，甩着长蛇般鼻子，好像还不满足的样子，慢慢地走到树下，伸起鼻子往上一卷。古猿吓得几乎摔下树来，赶快朝着高枝蹿上，却见那兽卷下一枝树叶送到口中咀嚼。卷了几次，就吃去半棵树的叶子。卷到后来，把古猿所伏的那个树枝卷折了。树杈反振一下，古猿站不住脚，摔了下来，跌得头破血流。幸亏那毛象只顾自吃树叶，但是古猿早已吓得半死，爬起身来，拼命逃走。跑了很远的路，忽然看见前面又是一片草丛，和刚才的很像，便站住了脚，仔细向草根挖掘。挖了一会，果然又挖出几块球茎，用前肢细心捧抱着，用后肢支住整个身体，半走半爬地回到树上来喂它的幼儿。自己也坐在树杈上，慢慢地享受这半天担惊受吓得到的果实。刚刚吃得两口，那边树上早跑来另一个古猿，伸出前肢一扑，抢走了一块，迅速地跳到高枝上去吃。古猿眼看自己口里的东西给人家抢去，哪肯甘休？便跟着跳上高枝打架，一面口里吱吱地叫着。那个古猿忙不迭把球茎衔在口里，腾出前肢抵抗。一不留心，那球茎由口中滑出，滚了下去。另外一个古猿迅速地跳下树去，拾来吃了。那两个古猿打了一会，因为食物已失，也就罢手。可是掘得球茎的古猿因为吃得不够，只得又溜下树去掘；那尝到滋味的也就跟踪而来，见它在地下挖出球茎，便也化敌为友。大家共同来掘，一面掘，一面吃。附近树上古猿望见它们有东西吃，都纷纷赶来，争相挖掘，闹成一片。忽然一阵狂风卷起，十几个花鹿拼命地狂奔乱窜，后面一只白额吊睛的斑斓大虎咆哮着跳跃追来。古猿在树上看见过老虎的凶狠，急忙抛弃掘得的球茎，纷纷逃走。不想那老虎一时追不上小鹿，却碰着这一大群倒霉的古猿，便大吼了一声，放弃了小鹿，张牙舞爪，直向古猿扑来。吓得许多古猿都没命地狂奔，老虎也紧紧不舍地在后面追着。一时旋风大作，满空飞沙走石。正在危急的时候，忽然一声狂吼，山鸣谷应，迎面又跳出一只黄毛大虎，也望古猿这边扑来。这时古猿进退无路，忙都掉转身来，向左边斜刺里逃去。这两只猛虎看见古猿害怕的样子，更加不舍，一前一后地摇头摆尾咆哮跳跃着奋勇追来，看看就要赶上。许多古猿吓得心寒胆裂，不知如何是好。其中一个古猿跑得慌些，绊着一块石头，摔在地下。连忙爬起来，已经落后一步，眼见老虎就要扑来，一时心慌意乱，连忙抓起那块绊脚石头，望着老虎掷去。虽然没有打中，老虎却闪了一闪，慢了一步。古猿趁这机会，急急逃走。前面古猿看见这种情形，忙都抓起身边大大小小石块，纷纷打去。老虎左躲右闪，究竟身躯笨拙，不免着了几下。古猿更加鼓起勇气，石块像雨点般打来，老虎无法再赶，便大吼几声，垂着尾巴回头走去。古猿这才定一定神，歇息一会，重新再去采集球茎，搬回去吃。经过这次事情，它们便不敢单独下地，常常合群同走。遇到猛兽，便大家合力奋勇用石块来抛掷。但是抛掷石块，必须用两只前肢捧抱，这样就得将全身重量都交给后肢去负担了。并且因为时刻要提防撞着猛兽，费尽心思，脑力便也渐渐发达了。

它们每天从这里到那里，流浪着，彷徨着，到处找寻食物。有一天，有个古猿偶然找到了一个满布荆棘的危崖，上面稀稀落落地挂着许多深红色的干果。它连忙爬上崖去采取来吃，一个不留心，有一个肥美的红果由它爪中滑脱，滴溜溜地滚到崖下去了。它心里觉得可惜，便爬了下去在草缝里找寻。找了一会，还没有找到，忽然后肢蹬空了，打个踉踵，原来草下是空的。它连忙稳住身子，拨开乱草一看，草下露出一个洞穴，穴里还零零落落地散布着许多干果，都是一向由崖上掉下来的。它发现这个地方，满心欢喜，便捡起干果来吃。一面吃，一面捡，渐渐捡到洞里去。这洞又深又大，而且洞里有许多枯草败叶，又软又暖，不比住在稀疏的树上要受寒风的侵袭。它高兴极了，连忙跑了出去，呼群引类地搬到这个洞里来住。住不下的古猿，便也学它方法，找寻别的洞穴来住。这样，久住树上的古猿，渐渐都搬到地下来了。

古猿每年要生小猿。生了儿子，母猿更加忙碌了，又要哺乳，又要寻觅食物，又要防御外来猛兽，两只前肢简直没有一点空。这时候，它们住在洞穴，虽然比树上温暖一些，可是时刻都要防备猛兽前来侵袭。一不留心，小猿就会被虎狼衔去。所以它们总在洞穴口旁，堆积许多石块，夜里还用石块和树枝堵塞洞口。不多时，小猿长大了，也学会母猿用后肢支持身体的方法。因为它的身材细小，模仿得十分巧妙。渐渐也会帮助母猿寻觅食物，也会练习前肢来做搜采食物、抛掷石块等工作。越做越熟，成了自然。不多几年，小猿也生了儿子，它也把自己所知道的教导儿子，儿子也做得比母亲更自然、更巧妙。这样经过了几十万年，古猿的后肢锻炼成了一双人类的脚，前肢也发达成一双人类的手了。到了最后，它们便会直起身子，站在地上，成为直立猿人。

这时候的猿人，身上依然有许多毛，容貌也和猴子差不多。虽然已经直立，还不过弯着腰俯着身子站着。又经过许多年，才慢慢站得直了，一个脑袋端端正正地安在身体上面，脑子也渐渐变大，使他的智慧更加增添。

虽然身体进化了，可是天然的食物却越来越少，因为动物不断繁衍，需要的食物却因气候变冷并不曾增加，当然越吃越不够了。一年容易，又是秋风，各种动物都急急采摘果实，找寻食物，预备过冬。这时候，猿人也是到处搜寻食物。转眼冬天，再也找不到什么东西了。但是猿人因为饥饿，仍然在崖巅谷底拼命地找寻着。一天，他们在崖石上面，无意中望见了海潮汹涌的奇景，碧波滉漾，白浪翻飞。不多时，一轮红日浴波而出，放射着灿烂的金光，照眼生缬，那一派伟大雄奇的壮观，诱惑了崖石上面的天真猿人。他们连臂跳跃着，奔跑着，由崖上走下，跑到海滨，张开双手，欢迎这初日的光芒。当他们天真地跑到海滩的时候，忽然看见许多海鸟正往海边飞来，纷纷落在沙滩上面，伸颈就啄。仔细一看，沙上散布着许多小鱼、小虾，还有螺蛳贝蛤，有的还会跳蹦。猿人以前虽也看见过这些东西，从来不曾想到吃它，今天肚子实在饥饿，看见海鸟吃得那么津津有味，不由涎垂三尺，便伸出爪来拾起一条小鱼，拿到鼻子旁边闻了一闻，觉得腥臊得很，摇一摇头，重复放下。旁边一个猿人看见同伴这般举动，便也拾取一个小虾，也放在鼻子旁边闻闻，似乎还不太腥，便大着胆子把它放在口内，尝了一尝，虽然不像果子香甜，却也不太难吃。因为饥火中烧，便不管好歹，吃了再说。别个猿人看见他舐舌咂嘴的样子，连忙也拾起鱼虾放入嘴里，大家吃了起来。吃了一会，渐渐止了饥饿，玩了多时，也就散去。从此，他们每次觉得饥饿，便来海边找寻鱼虾充饥，渐渐各种水族也都拾来尝尝，只有螺蛳贝蛤一类介壳东西，外面十分坚硬，便当它作小石子，不去动它。吃了多时，也就渐渐吃惯。这种鱼虾，每天海潮来时，总要冲来许多，可以说是取之不尽的；不比果子那样，必须一定季节，才能成熟。因为如此，猿人便成群结队前来，数目越来越多。一天，有一个猿人偶然看见有一个蛤蜊给太阳晒得开了口，干死在地上。他觉得奇怪极了，怎么一个石子也会开裂？便慢慢地用爪抠出蛤蜊的肉，尝了一尝，原来也是可吃的。这个新发现使他高兴极了，便捡了一个放在口中，使劲一咬，蛤壳原封不动，反把牙齿震得疼痛，只得吐了出来。别个猿人看见他这样，也就模仿着，拾个蛤蜊来咬，咬来咬去，总是咬不开。想尽各种办法，弄了半天。忽然一个猿人把蛤蜊往地上摔去，落了下来，依然紧紧合住，分毫不动。又有一个猿人捡了一块大石，向蛤蜊壳上狠命砸去，这一下可把蛤蜊砸得稀烂，里面的肉也成了酱了。猿人挑起肉酱尝了一尝，乐得咧开了嘴，连忙拾了许多蛤蜊，个个敲得稀烂，抠出里面的肉来吃。从此，他们又多了一种美味，砸了许多次，也学到了许多经验。各种螺蛳贝蛤都成了猿人食物。这样，住在海滨的猿人暂时可以解决饥饿问题，安稳地度过冬令。年月一久，他们所吃的贝壳越堆越多，简直和一座小山相似。现在人们常常在海滨附近发现这种“贝冢”，就是上古的遗迹。

住在离海很远的猿人就没有这种口福了。他们除了果子之外很难得到食物；到了冬天，常常忍着饥饿。有时饿得没有办法，就只得碰着什么就吃什么。他们也渐渐吃起各种昆虫来。有时为了采集野果爬到树上，东掏西摸，偶然掏到了鸟窠里的小鸟蛋，又圆又滑，很像果子模样，他忍不住就放在嘴里咬破了来吃。味道倒是很好，只是不容易找到，因为常常有母鸟护着，掏蛋的时候往往要和母鸟打架，甚至公鸟和许多鸟都来飞扑他，乱啄乱抓他。这种合群的力量是很大的。虽然猿人比鸟强得多，可是一个猿人和许多鸟比起来，也就未必得胜。

这时候，中国北方鸵鸟很多。鸵鸟是很大的鸟，它的蛋也非常大，是猿人最喜欢吃的。吃到后来，渐渐也吃孵得已经成形的小鸟，又吃比较小的小鸟。这些东西都渐渐地成为猿人口中的食物。那时森林虽然已经渐渐减少，但是和现在比起来，还是很多，尤其各种动物多得遍地都是。猿人保护自己的工具只是木棒或石块，遇着厉害一点的猛兽就无法对抗，而且为了觅食，常常被野兽撞着，便有生命危险。尤其剑齿虎、鬣狗、狼、熊、毛象等凶恶庞大的兽，更是猿人的大敌。他们每日总是小心翼翼，东张西望，风头一不对，就飞快逃回洞穴。

在一个天气晴朗的深冬，偶然有一群猿人出来觅食。当他们正在毫无所获的时候，忽然看见远远有几个白点向他们这边慢慢移动。这种白点，他们在山上是常常看见的，那是一种驯良活泼的小羊，为着寻觅食草，踯躅着迤逦前来。猿人抬起头来，漫不经心地看着它们渐渐走近。突然一阵狂风，离小羊不远的地方，草莽丛中跳出一只斑斓威猛的剑齿虎，只一扑，早已把一只可怜的小羊扑倒在地；吓得那几个小羊没命地飞跑逃去。猿人也吓得迅速爬上树去，紧紧抱着树枝，往下窥看。只见这只小羊被剑齿虎利爪按着，狼吞虎咽地早已连皮带骨吃得不亦乐乎。猿人虽然也常常看到这种惨剧，依然不免觉得胆寒。他们看到剑齿虎吃得那样起劲，忽然起了一种微妙的感觉，他们自己也不明白，究竟是嫉妒还是羡慕，只感到另有一种说不出的滋味。不多一会，剑齿虎大约吃够了，满意地舐着舌头慢慢地走了。猿人看到剑齿虎那种满足的样子，更加觉得自己的肚子饥火难熬。等到剑齿虎去后，他们便由树上溜了下来，不由自主地往那小羊的地方走去。这时，那小羊已经给剑齿虎吃得只剩了零星碎块，地下还流着一摊血。猿人走到那里，站着，犹豫了一会，一个猿人慢慢蹲了下来，捡起一只吃残的后腿，腿上带着丰满的嫩肉。他拿在手里细细地看着，饥饿的压迫使他不得不尝试地咬了一口，想不到竟是那么柔软肥美，不知不觉把整个羊腿上的肉都吃光了。别个猿人也向地上找了几块碎皮零肉，都啃得干干净净。这次的经验不但解决了他们的饥饿，而且使得他们知道，除了果子之外，还有许多东西可以吃；只要努力去找，总不会饿死的。他们学了这个乖以后，出去觅食的时候，便格外留心寻觅，碰着猛兽吃残的东西，不管是羊是鹿，总叼光吃了个饱。不久，他们大家都学会了吃这新鲜东西，不过这种东西也是很不容易碰到。碰不到的时候，依然还要挨饿。

一天，他们正在觅食的时候，忽然草里窸窣窸窣好像有什么东西在那里探头探脑。他们停了步，屏息观察着。倏地由草里蹿出了一只小小的白兔子，活泼地拨弄着丛草，似乎寻觅什么东西。他们被这兔子的雪白肥胖身体所吸引，联想到那天雪白肥胖的小山羊，不是和它一般吗？这该是多么腴美的食物！虽然他们没有吃过兔子，可是现在饥饿征服了他们，他们不得不做一次尝试。他们准备好了，运用他们敏捷的两手，出其不意，迅速地扑了过去。小兔子吃了一惊，挣扎着要想逃走，可是已经来不及了。猿人按着兔子，模仿着剑齿虎的动作，猛力咬了一口，兔子的毛血塞满了他们的嘴。他们尝到兔血的鲜味，也和羊肉仿佛。在饥饿压迫下，他们没有工夫考虑，便尽量地啖食一饱。从此，他们不但吃起兔子，便看见别的小动物也都尽力去捕捉来吃。他们不但自己吃，还纠合了许多同伴共同捕捉动物来吃。

一天，有一个猿人发现山上有一头转角羊正在吃草，连忙招呼同伴。大家迅速地跑上山去，正要前后包围上来，转角羊已经惊得蹿上坡去。十几个猿人都拼命地向前追赶。有几个跑得快的，看着就要追上，忽然震天动地的一声巨响，登时满山木石狂飞乱舞，前面峭拔的危峰也摇摇欲倒，脚下石块纷纷滚下山去。猿人个个头昏目眩，站立不住，满地打滚，跌成一堆。那些满天乱飞的大小石块还在像雨点般打来，打得他们鲜血迸流，伤痕遍体，痛得都昏了过去。不知过了多少时间，才陆续苏醒过来，只见满天一片通红，红里又透着黯淡阴森的昏黄颜色，一阵阵震天动地的轰轰隆隆声音接连不断。满空飞沙走石，尘土蔽天，地上还是摇荡不定，鼻子里只嗅到一股特别焦臭味道。树林倒得纵横遍地，各处砂石灰土堆积如山，光景好不凄凉。大家挣扎起来，望见那边天上一阵熊熊烈焰，红光烛天，又是一阵滚滚黑烟，上冲霄汉。他们从来没有看见过这样可怕的景象，吓得战战兢兢，不知如何是好。并且有的头部打破，有的肢体打折，疼痛难禁。又记挂着穴里的小猿人，急要回穴去看，便不顾危险，都一瘸一拐地觅路下山。这时山路已经给乱石堆满，地面不停地摇晃，这些石块也都不停地骨碌碌滚着。他们找不着道路，只好大家臂牵着臂，跌跌爬爬地慢慢走去。一路上碰着许多大大小小的野兽，像土狼、犀牛、骆驼、黄羊、水牛、黄牛、花鹿、蹇驴和无数的猿人，都在纷纷奔窜，连爬带滚地各逃性命，混乱不堪。也有叫的，也有哭的，一大队挤过来，一大队涌过去，搅作一团。那种凌乱样子，更加使他们慌张无措。找了多时，还不知东西南北。这时又听得一阵惨厉怪吼的声音，那边山上冲下一群豺狼虎豹，也都狂嗥乱吼地拼命奔窜；明明一大群野兽，摆在它们面前，它们却都不想攫食。一会，山上骨碌碌滚下了几头毛象，也向山下逃走。猿人看见这般光景，越发心胆俱碎，瞎冲乱撞了许多时间，才冲出重围跑向自己洞穴地方，早已面目全非，再也无法分辨。找了多时，才找到已经崩塌的洞穴，上面重重叠叠压着许多乱石，也不知洞里幼儿是生是死，个个都惶急得目瞪口呆。连忙尽力搬运，把拿得动的石块都挪开了，好容易才露出一个窟窿，听见里面呻吟的声音，更加急得要命。加紧地又搬了一会，个个都弄到筋疲力尽，才找到被压在穴里的幼儿，有的受伤，有的压死，也有的平安无事。他们这才哭的哭，笑的笑，抱着各人的孩子，重新寻觅安身的所在。但是这时许多凶猛野兽的洞穴也都同时崩塌，它们也都拖儿带女地满山找寻安身的地方。那些土狼、黄羊、花鹿、水牛一类，早已潜形匿迹。只剩下虎啸、熊咆，一片凄厉的声音，四山响应。猿人认得这种尖锐声音都是饥饿猛兽觅食时候所发出的，吓得手足无措，一则因为身受重伤无力抵抗，二则搬运石块已经十分疲乏，三则又抱着受伤的儿女，需要保护。洞穴既已毁坏，急切找不到躲避的地方。正在万分危急时候，忽然看见那边还有几棵大可十围的古树，因为根基坚固还没有拔倒。一时情急智生，便纷纷跑到树下，努力攀援上去。刚刚爬上大树，喘息未定，早见许多凶猛的兽类，已经由那边气息咻咻地且走且嗅，迤逦前来。猿人屏息坐在树上，等候它们陆续过尽。末后一只老虎走过树下的时候，忽然往上咆哮几声，大约是看见猿人了。但是老虎的身体十分笨拙，爬不上树，所以叫了几声，望了几眼，也就无可奈何地走了。猿人们刚刚喘过一口气，那边又听得怪叫了几声，只觉得尖锐刺耳，也不知是什么动物。那时，天色已经渐渐暗了下来，望过去一团漆黑，蹒跚爬动。猿人料是另外一种猛兽，也就不敢下来，只得偎抱着小猿人，胆战心惊勉强在树上过了一夜。只见那边天上还是一阵浓烟，一阵红焰，好不怕人，时时传来轰隆声音，树上也还摇动不息。猿人头昏眼花，委实难以支持。好容易挨到天明，大家商量办法。原来猿人自从住在地上以后，吃了许多动物，更比专吃果子时候容易增加脑量，所以脑子越变越大，智力也渐渐增加。后来又常常合群抵抗野兽，斗争激烈之时，口中每每发出呼喊声音，彼此传达意思，互相救应。久而久之，这声音便有高低疾徐的分别，成为一种简单言语。现在他们便用这种言语互相商量。商量的结果，在没有找到洞穴之前，还是暂住树上。便把树上小枝采折下来，铺架在粗大杈丫上面，把孩子放在树上，留下几个母亲看守，其余猿人都冒险下树找寻食物。找了一会，只觉到处温暖如春，不知是什么缘故。抹过山边，忽见那边许多猿人纷纷推拥，好像抢夺什么宝物。连忙跑去一看，原来那边山上有许多鹿、兔、羊、獾，散布各处，都已经死了，发散出一股香味，引人流涎。许多猿人正在争相抢夺，有的抱，有的抬，都拿回自己洞穴去享受。他们急急动手，也抢了一头半焦的獾，两只烤熟的羊。大家抬到树下，用嘴咬开毛皮，共同分吃。那种味道，香美无比，和以前吃的生肉大不相同。这时候，猿人还不知道这獾和羊都是火山起火时逃避不及，给过高的热度烤死烧焦，只知道今天的肉特别好吃，越吃越馋。吃到羊头时候，无法打开头骨，本想抛弃。一个猿人不舍，抱着羊头狠啃。啃了一会，总啃不动，一时性起，便捡起一块石头来砸，砸了几下，居然给他砸破脑壳，挖出羊脑来吃。这个发明惊动了别个猿人，连忙也捡石块，把羊骨反复敲击，吃了许多羊髓。又把羊肉割碎几块，带到树上，来喂他们的儿女。这样做了许多次数，才知道要切开一块肉，是要用锐利的石片才容易成功。从此，他们便学会了捡取尖锐的石片来用，渐渐懂得切开肉，又渐渐懂得切开皮了。可是石块里面不大容易找到又尖又薄的，偶然碰到合适的石片，他们便当作宝贝藏了起来。

有一天，他们正在树上分吃着拾来的半只鹿的前蹄，忽然云雾杳冥，昏天黑地，登时倾盆大雨，打得满树淋漓，一阵阵电光和金蛇一般左右盘绕。突然极响亮的霹雳一声，前面一棵大树熊熊火起，和那天火山相似。他们都是惊弓之鸟，不觉吓得发抖，忙忙带了儿女，不顾大雨，拼命离树逃走。跑了很远地方，方才住脚。回头一看，树上还在燃烧，幸亏地面还没有摇动，大约没有什么危险，他们便蹲在雨地提心吊胆地等着。忽然又是一声巨雷，眼见原住的几棵树上也起了火，他们吓得两手掩耳匍匐在地。挨了许多时候，渐渐雨止，到天明，火势也渐渐灭了，这才东张西望地慢慢走回。还没有走到，早看见许多猿人都围在那里指指点点，都显得十分大惊小怪的样子。地下东倒西歪地横着几棵大树，都已枝断叶焦，发散出一股难闻的气味。在枝叶残灰里埋着他们刚才吃的半只鹿蹄，只露出一些儿蹄尖在外。猿人便跑过来，把它抓出，却把手烫得怪痛的，连忙甩在地上。别个猿人忙来拾取，也烫了一下。他们更加诧异，东也来摸，西也来摸，都闻到焦香好吃的滋味，只是不能到口。弄了好些时候，鹿蹄渐渐凉了一点，大家便抢夺起来，这个猿人咬了一口，便被那个猿人抢去。这样抢来抢去，把它吃得皮骨无存，大家都咂咂舌头，觉得还有余味。但是仍然不明白为什么这个鹿蹄会这样好吃。

一会儿，许多猿人都渐渐散去，自去觅食。这群住在树上的猿人也只好仍去找寻洞穴来住，也搬了许多石块，堆积在洞口，预备和野兽斗争；又搬了许多枯叶，堆积在洞里，取些温暖。忙了许多天，才把家安下。刚刚弄得清楚，忽听外面许多猿人凄厉的叫声，连忙纷纷出洞来看，却见无数猿人都在崖上，有的蹲着，有的挂着，个个搬了石块往崖下抛去。一面忙碌地搬，一面发出呼救的声音，山上也陆续跑来各处猿人，都纷纷参加战斗。忙往崖下一看，不得了，一大群鬣狗，正在狺狺狂吠，连奔带跳地往崖上直蹿。这些鬣狗专喜咬吃动物，凶猛得和狼虎一般，是猿人最怕的猛兽。这时大家都慌了手脚，忙忙搬运石块雨点似的拼命掷打。果然人多好做事，鬣狗虽然凶狠，禁不起许多猿人居高临下合力抵御。鬣狗被石块掷得头破血流，只得狺狺地怒吠，垂头丧气地退去。这边猿人看见敌人已经打退，便急急再去搬运石块，藏积洞旁。崖上大小合适的石块都已抛掷一空，只好等到鬣狗去远，下崖去拾取刚才抛下的石块。忽然发现有几个黑色的石，已经掷碎，成了几片，尖锐无比，比起平日用来割肉的石片锐利得多。几个比较敏慧的猿人便发出惊诧的声音，彼此传观一会，然后个个分拿一块带回各人洞内作为切割之用，果然锐利无比，非常方便。这种石刀就成为猿人的宝物。经过许多时间，他们渐渐懂得这种黑石是可以摔碎的。在一天要切吃一只小羊的时候，一个猿人偶然嫌那黑石不合手，抓起一块石头，对黑石用力打了一下。不料那黑石是一种燧石，一经用力敲打，登时迸出万点火花，星星乱射，许多落在枯叶上面，立刻点着燃烧起来。猿人已经给火吓怕，一见闯了这般大祸，马上狂跳起来，拼命逃走，一面大声喊叫。邻近猿人都陆续赶来，只见枯叶上面火光熊熊，红舌乱卷，都以为妖怪出现，连忙纷纷逃去。等到火灭烟消，方才敢走回去。这时，灰上烧熟的小羊正在散布香味。他们又惊又喜，想起了以前几次所吃的东西都是在这种奇怪事情发生以后才发现的。他们相信这是一种可怕的事情，所以他们虽然喜爱烧熟的东西，却也不敢常常去试。只是拿着燧石颠来播去，当作神物看待；有时也因为无心敲打，燧石就迸出了点点火星，往往把他们吓得大声喊叫。过了许多年后，每每因为无心弄出火来，但是除了烧去一些枯叶败草或烫伤皮毛外，并没有很大伤害，渐渐他们也就不大害怕了。

这时候，他们移住地上已经几十万年，仗了合群的力量和脑力、体力的发达，由猿类进化成了人类。后来生育繁多，便渐渐移徙各地，扩充居住地域，散布到许多辽远地方。那时，欧洲、美洲和南洋一带都和亚洲大陆连着，未曾分隔，他们迁移起来很是便利。年复一年，猿人便布满各地。后来又经几次地震，爪哇南洋便和亚洲大陆脱离，隔了一个海，美洲也和亚洲分开了。

那留在黄河下游北京附近一带地方的猿人，到了这个时候，已经懂得居住洞穴，吃各种生物，用石块来抵御敌人；也懂得合群的道理，有什么困难，大家商量办法，互相帮助。在天气寒冷的时候，他们还是不能不出来觅食。这样过了许多年，有一天，在一阵狂风之后，树林里忽然发出火光，他们开始觉得害怕，远远地看着。看了多时，似乎并没有什么危险，便慢慢向前，看见树上还在烧着，却并不十分猛烈。一个胆大的便冒险在地上拾取一支半燃未灭的树枝，带着火焰拿回洞去，这是他们初次得到了光明的火。渐渐他们懂得树枝是可以燃烧的，便在火上陆续加入树枝，继续地燃着；渐渐他们知道火并不那样可怕，是可以想法控制的，也可以用它来取暖。

一天，他们正在洞口生着火，忽然一阵大雨，把火全泼灭了。这又给他们上了一课新的知识，原来火是怕水的。要想灭火，泼一点水就行。可是要生火却不大容易。他们这时候又想起了燧石，就把燧石敲敲打打来取火。这个时候大约离现在一百万年。这个刚刚学会弄火的猿人就是我们中国最早的祖先“北京人”。①

北京人完全是由斗争进化，经过了许多万年，才以人类的姿态出现在世界上。他们在这种原始生活中，经过了许多万年，学会了把石块互相敲击，可以把旁边不需要的地方打去，留下了石块的中心，成为一种合用的石器，这是一种极大的发明。为了要找坚固的石器材料，他们常是捞取水里的圆石来打成他们自己所喜欢的石刀；同时他们也学会了控制火的方法，可以生火来取暖和烤熟兽肉了。

渐渐许多猿人觅食归来，就坐在火的旁边，拿了两个石块敲敲打打，成为平日一种工作。这工作虽然很简单，但是任何其他动物都不会，只有人类才会。人类的出现使哺乳时代的近生代起了一个重大变化，因此人类出现后的时期也叫作灵生代，大约离现在五十万年到一百万年。

那时北京人已经会控制火，并且有了许多石器。为了生活的需要，他们不断地敲打着石器。有一次，偶然敲打得太近石块的中心，竟然把石器打成了碎片。一开始，他们很觉得惋惜，因为没有打得合于他们的理想。后来仔细一看，打碎的地方都有尖锐的棱角，这几个碎片居然都成了最好的石刀。这时候

① 经过不断发现，除“北京人”外，云南元谋、陕西蓝田、山西芮城以及贵州、湖北、河南等地区，都发现了远古人类的遗骸或遗物。——原版注

他们欢喜得跳跃起来，互相谈论这个新奇的发现。于是他们就有意用石块去打另一个石块的中心，一下子就可以得到许多石器。这个创造使石器时代的文化再进了一步。

他们渐渐地进步了，会知道用多大的石块来打就可以得到他们所需要的石器，并且敲下的石片也可以随意再敲，改成大小合适的石器。但是制作石器都要用很大气力，十分艰苦，石块反震的力量常常使他们的手震得非常疼痛。所以每一个石器都需要很长的时期才能打成，可是北京人是不怕艰难辛苦的。几十万年的努力，使得他们的双手进化得特别发达，因为他们已经知道用双手做各种的工作。

这个时候，地上气候忽然变冷，冰雪遍地，渐渐大块的冰随着半溶解的冰水像河水一般流过中国，这就是冰川。那时，地上一片晶莹明彻，成了琉璃世界。只有冰川不到的地方，还留下几丛青翠树林，恰似大雪之后，白茫茫一片无垠，只露出几枝松针似的。这时，生物大半都已冻死，只有灵敏的预先逃避，才能生存。北京人也历尽了千辛万苦，靠着他们几十万年劳动得来的经验来度过这可怕的冰期。

他们发明了把所吃的兽类的皮用石刀割了下来，包裹在幼儿身上。渐渐他们自己也都穿上了这种毛皮，来保持身体的温暖。他们之中，也有由洞穴里搬出迁到树上居住的。这时候他们住在树上可没有以前方便，因为他们已经离了森林几十万年，不像以前猿类时代那样灵巧了。他们的手已经学会了种种工作，可是不再像以前的善攀会跳了。为了安全起见，只得砍折了许多树木，搭成鸟巢模样，严严密密地铺上树叶枯草，以避风雨。这时他们的脑力已经十分发达，所做的巢自然比鸟类高明得多。这样，在树上居住了许多万年，渐渐越做越好，把巢做得有门有户，有的还会做个透光的窗。这个时期就是传说中的有巢氏时代。那些仍然住在洞穴里面的人，自然也为数不少。

人类居住在树上，比较可以不怕野兽的侵袭，但是下树觅食的时候，还是非常危险。假使碰着会爬树的野兽，就更糟了。有一次，他们正猎得一只梅花鹿，坐在树下，用石刀来开剥鹿皮，忽然山上奔来一只大熊，好像正往这边树下跑来的模样。他们连忙抓了刚刚分做几块的鹿腿、鹿身迅速地都爬上树去，隐在树叶里窥看。那只大熊跑到树下，找到他们刚刚切下的几块鹿头、鹿骨，嗅了几嗅，张开大口就嚼，不消几口，已把鹿肉吃个精光。随后那大熊把后身一耸，将两只前脚按着地下，大声咆哮起来，一面举头四顾，两只碧绿眼睛射出可怕的凶光，好像寻觅什么东西的样子。一会，眼光突然停在树上，灼灼直视，大约是看见了人，立刻大吼一声，直向树身冲来。举起两只前爪，就要扑到树上。吓得诸人手忙脚乱，只怕它真要爬上树来，树上许多幼儿给它抓去一个，可不是玩的；但是树上并没有可以抵抗的东西，只得把树枝扳下来，纷纷往下打去。熊的皮毛极厚，对于这些树枝毫不在意，仍然抓住树身，伸直后腿，用力一蹬，就势一曲，早已腾身上树。诸人见熊身体虽笨，动作姿势却极敏捷，知道是爬树惯家，先就着忙，急急把树枝往它身上拼命掷去。粗大的树枝，一时急切扳折不断，细小的打下去一点也不济事。倒把熊惹得性起，大吼一声，前肢往上一搭，紧紧抓住树身，再借着前肢搭紧的势，把早已离地的后肢往上一蹿，就足足蹿上了二三尺，眼看再蹿几下就要上来了。这时，大家益发慌忙，七手八脚地扳下许多树枝，拼命地抛掷下去。那熊毫不畏惧，仍然向上直爬，转眼已经爬上了半棵树，就要抓到树杈了。诸人只得纷纷把树枝向熊乱戳乱打，戳在熊的身上，它若无其事，反被熊张开血盆般大口咬住树枝往外一甩，有人撒手不及，几乎跌下树去。这时，另有人把尖锐的树枝冷不防向那只熊的左眼尽力戳去，戳得鲜血迸流。那熊狂叫一声，四足一松，滑下树去，用左爪护着眼睛，坐在地上。大家这才松了一口气，连忙把树枝像雨点般向熊抛去。那熊给树枝打在头上，牵动受伤的眼睛，更加疼痛，只得勉强站起，怒吼几声，拖着笨重身子慢慢走开。诸人眼看大熊离去，想起刚才情景，还在胆寒。大家商议，树上也不是安全所在，必须好好防卫。便把树木折下做成木棒，把石刀用皮条绑在棒端，做成一种石斧。但是石斧很笨重，他们又找比较尖小的碎石绑在棒端，就成了石枪。他们有了石斧、石枪，就可以和猛兽斗争了。

渐渐他们又把石斧、石枪都敲得平正，就更加锐利。特别是水里圆石做的枪尖，尤为合用。因为这些石卵都已经受河水日夜磨洗，又光又滑，石质又是十分坚固。只消敲去旁边，使它锐利，便是极好的刀枪。他们仗着这新式武器防护身体，比从前赤手空拳的时候安全得多了。

冰期过去，天气转暖，兽类渐渐又在地上活跃。其中梅花鹿和扁角鹿两种最是肥美好吃，人类就仗着石斧和石枪来捕捉它们。捕捉的时候，大家都伏在树旁石后，侦伺鹿群出来觅食。等到它们走离窟穴，进入涧旁山路，有的嚼食涧旁青草，有的低头喝水时，人们就迅速分成两队，一队由后面截断它们回穴的归路，一队由前面阻住它们逃走，各持石斧，跳跃围上，猛砍一阵。这时鹿群进退无路，只有哀鸣乱窜。最后，除了许多被砍倒外，其余也都坠入涧底淹死，人们便大获全胜，将鹿抬了回去，把皮剥下当衣服，把肉切来大嚼。还有鹿角，也拿来略略切削，当器具用。这时候，他们已经留下兽骨、兽角来使用了。

逐渐他们觉得骨角比石头还要合用，他们就把它切削做了枪尖，安在木棒上面，抛掷过去，便成了一种标枪。这是他们猎取较远野兽的利器。

但是那些厉害凶恶的虎、豹、熊、狼都还在森林山洞里住着，天天出来猎食，尤其是剑齿虎最残暴。人们一不小心，单独行走，遇着了它，就往往被吃掉，只有合群带了武器，拼力抵御，才能逃脱。这是人们最烦恼的事情。

终于有一天，一个奇迹发生了。有一个人正在涧边开剥一个猎得的扁角鹿，忽然一只剑齿虎由后面林里抢出，张牙舞爪地径向这人扑来。这个人慌得抓起鹿就跑，一直往自己洞穴逃去。剑齿虎更不肯舍，张开大口，咆哮追赶。他惶急无措，忙把手里石刀回头抛去，却没有抛着，剑齿虎仍然征吼跳跃着奋力追赶。一时狂风大起，更加助长了剑齿虎的凶焰。看看将要赶上，这个人只得格外拼命地跑。正好跑到洞前，却碰着女人在洞口生火，预备烧鹿吃。一堆枯叶败薪，正在毕毕剥剥地烧起来，狂风一刮，火势大盛。败叶给风一卷，纷纷带着红焰满天飞舞，霎时满地满空都弥漫着黑烟红火，吓得剑齿虎踉踉跄跄地连蹦带跳逃下山去。这个人跑到火边喘着气回头一看，剑齿虎不但没有追来，反窜下山去了。这才定一定神，想起刚才的事情，宛如做了一场噩梦，才知道火有这般的威力，连吃人的剑齿虎都怕得这样。从此，他们又获得了一种新武器。

他们不但生火取暖，烧熟兽肉，他们也生火来防御野兽，用火来狩猎，火被普遍地应用起来。为了防御野兽来伤害他们，只消在男人出去的时候，让妇女或小孩在洞口燃起了一堆火，把一枝一枝的枯木慢慢地添上。这种省心省力的事情却比任何刀枪都要厉害，没有任何凶猛的动物敢来窥伺。这个伟大的发明使人类文明更进了一步，达到了燧人氏的时代。

他们渐渐对于火的知识更加丰富了。在一个大风的早上，许多树木都给风吹得东歪西倒地颤动不息。那些繁密的森林中无数树枝互相击撞摩擦着，阵阵风声像澎湃的海潮般呼啸着。到了近午时候，忽然林里发出黑烟来，起初不过一缕，转眼越来越浓，在罩满黑烟的树上透出了一伸一缩的红焰。霎时间，风催火势，全林烧着，化成了一片火海。

这样伟大的奇观，他们已经看惯了，在黑烟初透的时候，就指指点点地谈论着。等火焰伸出时，仿佛看焰火一般，漠不关心地任它自生自灭，至多，等到火熄了去拾几枝火种。可是这次有一人偶然把拾得的两个半焦树枝，也模仿着树枝摩擦的样子，试验它是否因为摩擦的缘故而发生火焰。摩擦了一会，似乎越磨越热，渐渐也发出烟来。他觉得很有意思，便继续摩擦着。摩擦到最后，果然也生出火来。从此，他们又学得了钻木取火的方法，不必专靠一些难得的燧石了。

可是每次火灭，必须钻木来生，还不算十分方便。他们经过许多年的经验，又发现了木屑是很不容易烧完的。如果在火的上面撒了厚厚的木屑或是烧过的炭灰，火焰就会给它们压弱，只在灰下慢慢地燃着，可以经过许多时间不会熄灭。他们便用这个方法来保留火种，等到要用的时候，再把灰屑拨开，添上枯枝，又可以燃烧起来。

这个时代，他们的生活是蓬勃向上而快乐的。他们常常带了石斧和燃着火的树枝到深山里耀武扬威地寻觅野兽，有时一不小心烧着了枯草，立刻便满山燃烧起来，像火海一般，把所有树木都烧着了。这时他们便急急地突出火阵，跑到山下喘息地看着。一阵阵浓烟夹着野兽哀号的声音，在红焰里卷着。一向找不到的狐、獾、鹿、兔都纷纷由山里冒烟突火，四散奔逃。他们便趁这机会截住路径，抡起石斧，把野兽都赶到崖旁，让它们纷纷跌下崖去。这样，往往得到意想不到的收获，大家都欢欢喜喜地扛着、抬着回去，堆积得像小山一般，留着慢慢吃。再过一二日，等到山里火势熄灭以后，再纠集多人，上山查看，那时满山一片焦枯，横躺直卧着许多烧杀的飞禽走兽。尤其使他们欢喜得几乎发狂的是往往烧死了几个最凶猛的野兽，像剑齿虎、大熊、毛象、犀牛之类。他们欢天喜地地抬了回来，轰动了多多少少人来搬取，个个都满载而归。然后开剥兽皮，团聚围坐，大吃起来。那种快乐，说也说不尽。吃到后来，大家就围成圆阵大跳大舞，一面还表演他们追赶野兽时候的身段和架势，表示得意，口中也发出呼喊的声音；有时还拿了石块、鹿角来敲敲打打，尽量享乐。那些年龄还小的青年便露出羡慕的眼光，围了上来，模仿着攻击的身段，跳舞着，欢呼着，由娱乐中间学到了猎兽的技术。

吃惯熟肉以后，再吃生肉，觉得十分不可口，于是人们就生起火来，围坐四周，把兽肉烤得香美无比。大家又大大欢乐一回。从此，每次得到野兽，人们便生起火来，烤熟了吃。吃够了，便围着火歌唱跳舞，成了一种习惯。这便是后来音乐歌舞的起源。

人类智慧发展到了这一阶段，那些野兽已经不是人类的敌手了。渐渐人类住的地方越扩越大，野兽住的地方便越缩越小。每个洞穴里都铺着温暖的兽皮，堆着尖锐的石刀、石斧，还挂着兽角和兽的头骨，这些都是那时代必需的器具。

因为他们吃了熟肉以后，嘴里干得很，必需找水来喝，大家常常成群结队地到溪水旁来喝一个够。一开始，他们是用双手捧水喝，后来渐渐懂得用兽角和兽的头骨来舀水，倒也十分合用，所以就当作日用器具，挂满了每个洞穴。冬天还生了一堆火，大家围坐着取暖。

尽管这样扩大地盘，天然可住的洞穴还是有限，赶不上年年增加的人口。他们有的跑上树去，搭个巢来住。有的便把树木搭在地上，倚崖靠石，架上许多杈丫，也还勉强住得；只是禁不起狂风暴雨，一吹就倒。他们又想了种种方法，把木头削得尖锐，连接起来，再敷上泥土，上面铺上兽皮，这便是原始的房屋。

生产发展了，他们现在只要狩猎一次，可以吃得许多天。生活一宽裕，就渐渐动起脑筋，把狩猎用具来改良。首先，他们觉得石刀绑在木棒上太容易掉下来，便想出方法，在石刀上刻了道，可以容易缚紧一些，渐渐把道刻得更深。最后便发明了在刀中心钻了个孔，安上木棒，便成了一柄坚固的石斧。渐渐他们又知道把石斧磨得光滑，可以更加锐利。这种磨光和钻孔的发明使他们的文明更进了一步，便由旧石器时代进到了新石器时代。

既然会磨制石器，渐渐也会磨制骨器了。除了磨制日用必需的石器、骨器外，有空时候也磨制一些玩耍的东西，像石珠、贝壳之类。在猎到大批野兽的时候，高兴起来，也用尖锐的石刀在洞穴里刻出野兽的形状，有时还把射在它们身上的标枪也画了下来，用以娱乐自己和小孩子。这种最古的刻画就是人类最初的艺术。

渐渐因为偶然发现了红色像丹砂般的红土，他们便拿来涂在图画上面，作为流血。这时候，他们的脑筋已经聪慧得令人惊异。不但如此，他们还发明了许许多多奇妙的用具和艺术品。

他们穿的衣服本来只是一整张兽皮，披在身上取暖，后来渐渐感到需要束缚在身上，并且要把几张兽皮拼凑起来，才能遮蔽全身。他们想了又想，改了又改，过了许多年，好容易才做到把兽皮穿了许多洞，另用兽皮切成细条，由洞穿过，一一结了起来。这种工作非常繁难，因为穿洞的时候需要尖锐的工具。他们起始是用鱼骨，或把兽骨磨尖了来用。这样用了许多年，有一位聪明人忽然感到要是在骨端钻一个孔，就更容易带进皮条。他使用了尖锐的石片，在骨的另一端挖了一个小孔，这是非常艰难细致的工作，但是他居然做成了。这一根骨针是世界上第一根针。有了它，缝制兽皮就便利了许多，渐渐兽皮衣服便越制越好了。

自从有了火以后，猎取野兽可以不消许多人力了。渐渐就由男人出去打猎，女人因为哺乳幼儿的关系，常常留在家里，照顾小孩，缝制兽皮，或从事采集，预备燃料。等男人们欢呼歌唱地拖着野兽回来的时候，女人们就动手开剥兽皮，让男人们坐下休息。日子一久，无形中便造成了男女分工的习惯。

一天，他们采集了许多枯枝，预备带回来烧火，随手拔了一根长的草来捆着。到了家里，发现这根草坚韧非常，捆得十分结实。这就引起一个女人的注意，她把这根草拿来细看，草里露出白色的纤维，用手一撕，坚韧得和皮条差不多。她就把它另外放起，预备下次当作带子用。过了几天，当她缝制兽皮的时候，偶然把皮条用完了，急切找不到，便把这白色纤维擘下一绺来用。想不到它比皮条更要合用，要粗要细，都可以随意分擘。从此她们便开始寻找这种植物，擘出它的纤维来缝纫兽皮。渐渐知道把它搓成绳子，就更光滑结实。从此，麻类就成为人类日用不可缺少的东西。

他们每天除了打猎外，有的采掘野果球茎，有的收集枯枝落叶，有的缝制兽皮，有的砍伐木材，有的捕捉鱼、鸟、蟹、贝，有的磨雕石器、骨器，男男女女，整年整月，没有一个不是忙忙碌碌地为生存而奋斗。经过了许多万年，由努力劳动而克服了一切困难，由斗争而产生了无穷智慧。他们所做的工作也日益精巧细致。石器和骨器都做得非常工整光滑，有时还在器物上雕刻了许多花纹，又把圆形石子挖了孔穿成一串，挂在身上；还有兽类的牙齿和海滨的贝壳，也都是光滑可爱的，也把它穿起孔来挂着。吃饱了起来跳舞的时候，就发出了铿锵悦耳的声音。有时也把美丽的鹿角戴在头上，来增加跳舞的姿势。这些东西都是那时最美丽贵重的装饰品。

因为他们长期吃着烧熟的肉食，穿了温厚的兽皮，自己身上御寒的长毛便渐渐脱落。过了许多万年，便露出了人类的皮肤，再不是毛茸茸的猿猴模样了。

在几十万年的灵生代里，经过了三次冰川时期，无数的鸷鸟猛兽都死亡的死亡，灭种的灭种，只有人类，靠了劳动，靠了合群，靠了斗争，战胜了自然。在快乐的燧人氏时代，发明了火，扩展了石器时代的文化，还滋生了千千万万的子孙。正是：进化端由劳动始，成功全赖斗争来。

第二回

耕牧溯羲农　千古文明开涿鹿
陶渔终禅让　九州贡赋会涂山

自从发明了火，各处人民渐渐采用了熟食方法。住在水边的人捉到了鱼虾蟹贝，也一样放在火上烧了来吃。那时水里动物非常多，鱼鳖虾蟹，无所不有，而且个个肥大强壮，翻波逐浪，处处可见。水边人民完全把它们当作粮食，常常折了很长的竹竿磨尖锐了，作为鱼叉，看准了一尾大鱼，便用力向它刺去。因为日日熟练的缘故，往往十有九中，立刻直透鳞里，血水涌出，人们随手迅速地举了起来，负伤的鱼便随叉而起。偶然碰着巨大的鳖鳄，也必纠集多人一齐并力，和山居人民捉拿野兽一般。他们有时也跳下水去，摸捉贝蟹鱼虾来吃。贝类因为好捉，吃得更多，贝壳堆积如山。有时鱼类逃到深水地方，追捉不着，他们便想出一种办法，把溪水两头截断，鱼就逃不出去，然后把水慢慢泄去，泄到差不多的时候，再用手把水泼干，水底的鱼无法逃走，只在泥里拨剌，就可以全数捉来，等到鱼捉完了，再把截断的地方打开。以后又另找地方，再行堵截，重新捉捕。这种方法一直应用了许多年。

鱼类用火烧了吃，比生吃适口。人们既然学会了火食方法，逐渐创造用火烤熟鱼类的经验，大约最初烤熟来吃的只有贝壳之类，然后才推广到鱼虾。贝类放在火上，只要烧到贝壳开启就成了。而鱼虾的烧熟可就不容易，它们受到热，登时便乱蹦乱跳，大家常常满地追扑，弄得满手满身都是泥浆，非得把它们弄死，才能服服帖帖。后来惹得一个性起，抓了一把烂泥，包在鱼的身上，掷到火里去。那鱼挣了几下，因为裹在泥里，不能动弹，不久便烧熟了。打开泥片一吃，味道竟比没有包裹泥团的香美得多，并且一点也没有烧焦。由是大家懂得了这个方法，每次捉到鱼，先把泥土厚厚包了起来，再放在火里烧。慢慢地这方法也应用到各种兽肉上面，解决了屡次烧焦的困难。烧了许多年，偶然有一次烧熟的兽肉外面的泥土竟然坚固得像一片石头，用手擘不开，只好使劲地往地上甩，“豁啦”一声，泥土碎成好几块，但还是很坚硬的，似石非石，不知是什么东西。大家诧异了一番，也就算了。不料以后常常发生这种现象，掷碎的泥片和了水也化不开，再不能利用它来包裹兽肉；可是舀水盛东西却更合用。渐渐就有人把这种泥土捏成各种形状，放在火里烧，居然成了陶器。以前虽然有兽角、兽骨、贝壳可以盛血盛水，但是它们都是天然的东西，用起来不甚方便。现在有了陶器，就可以由人喜爱，随意捏成各种样子了。从此，人们除了雕磨骨器和石器之外，又添了捏制陶器的工作。

这时，人们不但用泥土来捏制陶器，也用泥土捏制弹丸，用来射击鸟兽。看见野兽远远走来，便把泥丸抛掷过去，把它赶走。抛了几时，觉得用木棒打击泥丸可以更远一点，就渐渐悟出了弹弓的道理，便把木条揉得弯弯的，造成弹弓，用来发射弹丸，非常有力。后来，大家就用这种技巧来狩猎野兽。

那时狩猎武器除了石斧外，追击比较远的野兽，都是用标枪投掷的。可是标枪一脱手，不一定能找得回来，必须多带几支。太长太大了，带起来就不方便，削得小了，又抛掷不远，这是很困难的事。现在有了弹弓，正好用来射距离远的动物。不久，便有人把标枪和弹弓合起来，将标枪削小，成了箭矢，用弓来射，比弹丸更加厉害。但是木制的箭矢无论削得怎样尖，碰到像熊、虎、象之类坚厚的兽皮，就一定射不穿。他们又想出方法，用石或骨来做箭镞，就比木头锐利得多。为了爱惜石镞，怕它丢失，又用了细绳系在箭的尾部，这样就容易找回。

一个风和日丽的晴天，有一群猎人带了弓箭，出去打猎。走到日常去的地方，那里有幽密的树林和丰缛的细草，正是兔子、雉鸡出没的场所。他们静悄悄地躲在树里，注视着周围的一切景物，希望能够捉到一些美味。等了一会，忽然窸窣几声，前面草里蹿出了一只小兔子，正找它所喜爱的嫩草，低着头嚼吃。他们看准了这是捕捉的好机会，就轻轻地走出树林，刚刚一晃影子，兔子已经飞也似的逃去。他们只得又躲在树林里等着，等了许多时间，好容易一只兔子来了，又照样被吓走。一连好几只，都没有射着。看看日影已经近午，他们都等得不耐烦了。其中一个猎人无意中抬起头来，忽然看见那边树枝上有一只蜘蛛，正在慢慢地吐出蛛丝来，一根一根地交叉连络，结成一个精致细密的蛛网，在晴明的日影里微微荡漾着。他在树林里无事可做，就看着蜘蛛结网来消磨等待兔子的悠长时间。看了一会，蛛网已经结好，蜘蛛端端正正地站在网的中心，也等着等着。不多时，一只小小蝴蝶飞来，不偏不倚，正罥在蛛丝上面，挣扎着，颠扑着，越挣越缠得紧，整个给蛛网裹住，飞不去了。这蜘蛛就迅速地跑来，抓着蝴蝶大嚼一顿。这个猎人看见蜘蛛捕蝶的方法，心里恍然大悟，暗想蜘蛛一个小小的虫捉蝴蝶尚且这般容易，我捉个小兔子为何那样艰难？这完全因为它有一个网来帮助它的缘故。要是我也有一个网，不也就容易了吗？但是用什么来做网呢？他心中细细盘算着，又细细看蜘蛛修网的办法，怎样把蛛丝一经一纬地交结起来。看了一会，心里有了主意，便回到屋里，找了许多绳子，仿照蛛网模样，结成一个网子，便把它张了起来，捕捉兔子，觉得有什么不合用的地方，便随时改良。改了许多次，居然给他网住了一只兔子。大家高兴得很，便纷纷都学着结了许多网，安设在各处丰草茂林的地方，等待兔子自投网里。又把网张在树上，来捉取飞鸟。以前对于会飞的鸟类，十分不容易捉到，现在有了网，便利得多。后来又把网撒在水里，去捉取鱼鳖，只要鱼鳖进了网，就可以稳稳兜来，比起使用鱼叉和堵断溪流都方便不少。这样食物便渐渐丰富起来，不必整天辛苦追赶，自有动物投入网中；一时不需要吃的，也可以畜养着慢慢再吃。一到烧山时候，靠了弓箭枪斧，猎物捕捉得更加多，总是一大群一大群，闹哄哄着抬了回来。大家跳的跳，唱的唱，一面忙着把已死的开剥兽皮，包裹泥土；一面就点数野兽，把重伤和轻伤的仔细分开，捆系起来，以免逃走；然后坐在火旁，喝着血，吃着肉，夸说这次勇敢出猎的成绩，计划着下次宰杀的目标。他们选择的标准，是先宰重伤的和凶恶的野兽。因为重伤的不容易活，凶猛的会伤害人、兽，留着有危险，所以必须先宰了来吃。那些受伤很轻和比较柔懦的都留下慢慢再吃。分配完毕，按日杀去。往往还没有吃完，又出去打猎，再带回来一大批野兽。一次一次地积压下来，凶猛的都吃了，柔懦的常常会长期畜养下来，野性渐渐减退，越来越显得驯良。因为被关住，不能满山乱跑，它们便更加肥脂，肉味也特别腴美。有的还生了小兽。渐渐大家都觉得与其费神劳力出去打猎，还不如畜养几个驯良的野兽来得上算。好在那时地旷人稀，到处都是上好牧场，养起牲畜来毫不费事。各人便把所爱吃的肥美驯良动物留养了几种。鸟类里面，也挑选鸡鸭之类来养着。养了几时，这些动物因为有人喂给食物，不须自己努力寻觅，便越来越懒，从前倚恃以自卫的爪角羽翼都一天一天地退化了。头脑也越来越简单，一切依靠主人，只生了一身肥肉，专供烹食。只有马、牛两种，因为常常替人搬运东西，还保存一些蛮力。其中还有狗类，本是吃肉的，模样又凶猛得很，人们原不想养它。不料把它留养了一时，便和主人熟了，常常摇着尾巴，依依不去。夜里每逢有一点异样声音，它一定狺狺狂吠，满屋找寻，好像报告主人消息似的。偶然跟了主人出去，遇见狐獾狸兔，它就拼命追去，把它们咬死，还衔到主人面前，表示功绩。有时遇着凶狠的狼，它也毫不畏惧，上前抵抗。人们发现了它的特性后，就感觉到必须养一种像它这样的兽，来帮助主人看守家畜。所以犬就成为最先被驯养的家畜之一。其余如绵羊、山羊、牡牛、马、骆驼、象、鸡、豕等，都被驯养了；特别是马、牛、羊、鸡、犬、豕就成了人人爱养的六畜。人类的文明也由以狩猎为主而进到以牧畜为主的伏羲氏时代。

渐渐人们的住所也跟着起了变化，因为一则栖居在巢穴中很不方便，二则许多驯养的动物不能住在树上巢里，也不能住在山上洞里，只有用泥土木材盖了屋子才好住。慢慢地各地方就都盖起了大大小小的猪圈、牛栏、鸡埘、马厩。其中猪类特别繁殖得快，它的肉又特别好吃，成了家家不可缺少的食物。

所以“家”字就是表示在屋子里养猪，是家家的普遍现象。

家家都有了六畜，穿的兽皮自然不缺乏了。可是到了夏天，就没有办法，兽皮实在热得难受。人体已经脱掉猿毛，又不比兽类有毛蔽体，没奈何人们只得拾些树叶，用绳连缀起来，围在腰际。穿了几时，树叶就破碎了。于是缀了又缀，补了又补，渐渐弄得绳多叶少。最后干脆索性不用叶子，只把麻绳结成似布非布的东西，粗糙得很，围在身上。这就是人类最早的衣服。据说是一个名叫伯余的人发明的，他把麻缕一条一条缠挂在指头上，穿来穿去，织成像网子一般的稀疏麻布，再一点一点地拼缀起来，做成一件衣服。后来经过许多年的经验，才发明出织布机，织出细致的麻布来。

这时候是原始共产社会。在广大地面上稀稀落落散布着许多氏族，每一群男女不分彼此共同工作，共同享受，大家拥戴一个首领，管理一切事情。天色一明，大家便驱着一队队家畜，寻觅水草丰盛的地段去放牧，有的跑到水边去捕鱼，有的拿着弓矢到山林中去打猎，有的编织麻布，烧煮食物，捏制陶器，磨琢石器、骨器，制造弓箭和各种武器以防卫敌人的袭击……男女老少都很自然地进行分工，还没有分化为不同的阶级。当一片水草吃完了，再换一片地段放牧。虽然由狩猎进到牧畜，却依然迁徙无定。选出的首领如果不合公意，也可以另外换人。那时男女还没有固定的配偶，常常一群女子和一群男子互相配合，这种制度，现在叫它作“群婚”。群婚所生的子女只知道母亲，不知道父亲，就都跟了母亲的姓，成为母系。同母子女，便算同族。同时也由于当时妇女在经济上占主要地位，她们掌握给养的储藏和分配，预备食品和制作衣服等，所以最早的姓像姜、姬、姒、姞等，都是女字旁。

由于放牧家畜的需要，各族抢夺水草丰美的地方，互相争斗，那些一向担任狩猎工作的男子就奋勇向前，搬出对付野兽的武器，大战一场。被打败的自然只好逃走；得胜的不但占了牧地，还要把对方来不及逃走的男女老幼、家畜器用一齐抢来，作为胜利品。捉到男的，因为怕他们反抗，所以大半杀死，甚至煮了来吃；捉到女的，却常常留下作为婢妾。这样战争不休，男子在战斗中显示出他们的重要作用，往往就被举为首领；女人却因为生产和抚育儿女的生理关系，早已和男子分工。一到战败，又往往拖儿带女无法逃走，被敌人俘虏去，地位一落千丈。这样不知争战了多少年，母系制度渐渐崩溃，父系制度也就开始发生。父系是以氏为单位的，勇敢的氏得了许多胜利品，战斗力也就越来越强；老弱残病的人因为没有工作能力，往往被大家抛弃。

后来，伏羲氏有位首领，看见各氏争战不息，便号令大家不要争夺。如果要得到别氏的女子，必须两氏商议同意，并由男氏赠送女氏鹿皮一双，作为聘礼，如果要别氏的东西，也得用自己的东西去交换。这就是最早的婚礼和以物换物的买卖。

这时候，中国野兽仍然很多，黄河里面的水族尤其千奇百怪无所不有。其中有一种类似河马的动物，身上有黑白相间的花纹，也常常随波上下。伏羲氏有位聪明的首领，偶然在晴朗天气到河边观赏，看见这马身上的花纹陆离斑驳，黑白分明，心中忽然有感。他自从做了首领，常常为氏内氏外许多事务操心，又无法记忆计算。从前有一种结绳方法，把绳子结成各种形式以帮助记忆。上古生活简单，还可对付。到了这时候，生活比较复杂，结绳已经不够应用。他便模仿这兽身上的黑白长短条纹，创造了两种长短线条，互相配搭，成了八个不同样子的记号，用来代表一些事物，名为“八卦”。这就是中国文字的开始。这时候离现在大约有一万年。

后来，黄河里这种兽绝迹不见。后人便以为马是不会生在河里，除非是龙马；马身上不会有花纹，除非背上驮了什么图。这样揣测传说，就传下了“龙马负图”的故事，说伏羲氏是根据河里龙马所负的图才画成了八卦。

相传这时候中国已经有了蚕丝，伏羲氏又发明用桐木削成琴瑟，安上蚕丝做弦，弹起来声音十分铿锵悦耳。这是中国最古的乐器。

伏羲氏还教人民用两块木板相合，在当中刻了几道痕，记好数目，然后双方各执一块木板，作为凭据，这就是“契”，是最早的契约合同。“契”字就是“刻”的意思。大家有了契，就免得争多论少，省却许多麻烦。人民既然减少争论和冲突，便渐渐安乐富庶起来。对于这位伟大领袖更加崇拜，也就传说了许多奇奇怪怪的神话，甚至说他的身子是像蛇一般模样。

伏羲有个妹妹女娲，才能出众。伏羲死后，女娲继续做了首领。有一年，亚洲东边一带火山爆裂，猛烈非常。这样一个大变动，对于居住黄河下游山东地方的最早人民，当然是一个极可怕的景象。那时，只见远远的天边一阵阵烈焰红彻云霄，黑烟蔽目，崖石纷飞。不绝的轰隆巨响，震撼不停。天摇地动，谷裂山崩。海水滔滔地向岸上扑来，奔腾澎湃，白浪堆得像雪山一般。无数奇形怪状的龙蛇鳌鳄也都翻翻滚滚地随波而来，舞爪张牙，兴风作浪。人民屋庐倒塌，家畜淹没，死伤满地，哭声震天。一时谣言大起，有的说是天崩，有的说是地塌。个个拼命逃走，纷纷不绝。这次地震一直过了许多时间方才渐渐安定。天色清明，海水退落，空气里的灰尘也慢慢减少。女娲料想没有危险，便亲自到海边察看一周，除了满地灰土残石外，却看不见有什么奇怪现象。她回来便号召人民，仍旧搬回原住地方，修整屋子，照常工作。那时人民还不明白地震的缘故，觉得明明天崩地塌，为何女娲走了一周便就无事，一定是女娲弄了什么神通。大家将信将疑地陆续溜回以前居住的地方。只见山上流着一种五颜六色的熔液，石块还都热得烫手。海边积着许多灰土，海水已经退去，只剩下无数败鳞残甲，腥臭不堪。大家一面查看，一面互相揣测。那天明明看见天摇地动，为什么今天恢复了原状，而山下却留下许多滚烫的石头？这一定是女娲用火烧炼五色石，提取它的精髓，才把天补好了。那天海水涨上岸来，混杂着无数鱼龙怪物，为什么今天都不见了？这一定也是女娲用芦灰塞住海水，又把黑龙巨鳌都杀死，才留下狼藉成堆的腥臭鳞甲和灰烬。那天的大地在簸动震荡着，为什么今天却这样宁静？这一定又是女娲把巨鳌的四足砍下，垫在大地的四角，才能这样平平稳稳……他们一件件推测下去，越想越有理，渐渐一传十，十传百，就流传下女娲炼石补天的美丽神话。这个美丽的神话与“盘古开天辟地”一样，都反映着人类对自然斗争和克服自然灾害的意义。人在伟大的自然——天的面前，不是无能为力的，“天崩”了可以由人来“补”，“地塌”了也可以由人来“垫”。

女娲既然会补天，自然不和凡人一般，于是又传说连人类也是女娲捏了黄泥造成的。女娲又由人变成了神了。

渔猎畜牧的时代经过了不知多少年，人类的文明越来越进步。

有一天，一群牛羊正在吃草的时候，有一个牧人忽然发现它们所吃的是一种肥美的野谷，这时候因为人口增多，采集野谷很不容易，不知道为什么这地方野谷这样多。他记在心里，便采了许多回去。说起缘由，有人记起去年曾在这地方无心地撒落了一把谷子，大约就是这谷子生出来的。大家便商议把野草拔净，再撒一把谷种，看明年如何。到了次年，果然生了青青的苗，秋天竟然收到不少的谷。这次经验鼓起了大家的勇气，便有许多人计划大量地栽种起来。种的时候，只用木棒石斧把土掘开，后来才知道磨制石锄石犁。每每一大群男人在前面锄土，一大群女人跟在后面，用手把泥土弄碎，撒上种子，完全用人工来做。种完了，便什么都不管。一直到了秋天，才用蜃壳来收割。后来也发明了石制的镰刀。这样耕种，收成自然不会太好。一年又一年的渐渐改良，人们也懂得用木头来做农器和浇水拔草了。这样便渐渐进入了农业社会的神农氏时代。

那时有一个最会耕种的人，名柱。他懂得许多耕种方法。大家有什么困难就都来问他，他总会想出种种方法来解决，帮助大家造了许多农器；又在野生植物里，选出几种谷类，培植得非常茂盛。其中一种谷，最得大家喜爱，名叫作稷，便把管理农事的人也叫作稷。柱当然做了稷。后来柱死了，大家都纪念他的功劳，相信他一定成神去了。各氏首领都祭他，希望可以得到丰美的收成。

谷类已经栽种成功，大家又打算多栽种一些蔬菜、果子，各人都访觅平常吃过的野菜、球茎、野谷、野豆来种。有时碰着新鲜植物，看去倒也硕大肥美，却不知味道如何。便一样一样地采来尝尝，也有甜的，也有苦的。有的叶子好吃，有的果子好吃，有的却是地下茎好吃。个个挑了喜爱的东西来种。有时碰着又苦又涩的，甚至碰到有毒的。但是经验越多，知识越丰富，人们不但选出了许多嘉谷名蔬，也分别了许多草木的性质，知道它的用处和治病的效果。这就是医药的起源。后来相传有一部《神农本草经》，就是后人根据神农氏时代许多劳动人民尝吃百草的经验来写成的。

以前游牧时代，虽然大家也争夺牧地，但是水草是天然的，不曾加上人工，一到用完，便抛弃不顾；现在农田要费自己力量去耕种，自然不肯让别人白白占去，便都划好田亩界限，各认自己地方，播种收割，以免争执。那时，人们还不知道灌溉施肥，种了几次，收成渐渐减少，只得另换新地。这样一来，需要更多土地，平原占满了，只好向山地推进。他们便利用狩猎时候烧过的森林山地，播上谷种。想不到这种烧过的地，收成更加丰盛。大家便都采用这种火耕方法，把山地一片一片地烧了起来。开拓荒山，越推越广，所以那时代的神农氏又叫作烈山氏。为了开荒辟地，争夺疆界，各氏中间也不断战斗。大家都分好界限，作为自己的势力范围。

农业社会使人民不得不住在一定地方，耕种一定的田地，渐渐地生活安定，物产充足，各人都有很多的米粮牲畜。有时也需要交换，便共同约定，以日影正中的午时为准，各人持了货物互相交易。这是最古的市。一时大家都把多余的东西带到指定的广场上面摆列：无非牛羊鸡犬，黍稷稻粱，也有骨制的鱼钩缝针，陶制的砖头瓦片，也有织好的麻布、搓好的草绳，也有土鬲、土甑、石锄、石犁、石纺轮、石镰刀和各地的特产、田地出的蔬菜。为了希望买方喜爱，可以多换一些东西，便都挑了上好的或是加工制造的。石器上雕上了花纹，陶器上涂上了颜色，争夺炫巧，美不胜取。各人按照自己需要的东西，互相交换，个个满意回去。这种交易渐渐普遍推行到各处地方，大家都觉得十分方便。

可是这种交易也有一点美中不足，最初时候是不会感觉到的，一直施行了许多年，人们才渐渐感到了。譬如有几个缺少米粮的人赶了牛羊去卖，希望换些粮食，可是那些要牛羊的人却只带了石器来卖；好不容易找到卖米的人，他们所需要交换的又是麻布。

这样牛头不对马嘴的事情差不多天天都有。买卖不成，再搬回去，又十分笨重麻烦。大家都没有办法解决这个困难。

一天，一个缺米的人带了自结的渔网到市上换米，找了半天，有米的人都不需要渔网。他无法交易，正在烦恼的时候，忽然有一个住在海滨的人带了许多贝壳来买渔网。卖网的虽然需要换米，但是看见那贝壳璀璨鲜明非常可爱，他知道这是大家所喜爱的一种贝，大家都管它叫作宝贝。渔网既然无人需要，不如换给他去。便和卖贝的商量好价格，把渔网换了一些贝壳，再拿这贝壳去和卖米的换米。因为它委实美丽罕见，许多卖米的都抢着愿意多多拿米和他交换。他本来以为今天买卖是做不成了，想不到通过了贝壳的媒介，不但卖了渔网，还多换了米，非常高兴地回去。贝壳既然是大家共同喜爱的物品，在买卖的时候，常常这样解决困难。大家便都把买得的贝壳藏积起来，作为自己的财产，等到需要货物的时候再拿来交换，就和现在用钞票一般。所以从古代流传至今的“买，卖，财，货，贵，贱……”许多字，都带有一个贝字，就是表示贝壳是交易时候不可缺少的媒介。

神农氏时代的人民是这样安居乐业的，一直到了离现在大约五六千年时候，才发生了变动。那时神农氏一位有名的首领，姓姜，在曲阜（现在山东省曲阜县①）地方建都，后人称他为炎帝。还有一位有熊氏（在现在河南省新郑县②）首领，姓姬，后人称他为黄帝。这两位是那时杰出的强大首领，据说还是一祖传下的同族兄弟，他们是中华最早的祖先，所以现在汉族往往自称为炎

① 今曲阜市。
② 今新郑市。

黄的子孙。

这时候，南方一带有许多苗族，非常强大。首领蚩尤勇猛非凡，常常带领部族，侵占炎帝地方，抢掠屠杀。各氏被他侵掠，无力抵抗，莫不叫苦连天。炎帝为了保卫土地，也起兵抵御。无奈蚩尤十分强悍，又有勇将夸父，力敌万夫，无人敢挡。他们还发现了铜矿，知道炼铜方法，就造了铜的兵器，锐利无比。每次交战，蚩尤总是身披斑斓虎皮，头戴双角铜盔，手执铜刀，站在阵前，威风凛凛，宛如凶神恶煞一般。炎帝兵士用的不过石刀石斧，如何能和铜刀铜枪对敌？不消几个回合，便杀得大败而逃。炎帝弃了国都，一直逃到涿鹿（现在河北省涿鹿县）去了。各氏看见炎帝尚且战败，哪敢迎敌？蚩尤率了如狼似虎的军队横冲直撞，为所欲为。早惊动了有熊氏黄帝，连忙率领军队，北上救援。到了附近，召集各氏，探听虚实，以定进兵方向。哪知各氏早已被蚩尤吓破了胆，个个摇头，都说从来没有看见这般凶猛的敌人，不但所用兵器锐利无比，便是形状也是铜头铁额，兽身人言。我们刀斧砍在他身上，毫不济事。他们杀我们却是一刀一个，把我们的人杀得尸横遍野。除非天神下降，别无办法。黄帝再三激励，劝大家团结一心，共同抵御敌人。大家只说：实在打蚩尤不过，并非不愿同心抵抗。一面又加油添酱，说得蚩尤举世无敌。黄帝看见大家如此胆小，知道勉强无益，便不再劝他们出兵，只叫回去各修武备，预备抵御；一面自己细细筹划破蚩尤的计策。

相传那时野兽还是不少，黄帝一向捕获许多熊罴、貙虎、貔貅各种凶猛兽类，把它们囚禁起来。现在兵士既然怯敌，就只好请猛兽打头阵了。黄帝便派了许多勇敢将士把囚禁的猛兽训练起来，耐心教导了三个月。这些猛兽虽然凶猛，练了多时，居然进退如意。黄帝便调集兵队，带了猛兽，直到阪泉（在涿鹿东），将猛兽埋伏好了。黄帝亲带精兵，向蚩尤搦战。蚩尤连打胜仗，正在志满意得，哪把黄帝放在心上，便带了夸父出来应战。黄帝一看蚩尤，果然相貌狰狞，装束诡异。手下兵士心里都带三分畏惧，才一交手，便纷纷退后。黄帝乘势诈败，率众飞奔。蚩尤指挥全军并力追赶，一直赶到猛兽埋伏的地方。黄帝率兵纷纷躲入树林内面，一声暗号，勇将应龙当先驱了大队猛兽直扑过去，那些虎豹熊罴经过训练，前后整齐，进退有方，同时张牙舞爪，大肆咆哮，一齐扑上猛咬。蚩尤兵士也是血肉之躯，如何挡得许多饿虎饥熊！当时出其不意，前队一排纷纷被扑倒地；登时发喊起来，往后倒退。那些猛兽经过训练，仍然追逐不舍，疯狂一般一味乱咬。蚩尤兵士吓得丧胆亡魂，自相践踏。蚩尤镇压不住，只得跟着部下一齐飞逃。这边黄帝军队看见蚩尤也一样害怕猛兽，胆子才壮了起来。黄帝便指挥全队跟着虎熊后面冲杀过去，果然大获全胜。正在追杀时候，忽然天色昏黑，云雾迷漫，狂风大起，急雨倾盆而下，衣服尽湿，对面看不见人。黄帝恐有暗算，忙收了兵，押齐猛兽回去。因为黄帝驱使猛兽打败了蚩尤，后人便用猛兽来形容勇敢的军队，像“如熊如罴”“貔貅虎豹”等。甚至有人说，黄帝当年也只是用猛兽的名作为军队名，并不是真的以猛兽退敌。这事究竟怎样，就无法查考了。

这时各氏想不到蚩尤竟被黄帝打败，心中十分纳罕，便都来黄帝辕门庆贺。原来那时黄帝发明了车战方法，打仗时候大将站在车上。停战休息时候，便将车连接起来，围成一圈，以保护中军。只留下一隙，算是出入的门。这门就是两辆车车辕的中间空隙，所以叫作辕门。这种车有轩（车围），有辕，是黄帝所造，因此黄帝又称轩辕氏。各氏祝贺已毕，又劝告黄帝说：“刚才天色晴朗，为何忽有这般雷雨？尤其奇怪的是雾黑得伸手不见五指，绝不是寻常的事，恐怕是蚩尤妖法，不可不防。”黄帝知道他们都是惊弓之鸟，胆小如鼠。便说：“我已经发明了指南车，可以认明方向，不怕黑暗。现在休兵三日。三日之后，仍当率兵追击。请大家各带本氏兵队前来助战，看我破敌。必须彻底消灭敌人，方能保得大家安乐无事。”众人听得黄帝口气坚决，不敢多言。退出之后，只得调兵遣将，前来听令。过了三日，雨势已止，只是天色仍然有点黑暗。黄帝驾了指南车，率领大军，依照方向追击，追到涿鹿地方，和蚩尤大战。这时蚩尤的长胜面具已经被揭破，兵士都知道他也是寻常人类，并不是什么无敌天神，自然勇气百倍，喊杀声音震天动地。黄帝亲督全军，身先士卒，指挥手下勇将，将蚩尤紧紧围住。夸父自恃勇猛，抡起大刀，狂呼出战。应龙舞动双刀，迎着苦斗。斗到酣时，应龙手起刀落，砍死夸父。蚩尤一见夸父阵亡，军心涣散，只得舍死冲出重围，带了残兵，望南逃去。这时天色已霁，黄帝率兵紧紧后追。追到中冀地方，蚩尤料想无法逃走，只得回身抵抗。应龙当先赶到，奋勇前冲。蚩尤一心只想逃走，无心恋战，不及十个回合，也被应龙一刀砍倒。剩下残余兵卒，降的降，死的死。黄帝肃清残敌后，奏凯回来。

各氏虽然勉强助战，大半只跟在后面，眼见黄帝冒着雨雾大战蚩尤，无不胆战心惊。后来忽见雨止天清，大家不胜诧异，都说这一定是黄帝得了什么天女仙书，或是请到了什么天神，才能够把蚩尤的妖雾打散。这样看来，黄帝也一定是天人降世。正在议论纷纷，忽然晴旭射出耀眼金光，映着五彩云霞，光辉不可逼视，正照耀着高高站在车上的黄帝，越发显得威容炫赫，仪表堂堂。各氏更加错愕，都说这五色云彩，仿佛金枝玉叶一般，独独照在黄帝头上，可见上天降福，必获胜利。果然蚩尤不久溃败，黄帝追去，得了全胜，率领大军浩浩荡荡地奏凯归来。各氏听说蚩尤已死，又惊又喜，把黄帝佩服到五体投地，大家同心拥戴他为天子。各氏都执臣礼，服从命令。黄帝为了氏族安全，又带了兵巡行各地，相传他曾东到沿海，南达长江，西到崆峒（在今甘肃省），北征山戎。

他定了整个中国的规模，在涿鹿建都。推算天文，分出年月。又由一个臣下名叫大挠的制定干支甲子，用来计算年月。干是天干，共计十个，叫作甲、乙、丙、丁、戊、己、庚、辛、壬、癸。支是地支，共计十二个，叫作子、丑、寅、卯、辰、巳、午、未、申、酉、戌、亥。用天十的甲，配上地支的子，称为甲子，算是第一年。推算下去，乙丑、丙寅……一年一年地搭配，一直到了第六十年，才把干支配全。后人把这样配搭的干支称为六十花甲子，所以年到六十的人，称为花甲一周。黄帝用这甲子来计算年、月和日，从此中国才有年月可查，这个历叫作黄帝历，是中国最早的历。可惜这黄帝历久已失传，究竟那时候离现在有多少年，也无法查考，有的人说离现在五千五百多年，也有人说八千多年。

他又命元妃西陵氏，名叫嫘祖的，教人民养蚕。那时人民还不知道蚕的用处，养的不多。嫘祖教人民怎样饲桑、上箔、缫丝、织帛，各种方法。织出的帛比麻布光滑细润，再染上颜色，做成衣裳，光华夺目，人人爱慕。但是太费工力，还不能普遍服用。那时又有仓颉，将以前所有许多年人民创造的各种文字总结起来，修改添造，用来记载事情。这些文字都是各地人民智慧的结晶，仿照日常看见的东西，描画成了象形文字，来表达内心所要说的话。一经仓颉整理，就更加完备，便成为世界上最古老美丽的文字。又有伶伦，精通音乐，把竹子截成十二个长短不同的段，吹将起来，按照声音的高下清浊分为十二音阶，叫作律吕；再按律吕制成各种乐器，配成音乐。黄帝又和岐伯研究医法，所以后人用“岐黄”两字来代表中医的医术。相传《黄帝内经》就是记录黄帝和岐伯问答的一部古代医书，也有人说是后人伪托之书，这些都是世界上最古的发明。还有精通数学的隶首做了算数，制定各种度量衡，就是日用的尺斗秤，来量算各种东西。那时又得了铸铜的方法，不但铸了兵器，还铸了钱币，又铸了宝鼎，用来烹煮食物。但是那时采铜和铸铜都不是容易的事，所以铜非常宝贵。黄帝又祭天地百神，规划各处地方，计亩设井，划野分州，其他衣服冠冕，宫室舟车，日用器具，新旧发明，不计其数。据古史所传的说来，黄帝时代，中国文化已经有相当程度的发展了。

他又召集各国，大会于釜山（在涿鹿西南），据说到会的有“万国”之多。

黄帝的文治武功既然这般炫赫，无怪后人都以身为黄帝子孙自豪。上古许多发明，也都算在黄帝名下。并且流传下许多关于黄帝的神话，甚至说，黄帝活到一百岁的时候，到首阳山采铜铸宝鼎，宝鼎铸成，天上降下神龙来接黄帝，黄帝便乘龙上天去了。许多臣下连忙跟着骑上龙去，那些来不及的就拼命抓住龙的胡须，把龙须抓掉了许多。这都是因为人们敬爱黄帝的缘故，才编出这样的故事来。

黄帝有二十五个儿子，子孙很多。传到颛顼的时候，据说那时用的颛顼历，是以三百六十五日零四分之一为一年，和现在通用的西历，极其相似。

以后又传了帝喾等几代，就到了唐尧。

尧是一个十分仁厚的人，件件事情都替人民打算。那时中国农业兴盛，虽然黄帝已经制定了年，可是春夏秋冬还没有划分详细。每年农民布种插秧，只靠各人自己经验，丝毫没有标准，往往不是太早，就是太迟，并且参差不齐，各自为政，自然收成也大受影响。尧觉得这是农民最大的问题，便派了羲和等四人，去东南西北四方测量日影，制定每年三百六十六日，分好春夏秋冬和十二个月，还定了闰月。从此中国有了靠得住的农历，农民种起田来，非常方便，再也没有太早或太迟的毛病了。

尧又怕一个人的见闻有限，政令有了错误，无法纠正，便设了一个鼓，名为“敢谏之鼓”。无论哪个人民知道尧的政令不便，都可以随便击鼓上言。又设了一根木柱，名为“诽谤之木”。无论哪个人民，见到尧的错误，便可以站在木柱的旁边攻击尧的错处。这样尧就可以随时矫正自己的过失。人民因为尧这样虚心，都十分爱戴他。一天，尧走到了华（地名）。那时管理地方的小官叫作封人。华的封人看见尧来了，便上前祝贺他，说：“唯愿圣人多富、多寿、多男子。”尧听了连忙摇手说：“不敢，不敢。多男子就要多替他们担心，多富就要多出许多麻烦的事情，多寿又要多碰着不如意的耻辱，还是免了罢。”华封人说：“天生了人，必要给他工作去做。每个男子都给他职务去工作，有什么担心呢？把富裕来分给大家，让全国人人都富足，有什么麻烦呢？天下安乐，便和人民同乐，天下不安，便努力修德，到了千岁，归天去了，还有什么耻辱呢？”因为他们俩这一席话，后世便留下了“华封三祝”的美谈。

又一天，尧走到各处看视。他是这样关心人民，所以不断和人民在一处生活着。当他走到一条大街路上，看见一群儿童正在拍手歌唱。他们唱的是：

立我烝民，（你让我们许多人民都有饭吃，）
莫匪尔极。（没有一个人不把你当作标准。）
不识不知，（我们什么也不用费心，）
顺帝之则。（只消跟着你走。）

那时候把大路叫作康衢，所以这个歌谣就叫《康衢谣》，是中国流传下来最古的一首歌。本来歌谣是劳动人民在工作时候口中自然发出的一种声音，此呼彼应，成了音韵谐和的歌。这种歌谣不知有多多少少，但是从前史学家没有认识到它们的价值，以致都失传了。

后来有一年尧出外游玩时候，又看见许多白叟黄童都是笑容满面，好像一点心事也没有。偶然走到一个地方，看见一个头发斑白的老农，拿着两个木制的板，名叫壤。他把一个壤放在地下，用另一个壤去抛击它，一面抛击，一面唱着农歌。他唱的是：

日出而作，
日入而息。
凿井而饮，
耕田而食。
帝力于我何有哉！

尧听见农人唱着这样的农歌，知道农人生活很是快乐，自然心里也很高兴。这首歌传下来，称为《击壤歌》。

这种传说都可以表示那时候是前阶级社会，人民还没有受到剥削的苦痛。

这时南方极远的地方有个越裳氏，远来进贡一只大龟，因为言语不通，需要重复翻译好几次，才能懂得。当时尧派羲叔去南方测日影的时候，也曾到过南交。有人说南交就是交趾，在现在越南的北部。

又过了几年，忽然洪水为灾，整个黄河都泛滥起来，一片滔滔，极目无际。许多地方的人民都不能在平地安居，田园淹没，无法耕种。尧看见人民这样痛苦，心里十分着急，便和四岳商量，请什么能人来治水灾。那四岳是四方各氏的首领，一向帮助尧一同治国理政。大家商量一会，四岳便荐了一位崇伯鲧，说他很是能干，曾经筑过堤防，挡住水势，请他治水，一定可以成功。尧觉得鲧的为人有一点自信过度，不听人言，恐怕不行；但他禁不起四岳再三推荐，一时又想不起什么会治水的人才，便听了四岳的话，用鲧治水。

鲧治水的方法，是建筑了高大的堤防，如同墙壁一般，把水势拦住。人民在这高高堤防后面居住，自然不受水淹。这种建筑就是后世城郭的起源。当水势不十分浩大的时候，堤防是可以挡住一时的，所以大家都以为鲧对治水蛮有办法。鲧自己也十分得意，一接受尧的命令，便在各处筑起堤来。不料后来水势越来越大，这边水被堤堵住，便往那边冲去。堤越筑越多，水越挤得没有地方走。最后便猛涨起来，疯狂冲下，如同千军万马一般排山倒海而来。那种雷霆万钧的力量，岂是区区土墙所能抵抗？一经冲破决口，墙内人民尽成鱼鳖。这时人力难施，无法抢堵。水由缺口乱流，比没有堤防时候还要汹涌，人畜田庐淹没不计其数。鲧这时也急得手忙脚乱，堵了东边，西边又冲决了。一面堵，一面决，无论如何，总弄不好。

这时尧年龄已老，自忖精力不济，儿子丹朱又不务正业、游手好闲，只爱争论是非，想他决不会好好地为人民做事，便造了围棋来教他，[①]希望他有

① 尧造围棋教子丹朱的说法，见于张华《博物志》。实际上关于围棋的确凿记载始见于《春秋左传》（约公元前五六百年），较这个说法为迟。——原版注

所用心。一面想寻一个有才有德的人，把帝位让他，以便管理国事。便和四岳商量，四岳都说自己才能不够，不敢接受重任，谦让不受。尧说："既然大家这样谦逊，请推举一位有才德的人来帮助我。"四岳说："有一个虞舜，是瞽瞍的儿子。他母亲早死，后母生了一弟，名象，他俩都憎嫌舜。但是舜竭力孝敬，一家人过得很和睦。这种人一定可以担当大任。"尧听了说："有这样的人？我一定要试试看。"便把两个女儿娥皇、女英嫁舜为妻，又命九个儿子都和舜一同工作，以便观察舜的为人。

那虞舜因为母亲死了，父亲瞽瞍听信后母和象的话，不疼爱舜。舜到历山（在山西雷首山，也有人说是在山东历山）去耕田，开垦了一片荒地，那时山上大象很多，常常到田里来，用鼻子翻开泥土找寻地下球茎草根来吃，还有许多野鸟也都来寻找草籽啄食。这片荒地开垦不久，附近没有人居住，只有鹿豕鸟象和舜做伴。舜为人仁慈，不愿无故去伤害动物，所以他田里常有鸟迹象蹄。后来附近人民看见舜勤耕的收入很不错，便也陆续来开垦田地，和舜一处工作。他们耕着和舜相近的田，舜总是和气谦让，大家自然也就不好争执，彼此互让田界，个个相安。种过了田，舜又去雷泽钓鱼。雷泽的人看见舜谦逊和气，也都不好意思争执。后来舜又去河滨做陶器，做的时候，十分认真，不合适的就重新再做，总要做好才算。那时河滨的人做的陶器都是十分马虎，十个之中倒有九个歪的，又粗又劣，看见舜那样专心耐性地做，都觉得又惭愧又羡慕，也就渐渐做得精致了。舜做什么，大家都跟着他做，因为他那样和气，大家都喜欢他。他住的地方，只消一二年就变成十分热闹的地方。现在忽然听见尧赏识了他，要招他做女婿，大家便都纷纷传说，当作新闻。有的人说，怪不得他有这样幸运，他的田里早就有象来替他耕种，有鸟来替他耘草了。果然今天平地高升，不和别人一般。这样夸张羡慕的话，到处都可以听见，只有舜的弟弟象心里更加妒忌。看见尧替舜筑了仓廪，又分给他许多牛羊，恨不得统统占来才好，便和母亲商量，在瞽瞍面前说了舜许多坏话，劝瞽瞍叫舜去修补仓廪。瞽瞍果然对舜说："这仓廪顶上漏了，要趁晴天把它修补好，到了下雨就来不及了。你可爬上去修。"舜领了瞽瞍的命，便回宫告诉娥皇、女英。那时的房屋都叫作宫，不过是泥土筑墙，茅草盖顶，和现在北方的土房、南方的棚户是差不多的，绝没有后来的宫殿那样富丽。

当时舜和娥皇、女英说知修廪的事情，二女便各取一个大竹笠给舜遮日。舜取了梯子爬上廪顶，正在修补的时候，象在下面把梯子拿走，就在廪的四周放起火来，打算把舜烧死。一时火焰上腾，全廪整个烧着。舜在廪顶看见，连忙找寻梯子，已经不见，只有一阵阵黑烟卷上，一片迷漫。舜只得把带来的两个竹笠挟在左右胁下，一边一个，好像鸟翼一般，冒险往下面跳去。火大风狂，竹笠被风张开，飘飘荡荡地落在离廪很远地方，才得脱了危险。舜心里知道一定是象用诡计，但是无法和他理论。象看见一计不成，又生一计，去和母亲商议，劝瞽瞍叫舜入井修浚。瞽瞍果然又对舜说："这几天不下雨，井水很浅，你可下井把井浚深一点。"舜领了瞽瞍的命，又和娥皇、女英说知。二女便各取一柄短斧给舜。舜虽然想到恐怕又是象的诡计，但是家里一切劳动事情向来都是舜担任，象是不大做的。天天有许多工作，哪能因为心里怀疑便不去做。当时舜下井，却不把井修深，只用两斧在井边凿了一个洞穴。刚刚凿好，便听见象在井上叫舜。舜答应了一声。象知道舜的确还在井里，连忙和瞽瞍一同动手，推下许多泥土石块，打算把舜堵塞在井里。塞了一会，相信一定是塞死了。象满心欢喜，跑到他母亲面前，手舞足蹈地说："哥哥这次一定跑不掉了，我刚才还叫他一声，他的确在井里。这妙计都是我想出来的。现在我们可以把哥哥的东西分一分。牛羊仓廪都归父母受用，哥哥的干戈弓琴都应该归我。两个嫂嫂也应该归我，让她们替我拂枕铺床。"瞽瞍已经受了后妻蒙蔽，也以为舜是坏儿子，听了一点也不稀奇，后母自然更是欢喜。象得意扬扬地跑去接收舜的东西。一走进去，忽然看见舜正在床上弹琴，象不觉大惊失色，满脸通红，连忙回身就跑。原来舜早料到象有意害他，当象叫他的时候，便躲在洞里，眼看井上抛下许多石块泥团，不出一言。一直等到抛掷完了，泥石堆了半个井，却也把洞口堆满只剩一点空隙。象由井口下望，相信已经把舜压死。舜却等象去远了，由洞爬出，踏着泥石，一步就跨上井口，悄悄回宫，换去了泥污的衣服。这时候看见象要跑开，便下床叫他。象只得止步，更加羞惭得说不出话，勉强呐呐地说道："我因为闷了，想来看看哥哥。"舜也就答道："你来得正好，我这里有许多事情，你来帮着我料理吧。"说着便待象和平日一般。象心里惭愧，也就不好意思再去陷害舜了。舜的妹子敤首，为人甚是明白，又画得一手好图画，和舜很友爱，也和二女合得来，常常替舜摆脱了许多麻烦。尧看见舜应付各方，都很有办法，便叫舜帮着掌管政事。那时高阳氏有八个才子，人称为"八恺"，高辛氏也有八个才子，人称为"八元"，都是多才多艺，贤明正直。舜举这十六个人出来帮助办理政事，把一切事情都做得井井有条。那时又有四个凶险贪婪的人，多行不义，四人都有外号，一个叫作"浑沌"，一个叫作"穷奇"，一个叫作"梼杌"，一个叫作"饕餮"，合起来叫作"四凶"，舜也把他们驱逐到远方去，使他们不能为恶，由是家家安乐。只是水患还未平息，尧仍然愁眉不展。

过了几时，忽然天上发现了极深的红色，好像鲜血一般，到处都热不可挡，不知是什么缘故。民间沸沸扬扬，都说是天上有了十个太阳同时出现，把植物稻麦完全晒干，农民衣食无着，叫苦连天。尧既然做了首领，不得不想尽方法来替人民解除痛苦。便派了一个极会射箭、百发百中的勇士，名叫羿，命他前去访查，究竟是什么缘故。羿奉了尧命仔细查看，觉得西边天上，热得更甚，便向西走去。越走越热，那火赤般天色比太阳下山时候还要殷红，草木枯焦，河干水涸，连地皮都烫得不能立足。羿心中暗想，再走下去，连人也要烤熟了，这究竟是什么妖怪，这般厉害。且不管它，给它尝点苦头再说。便弯弓搭箭，尽了平生的力气，望着天上最红的地方，嗤、嗤、嗤地一连射了九支利箭，方才住手。挂上了弓，回头便走，一直到了尧的宫中，据实报告。虽然没有找出原因，但是如果是什么妖怪出现，这九支箭也一定会射他九个大窟窿。尧听了，只得叫羿出去休息，明天再说。到了次日，天色居然淡了许多，那种熏灼的热度也稍稍减退。大家都知道羿昨天射了九支利箭，相信是箭的功效。又等了几天，热度一发退净，天色也转了白，只剩一轮朗日仍然高照。羿自己也觉得十分得意，便要出外查看妖怪下落。早有许多人民纷纷往各处寻觅，却找不到什么东西。后来找到一个地方，有几只乌鸦掉在地上，毛羽都有点焦秃，大约是受不了热度熏烤掉下来的。大家看了恍然大悟，都说这些乌鸦一定是九个太阳中心的东西，给羿射着了，带着太阳掉下来的，所以现在只剩了一个太阳。这真是一件莫大功劳，替人民除去这般大害。大家都欢天喜地回去。这样一传十，十传百，就把“羿射日”的故事编成一个人对自然斗争和征服自然的美丽雄壮的神话，一直流传下来。后人常常用“金乌”两字来代表太阳，就是这个缘故。羿因为这个功劳，也就得了许多人民的信任，有了很大势力。

舜帮尧治理许多年国事，尧觉得他件件都好，便决心把帝位让给他。这种让位，叫作禅让。

尧是非常勤俭的，他住的宫只不过用粗糙木料和泥土来建筑，顶上覆盖着茅草。为了爱惜人工，连草都不剪平，只让它参差着。吃的是糙米饭、野菜羹。冬天穿着最贱的鹿皮，夏天穿着麻布的衣服，整天为着公众的事情忙碌。虽然年纪已老，还十分谨慎地选择了爱劳动、能耐苦的舜来替他管理公众的事情。后人看见尧让位给舜，就传说尧也曾把位让给一位贤人，名叫许由，许由不肯，逃到箕山耕田。尧又叫他出来办理政事，许由不爱听这种话，就到颍水去洗耳朵。恰巧他有一个朋友，因为住在树巢里，所以就被叫作巢父，牵了一头小牛犊到颍水来喝水。看见许由洗耳朵，就问他什么缘故。许由告诉他因为听见了尧的俗话，污了耳朵。巢父说：“你要是住在深山里面，谁能看见你？都是你自己到处招摇，要得名誉，才弄到这样，把我的小犊嘴也弄脏了。”连忙把小犊牵到上流去饮水。这种传说都是后人造出的故事。其实尧的时候，首领生活非常简单，和普通人民差不多，没有什么特殊享受，尧也决不会把帝位让给像许由那样自私而又脱离群众的人。

舜接了帝位，丝毫不记象的仇恨，因为象已经改变以前的行为，便封他在有庳地方。

那时鲧治水已经九年，水灾越来越大，堤防不断冲决，人民淹死无数。舜因为鲧治水无功，便把鲧囚在羽山，后来更把他杀了，另命鲧的儿子禹治水。禹得了父亲失败的教训，便不用堵截方法，却从疏导入手，照依山脉，疏通水源。舜的臣下益和弃都帮他工作，发动各氏百姓参加。禹自己左持准绳，右执规矩，步步测量，定好计划以后，便亲自拿着锸带同大家一齐工作。栉风沐雨，废寝忘食，和许多人同甘共苦。娶妻涂山氏，刚刚四天，便出门治水。后来三次经过自己家门，都不进去。一次，恰巧妻子涂山氏生了儿子启，禹在门外听见儿子的哭声，也狠着心不肯进去看视。这样努力工作了十三年，禹始终如一地劳苦着，弄得腿上少肉，胫上无毛，腰弯背驼，走路不灵。后来术士们学着他走路的模样，就叫作禹步。

禹因为父亲鲧治水不成被杀，决心要避免父亲的错误，努力为人民工作，跋涉山川，逾越险阻，走遍了整个中国，不论什么穷乡僻壤，有人无人的地方，只要为了工作，多么困难危险也要去克服。那时，中国文化初开，这样广大的地方散布着千千万万的氏族人民，殊风异俗怪怪奇奇的事情不知有多少，各种可惊可愕的现象再经口耳相传，加枝添叶，越说越奇。后来出了一部书，名叫《山海经》，把那时的世界描写得好像神话一般。说是有什么九首蛇身的人，六足四翼的人，无肠的国，一目的国，穿胸的国，也有虎首鸟足的，也有人面鸟身的，千奇百怪，不可究诘。鸟兽方面也有比目之鱼，比翼之鸟，也有鸾鸟自歌，凤鸟自舞。总而言之，那时候各地方居住着各种不同生活、不同习惯的人民。禹要取得这许多人的同意合作，来完成平治水土的工作，实在是有很多意想不到的困难。

还有一件，那时疏导大水，必须开凿山崖，察看那些挡住水势的大大小小峰峦岩岭的向背形势，引水下行，凿开水道，使水势通畅无阻，才不会溢出旁边，比起修一条公路还要麻烦。在那时完全倚恃人工和原始工具的时候，治水真不能不算是一件奇迹。传说黄河上游的龙门山（在山西省）就是那时所凿。它在梁山的北边，禹由积石山（在甘肃省）导黄河到了梁山，开凿龙门，口宽八十步，河水由此直泻而下，奔放倾泻，声如巨雷。相传岩际还有凿镌的痕迹，只要到过龙门的人都可以知道它是怎样一个伟大的工程。因为它是这样高，所以许多大鱼都集在龙门下面，向上跳跃，便传下“鲤鱼跳龙门”的故事。说是鲤鱼能跳得上龙门，便会变成了龙，这也无非因为它是十分险峻的缘故。像这样凿通的山，不知多少。工程的浩大，真不能以言语来形容。

但是这一切困难，毕竟在禹艰苦卓绝的奋斗中克服了。他把中国九条大川都疏导清楚，完全畅达无阻地流入东海，无数支流也都修治完好，让人民能够安居乐业。益又教人民推广开井的方法，让住在高地的人民在水退以后，依然可以汲到清洁的井水。弃又教人民发展农耕，垦殖播种，让人民在水退以后，马上就可以进行耕种。不消几时，中国便遍地桑麻，满田稻麦，人民个个丰衣足食。然后禹又根据山水地势把中国分划几个区域。据说那时已经分为九个州，叫作冀州、兖州、青州、徐州、扬州、荆州、豫州、梁州、雍州。又定了各州应纳的田赋和贡品。贡品里面，有金铁珠玉，也有竹漆橘柚，也有盐絺丝枲，也有齿革羽毛。据说，那时九州地方，南到长江，北到恒山（在山西省北部），东到海，西到昆仑，在禹以前，中国的声威没有达到这么远的地方。现在禹亲身率领许多徒众到了各处，平定了许多年的水患，各地人民全都钦佩感激禹。他们不仅懂得了团结起来的必要，并且知道中国的山河湖海是多么幅员广大。

这样一件惊天动地伟大无比的事业，是恶衣恶食亲持耒锸的禹带领了千千万万的劳动人民，用了纯粹人力和坚毅不摇的意志来完成的。这是了不起的功绩，这是不能想象的伟大。后人歌颂他，赞美他，无法形容他，便用了“大禹”“神禹”来称呼他。并且把整个中国叫作“禹域”，意思说，是禹整治过的地方。

禹治水功成，舜赐禹玄圭，奖他的功劳，并命他做司空的官，管理平治水土的事。那玄圭是黑色的玉，经过磨琢，可以拿在手中，是最隆重的奖品。

这时候皋陶做了“士”的官，管理刑法。后夔做了乐正，制了韶乐。弃做了“稷”的官，教人民播种百谷。契做了司徒，教训人民。连禹一共五个，都是最有名的首领，后来五臣之中倒有四个的子孙做了天子。

洪水平定，人民安乐，据说那时天上有五彩的卿云出现，百工人民都欢呼歌唱，舜自己也作了一首《卿云歌》，那歌说：

卿云烂兮，
糺缦缦兮。
日月光华，
旦复旦兮。

后来舜又弹着五丝的琴，作了一首《南风歌》，歌里说：

南风之薰兮，
可以解吾民之愠兮。
南风之时兮，
可以阜吾民之财兮。

可见舜也是一心一意地为着人民，真不愧是尧的继承人。这时各地方都来朝贡，连西方最远的西王母国（在甘肃省西）也来朝贡。那西王母国的百姓住在昆仑附近，喜欢歌啸。服装也很特别，据说是豹尾虎齿，蓬松头发，还戴着花胜（一种彩结）。以前禹治水时候，曾经到过那里。他们知道了中国是这样强盛，所以来朝。因为他们是住在出玉的地方，就进贡白玉做的玉环、玉玦、玉琯等。后来不知真相的人，就把西王母描写成了一个女神。

舜的妻娥皇无子，女英生了一子，名唤商均，喜欢歌舞，不像舜那样爱劳动。舜觉得他是一个懒惰无用的人，不配管理国事，便选择了最能劳动、最得群众爱戴的禹来做自己的继承人，也把帝位禅让给他。

那时南方的三苗（现在湖南地方）自恃所住的地方非常险要，左有彭蠡，右有洞庭，南凭汶山，北倚衡山，便不来朝贡，不服命令。舜派禹前往征讨。禹会合各国诸侯，亲统大兵，到了南方，和三苗打了几次仗。虽然也得了一些胜利，无奈那里地形险阻，环山带湖，不敢冒昧进兵。彼此相持了三十天。益劝禹班师回去，再作打算。禹听了益的劝谏，果然退兵。舜看见一时不能取胜，便大修文德，一面勤习武备，选了雄健的青年，在两阶中间，学习干羽之舞。那干是一种打仗时候遮蔽身体的盾，羽是在木棒插着五彩羽毛，作为装饰。舞的人一手持干，一手执羽，练习各种攻击防御的身段姿势，步伐整齐，进退有法。由美丽有规律的动作来训练战时冲锋陷阵的技术，这本是古时狩猎遗风，流传下来，成了一种武舞。苗人知道禹兵虽退，练武不止，再不奉命朝贡，将来必不甘休，只得前来认罪服输。

过了几时，苗人又复作乱。舜那时年纪已老，仍然勤劳民事，按照老规矩，到各处巡狩，顺便带领兵队到南方征讨。娥皇、女英也跟随同行。到了湘水，二妃留在那里，舜自己仍带了全军南进。据说舜到了一座壮丽的山上，爱那山的风景清幽，便在山上命乐人奏了舜自制的韶乐。那时南方还未开化，韶乐又是一种十分美备的歌舞，演奏起来，可算是破天荒的盛举，后人便把这山称为韶山。毛泽东同志的故乡就在这韶山山下的韶山村。

后来舜又继续向南前进，到了苍梧，不料他得了病，就此死了，葬在九嶷地方，后来把这地方叫作零陵。象闻得舜崩，特地赶来送葬。娥皇、女英接到凶信，恸哭不止，一直哭到眼睛流出血来，泪痕洒在竹子上面，染得点点斑斑。最后悲不自胜，双双投水而死。后人在湘水旁边立庙祭祀，名为黄陵庙。又相传她俩都做了湘水女神，娥皇是湘君，女英是湘夫人。她们的墓在衡山上面。二妃死后，湘水洞庭君山出产一种斑竹，又名湘妃竹，上面有点点紫晕的斑痕，相传是二妃血泪所化，至今仍是有名的特产。

虞舜既崩，禹接位为王，国号夏，建都安邑（在今山西省闻喜县地方），那时离现在四千一百多年。洪水之后，一切都要节约。禹对自己的享用俭朴非常，但是公众的事情却尽力去做，尤其对于农田有关的沟洫，更是务求完美，不惜工力。一天，他正在巡视沟洫的工程，忽然看见前面有一个人，被许多人推拥着走，禹查问何事，众人报称，这个人偷拿别人的稻，给人捉住，要送到官里去办罪。禹听了便叫暂停，自己走下车来，详细查问偷儿，为何做这样事情。偷儿给禹一问，满心惭愧，只得说出原因。一面说，一面流下泪来，只怕禹要严厉惩办，不敢抬头。不想禹并不动怒，反用良言劝诫，一面教训，一面自己也涕泣起来。左右看见禹也涕泣，大大诧异，说："这人做了这样不端行为，应该受严重惩罚，为什么要对他涕泣？岂不是太过仁慈了吗？"禹说："以前尧和舜做首领的时候，人民个个都和尧舜同心，绝不自私自利。现在我做了首领，人民却另存自利的心，才做出了损人利己的事。这是我所以伤心的缘故。"偷儿听了，又感动，又惭愧，竟大哭了起来。人民本来感激禹治水的功劳，再看见他这般仁爱，对他更加爱戴。这个故事也说明，到了禹的时候，财产私有制已经渐渐地形成了。由于财产的私有，人们也就有了自私自利的心，做出了损人利己的事情。

那时有一个名叫仪狄的臣子，偶然用米和水造酒，不想造成了竟然特别香醇甘美，和普通的淡酒大不相同。他心中十分得意，便捧了一壶献给他所最敬爱的大禹。禹喝了也觉得十分香美，越喝越爱喝，不知不觉把一大壶都喝完了，身上觉得软绵绵的，微醺薄醉，便躺在床上，舒服地睡去。仪狄看见禹全喝完了，心里暗暗高兴，想这种新造的东西居然得到了首领的赏识，面上好不光辉。像大禹这样整天为国为民地辛苦，也应该享受一点可口的饮料，休息休息。他想着，满心欢喜地回去，料定明天禹必定要叫他去问这种酒的造法，他便在家安心地等着。果然次日一早，禹便派人叫仪狄来见，仪狄连忙进宫朝见。禹第一句话便说："你从今天起，再不许制造这种饮料。"仪狄大出意外，吓了一跳。禹又继续说道："你只知酒味醇美好吃，哪里知道越是好吃，越会引诱人多吃。喝醉之后，昏天黑地，什么也不知道。如果喝惯了它，必定要沉迷忘返，把正经工作都荒疏了。这是多么害人的东西。我要不赶快禁止它，将来一定有人为了喝酒弄到亡国的。"仪狄本来一团高兴，哪知道反吃了一顿教训，只得垂头丧气地退去。禹从此不但断绝喝酒，并且连仪狄都疏远起来。

禹即位不久，便定了日期，在涂山（在今安徽省怀远县）召集各国大会。那时各国久已钦服禹的威名，都如期到来参加大会。禹平时衣食十分俭朴，对于大会却一点不肯含糊。会场排设，尽善尽美。单说衣服一项，黄帝时候本已有了丝织衣裳。到了舜的时候，首领礼服已经十分考究，把衣裳染成彩色，又画上了日月星辰、山龙、华虫、各种五彩花样，头上也戴了垂珠曳玉的冕。禹更加把它做得十分精美，穿在身上，又堂皇，又炫赫，显出了天子的威严。许多臣子都按照训练过的礼节，引导各国诸侯，进入会场，每位诸侯手里都捧着朝见的礼物。大国的侯捧了玉，小国的君捧了帛，按班就位地恭敬行礼。朝见礼毕，奏起乐来。那时乐器有金（铜）制的钟，石制的磬，丝制的琴瑟，竹制的箫管，匏制的笙，革制的鼓，土制的埙，木制的柷敔，合起来称为八音。许多乐工吹的吹，弹的弹，音调铿锵，非常悦耳，再加一班娴熟舞技的舞人，穿着特制的五彩衣裳，有的扮凤凰麒麟，有的扮虎豹犀象，有的翩跹婉转，有的奔突驰骋。进退回旋，整齐划一。一会，另一班赳赳桓桓的勇士，持干执羽，演出击刺争斗的各种技巧，迅如掣电，婉若游龙，和着曼妙的乐声，壮丽无比。真是：此曲只应天上有，人间能得几回闻。

据传自从伏羲造了琴瑟以来，女娲造了笙簧，伶伦造了律吕，中国的音乐已经十分美备。黄帝又造了咸池之乐，颛顼造了六茎之乐，帝喾造了五英之乐，尧造了大章之乐，舜又造了韶乐。这些乐都是累积许多年的经验才造成的，哪有不好的道理，其中尤以舜所造的韶，更是尽美尽善，传到了禹，又造了大夏。自然是声容并茂，伟丽矞皇。各地诸侯，大半是远方僻壤，地小人单，虽也有些文化，哪有这般伟大场面，都看得目眩心迷，神摇气慑，对中央文化的高超佩服到五体投地，也把禹看得像天神一般，相信他是上天的儿子，应该统治中国。禹便制定了各国每年应贡的货物和应纳的田赋，颁示大众，各宜遵守，年年进献。各国已经钦服禹治水的大功，又眼见了中央的文物，哪能不心悦诚服，唯唯奉命？

禹又把九州各国所贡来的铜铸了九个大鼎，每个鼎上面都雕铸了各州所出的奇兽异禽，精致无比，成为镇国之宝。过了几年，禹又在苗山（在浙江省绍兴县①）召集大会，各国诸侯，都济济跄跄，如期赴会。

相传禹乘了船，过江赴会，刚到中流，忽然波浪大起，有两条黄色大龙翻波负浪地在船旁出现。满船的人都大惊失色，因为知道龙的性格凶猛无比，只要打一个滚，就可以弄翻了船。禹神色不变，从容笑着说：“我只知尽我的力量去做应该做的事，生死都不算什么，还怕什么龙？”大家给禹的镇定态度压服住了，才没有慌张。不多时，两条龙也曳着长长尾巴游泳去了。这个传说不但说明了禹为国为民的勇敢态度，也说明了在那时候交通困难的情形。

到了苗山，照样举行一个大会，说不尽的肃穆威严，繁华富贵，真个是八方献贡，万国来朝。禹便把各国所纳贡赋会计详细，因此后人把这苗山改名为会稽。

---

① 今绍兴市。

这时候各方诸国钦服禹的威名，差不多全数到会。以前他们都是各掌一方，无人管束，论自由是自由极了。只是一碰到比较强大的国，被它侵略屠杀，一点也没有保障。现在有了夏禹做了他们的天子，申明约束，彼此各自保守地方，不得互相攻伐。大家虽然出了一些贡赋，却也保得平安，免得担惊受怕，都心甘意愿地受禹号令。那时南方有个诸侯防风氏（在浙江省德清县），生得身高无比，力大如牛，一向自恃强悍，欺侮邻国，偏偏到会最晚。禹久知他蛮横残暴，正要除他，便借后到的罪名，将他拿下，数说他不尊天子，侵略邻国，杀了示众。因为他的尸身非常高大，后人甚至传说他躺在地上还占了九亩的地方。诸侯看见禹令出必行，纪律严明，恩威并用，才知道天子的尊严，无不畏惧，奉行中央命令，不敢违抗。这是中央统治第一次诛杀诸侯，也是君权的开始。从此，散沙一般的“万国”组织成一个比较有领导的国家。“夏”这个字就成为代表中华民族的名词。正是：能将礼乐开三代，为有勤劳定九州。

第三回

奋成旅少康恢祖业
失车牛上甲复亲仇

大禹在会稽大会诸侯，大会既毕，各诸侯陆续散去。禹因为辛劳过度，便得了病。他生平忠于职务，一切都刻苦俭约，尽心尽意地埋头苦干，日夜不休。虽然抱病，还是不停地工作。这种“尚忠”的精神，后来就成了夏代的特性。

尧早已制定以十二个月为一年，正好每月各配一个地支，现在禹又定了以寅月为每年的第一个月，就是现在农历的正月。这种夏代的历法传了几千年，就成了现在的农历。这年夏历的秋八月，禹崩于会稽。群臣遵从禹一向节俭的意志，只用衣襟三领，薄棺三寸，将他葬在会稽。

禹生前曾经依照尧、舜的传统，想把王位让给皋陶，但是不久皋陶便因病死了。禹又选择了益，准备把王位让给他。现在禹死了，禹的儿子启得到人民的爱戴，便即位为王。各国久已敬爱大禹，对他儿子继承为王，并无异言。只有一个有扈氏心中不服。那有扈氏本是启的庶兄，受封有扈为诸侯。他看见唐尧、虞舜、夏禹三代相传，都是禅让，禹并且已经选择了益作为继承人，为何启独独不遵父命，不肯让贤，自己即位？他认为这事不合常理，不肯服从。启见各国都无异词，只有有扈氏一个不服，为了维护自己的尊严，不能置之不理，便率领六军，亲来讨伐。到了甘的地方（在今陕西省鄠县[①]），启召集六军的主将六卿，举行了誓师仪式，由启把有扈氏罪状宣布一番，说他得罪于天，所以要灭绝他的性命，大家必须协力同心，奉行命令。有功的将士必受人

① 今西安市鄠邑区。

赏，不遵命的必受诛戮，绝不通融。六军将士听了启这番严厉的诰诫，心中无不凛然，果然人人奋勇，个个争先，把有扈氏打得落花流水，大败而逃。启率了六军，一直踏进了有扈的根据地方，灭了全国，奏凯回来。诸侯看见有扈的榜样，谁不胆寒，再也没有一个敢出异言。从此，夏代诸王便父子相传，结束了氏族社会的禅让，把整个中国成为一家私产。这种制度被历代统治阶级一直沿用了几千年，一直到一九一一年辛亥革命方才结束。

启灭了有扈，王位已固。便仿照禹的老法子，在钧台地方（河南省禹县[①]）召集诸侯大会。各国诸侯，哪敢不到？会上一切铺张，比禹时候还要华丽讲究许多。除了沿用禹时候的礼节仪式外，又添了一种享礼，来联络各国感情。那时饮食简单，又在洪水之后，生活俭朴，一国之君也没有多大享受。启住在中央文化最高的地域，又拥有禹留下来的鼎彝器用，物产也相当丰富。这次钧台大享，真是说不尽的富贵奢华，山珍海错。每位诸侯席前几上，都摆列着很多盛着丰美食物的器具，如用竹编的笾，圆圆的形式，共有四个至六个。笾的里面盛着干的东西，桃、枣、榛、芡、栗各种果子，黑色和白色的盐，米制的粉餈糗饵各色点心，都做成一块一块像老虎的模样。还有用木制的豆，是四方的形式，舜时候已经发明用漆漆成黑色，也是四个至六个。豆里面盛着韭菹、鹿臡、昌本、兔醢之类各式酱菜。还有铜制的大鼎，三个或五个，鼎里盛着煮好的牛羊猪鱼之类，连汤带汁，热腾腾端上。另外还有铜铸的酒尊，上面雕着山和雷云的模样，叫作山罍。所盛的酒却是很淡的。也有玉雕的琖，或角制的觞，琢有龙文的勺。另外还有一个非常庞大的俎，俎上摆列着半头牛的身体，整块连俎抬来，并不切碎。像这样的丰盛酒席，摆起来，黑压压地挤满了钧台。吃的时候，还要奏起乐来。启自己是最喜欢音乐歌舞的，又造了《九辩》《九歌》，更加繁复富丽，用来款待宾客。一时笙箫迭奏，歌舞纷呈。大

---

① 今禹州市。

会既毕，启乘了前面有曲栏的钩车，驾着白色黑鬣的骆马，建着大麾的旗，回到国都。各国诸侯也跟着启到了都城，启又在璇台大享各诸侯一次。经过这两次大会以后，启的地位更加稳固，便创立了夏代一家的四百年的天下。

这时候的天子，和尧、舜时候大不相同，做了天子的人，地位固然最高，便是生活用度也比别人舒服讲究。四方各国，朝贡不绝。不但尧、舜的朴质已望尘莫及，便是大禹的勤劳节俭也已效法不来。到了第十年，启依照旧例，到各方巡狩。以前舜、禹都有巡狩，到了一处，就看看人民风俗，有什么困难，就替人民解决。春天，人民缺少种子，没有粮食，就设法补助；秋天，人民收成不好，没有足够的储粮，就设法减少贡赋。因为舜、禹自己十分勤俭，并不多取赋税，所以人民还不觉得怎样。现在启虽然也巡狩各处，可是意义就大大不同了。一路上，车马喧阗，服装富丽，排场十分讲究。还带了乐队同走，吹吹弹弹，好不热闹，显然表示出他是最高统治者。后来巡狩到了大穆之野，天高野阔，一望无际，一丛丛的树林，围绕连绵，好像碧玉屏风，翠绿可爱，中间一片广阔空地，芊芊芳草，如地毯一般，又软又厚，真是一个天然舞场。一行服色鲜华的乐队走在上面，宛如五色缤纷的彩蝶，十分好看。启不觉舞兴大发，便叫车马暂且停住，命乐队就在这野外奏起历代有名的乐，这个乐曲名叫《九韶》，是一种场面广大的乐舞。百音齐奏，响彻云霄，再加舞袖翩跹，歌喉婉转，在这大自然的环境里，真可算得空前盛举。农民有没有储粮和种子的问题，早就被启丢到脑后了。

这样壮大的巡行归来，启自然是十分志得意满，却不知道各国诸侯虽然已经服禹的恩德，畏启的威力，不敢有什么违言，家庭之中，却从此发生了许多问题。启的幼弟武观看见启做了天子，这般铺张扬厉，心中不免羡慕，觉得自己和启同是一父所生，为何启一人独享这般幸福？暗暗有点不平。又想父亲大禹一生辛苦，并没有一点享受。启接受父亲现成基业，也和自己一般，有何功业，要这样的奢华？看过去好生不顺眼，便处处显出和启违拗的行动。启觉得武观毫不驯服，便把他贬到西河去住。武观心中更加愤恨，索性在西河聚兵自守，不服启的命令。启便派了一个彭国诸侯，彭伯名寿，统兵征讨。谅武观一个年轻小子，如何是彭伯寿老将的敌手？打到后来，武观无可奈何，只得认罪服输。由彭伯寿把他带到启的面前，听凭启责罚。启前灭强国有扈，后平家乱武观，做了许多年的天子，把王位留给儿子太康。

太康却是一个糊涂的人，经过十几年的舒服生活，懒惰惯了，不知道祖父大禹的创业艰难，只看见父亲启的享受奢靡。一旦做了夏王，便终日只管田猎游戏，不理国政。自己既没有父亲启的才能，又没有良臣的辅佐，弄得百事废弛，民怨沸腾。那时太康搬到斟鄩（河南省巩县[①]），作为国都，自己却到各处打猎。诸侯看见太康这样，也都离心。恰好有一个有穷的国君，武勇过人，猿臂善射，据说是尧时候羿的后人，世传射技，也是百发百中，所以也称为羿。因为先世有功于国，蒙舜赐给彤弓素矢，许他可以征伐有罪的国，并封他在钼的地方（河南省濮阳县西南）。羿倚恃自己材勇，自从启时参加了钧台、璇台两次大享之后，久已垂涎夏王富贵，只是大禹功绩在民，各国同心拥戴，无机可乘。现在看见太康这般昏愦，正好称心，便暗暗侦伺机会，布置一切。太康还不知死活，仍然恣意田猎，后来越玩越起劲，益发没有顾忌，竟然在河洛之外田猎，越猎越远，不觉去了一百天，还不回来。人民个个啧有烦言。有穷后羿抓着这个机会，连忙点起军队，亲自率领，截住河岸。待得太康猎兴已阑，带着捉获的一大批野兽兴高采烈地率众回来，走到河边，只叫得一声苦，隔岸后羿已经密层层摆开军队，旌旗遍野，戈戟如林。太康原是田猎出游，并不曾带什么军队，如何能和后羿交战？只惊得目瞪口呆，束手无策，没奈何派人过岸和后羿商量。后羿说："太康一向不理国事，已经失掉天子资格，理合让贤逊位，另举替人，虽有国复，无须回去。"太康听了这般答复，气得七

① 今巩义市。

穷生烟，无奈兵力不敌，只得暂在河外住下，一面派人四出，请求各国诸侯前来援助。谁知各国诸侯早因太康奢逸过度，心中不服，只为禹、启余威尚在，不便如何反对。现在后羿勇略过人，势力既大，军队又强，诸侯犯不着去帮一个无能的太康，来得罪强大的后羿。大家都是两面敷衍，袖手旁观。只苦了太康，弄得有家难奔，有国难投，漂泊在河外地方，天子威风完全扫地，只得在阳夏（今河南省太康县）地方筑城居住。后羿也索性由钼搬到穷石（在河南省巩县），公然擅权管事，好像又是一个天子。太康五个弟弟看见太康一去不返，便和母亲一起去寻觅太康，在洛水旁边苦等，终不见太康过洛回来。五个弟弟想起当初父亲启在的时候，何等安乐风光？今天竟弄得覆宗失国，众叛亲离，都是太康没有遵守祖父大禹遗训，不肯勤俭爱民的缘故，便作了一篇《五子之歌》，追思大禹，并诉说自己的悲哀。这样过了许多年，太康终于无法回来，病死阳夏。

太康死后，弟弟仲康继立为王，仍回斟鄩居住。那后羿所住的穷石就是斟鄩附近地方。仲康为了收回王权，不得不回，可是和后羿住在一处，实在危险得很。那时后羿握权已久，诸侯惧怕他的势力，都服从他的命令。只有几个正直的人看见后羿骄横恃力，心里不服。仲康知道太康失国，是因为威权旁落，便极力想法恢复势力。那时有一个胤国的国君胤侯，很是强干练达，不附后羿。仲康有心抬举，便派胤侯执掌六师，管领军政大权，以免受后羿挟制，一面自己留心国内外政事。恰巧管理天文历数的羲和，自从尧时起，就父子相传，世掌历数，每夜观测天文，制定日月四时，颁布天下。和羿的父子世传射官一样，因此羲和与后羿久已联成一气。他又好酒贪杯，常常酩酊大醉，夜里从不观测，如何能知天文？渐渐废弛职务，常常错报，或是遗漏。仲康便命胤侯兴兵征讨，以剪除后羿的党羽。胤侯奉命起兵，历数羲和罪状，把羲和擒获正法。后羿因为羲和天文推算错误，是天下共闻共见的事实，无法袒庇，但也想攻击仲康的党羽，来报复私仇。偏偏又有了一个很好的机会，使后羿更加决心用兵。

那时有一个有仍氏（在山东省金乡县东北）的国君生了一个女儿，名唤玄妻，容貌十分美丽，光彩照人。单说一头秀润的鬒发就生得又黑又亮，长可拂地，比鸦翎还要丰软纤柔，真说得上发光可鉴。一时艳名远播，有仍氏珍惜不肯轻易许人。后来给乐正后夔娶去，生了一个儿子，名唤伯封。后夔死后，伯封继续父亲地位，做了一国之君，可是他生就一种贪婪好货的性格，喜欢到处揭别人的便宜，被人家起了一个外号，叫作“封豕”。他自负是后夔的儿子，哪里看得起后羿？所以在后羿眼中看去，他既然不附后羿，自然就算是仲康的党羽了。后羿一向羡慕玄妻美貌，现在伯封既然不得人心，正好借题发挥，把他灭了，便打点起兵去攻伐伯封。后羿手下有一个寒浞，本是寒国的子弟，诡计多端，极会巴结，寒国（在山东省潍县[①]东北）的国君伯明知道他的劣迹，把他驱逐了出去。他就跑到有穷，大肆谄媚，把后羿骗得倾心宠爱，待他如同左右手一般，一切计谋都和他商量，反把身边贤人疏远起来，专信他一个人的话。这次出兵，自然也和寒浞计议好了，预备次日就动身。后羿回入自己宫内，和妻子嫦娥说知出兵的事情。嫦娥久知后羿羡慕玄妻容貌，这次出兵，一定不怀好意，因为那时战胜的国往往把战败国的人民随意掳来，男的作为奴隶，女的作为妾婢。但是嫦娥深知后羿暴虐成性，劝谏无益，只好唯唯称是。后羿忽然想起一件事情，便从身边拿出一包药来，交给嫦娥，对她说道：“这是西王母的灵药，据说吃了可以不死。便是西王母国里，也很不容易采到。那年我好容易才问她求到这一点，本要吃下，因为吃的时候，还有种种麻烦，我一时没有工夫，所以搁在这里。现在就要出兵，更加腾不出时间，你可替我收起，等我奏凯回来，慢慢再吃。”嫦娥遵命接过，代他收起。然后便备办酒席，给后羿送行。酒席中间，嫦娥两次三番想要劝谏后羿，但是想了一想，又

① 今潍坊市。

把话咽了下去。后羿一心只想出兵，哪有余闲来观察嫦娥颜色？到了次日，后羿带了军队，浩浩荡荡，便即长征。他自恃赐有彤弓素矢，得专征伐，竟连仲康都不告知，一直来到伯封的封地。伯封听得后羿率兵来侵，心知不妙，只得连忙点起军队，出来迎敌。双方摆开阵势，各显英雄。伯封虽也勇猛，究竟不是后羿敌手，战了多时，气力不加，便虚掩一刀，回身败走。后羿并不追赶，却卸下弓来，搭上一箭，觑准伯封后心，一箭射去，不偏不倚，正好射到伯封背后。伯封听得弓弦声音，连忙往右一躲，恰恰箭到，被它射中左肩。伯封“哎呀”一声，立脚不住。还未扑倒，后羿第二箭早又射到，正好由伯封后心穿了进去，直透前心，登时扑倒在地，死于非命。兵士一见主帅阵亡，发起喊来，纷纷乱窜，各逃性命。后羿指挥将士，掩杀过去，一直冲进伯封封地，大肆抢掠。后羿自己带了心腹兵士，直到伯封宫里，正逢一大群妇女慌慌张张由宫里逃出，躲避不及，撞个正着。后羿忙喝军士将妇女尽数拿下，一眼瞥见其中一个妇人鬒发如云，容光可鉴，心知必定就是玄妻，不胜狂喜，忙命将这一群妇女好好看守。一面便进入宫内，把所有珍宝财货抢掠一空，又把仓库畜牲、粮食子女都搜刮干净。然后率领全军士卒，高唱凯歌，带了玄妻和一群俘虏满载而归。又将伯封尸身脔割下来，蒸成一鼎肉膏，派人送与仲康，托辞献捷，故意气仲康一气，以报灭羲和之仇。后羿一路得意扬扬、趾高气扬地回到穷石，早有寒浞率同臣下前来迎接，众口同声，称贺大功告成。羿呵呵大笑，略和寒浞说了几句，便即进入宫内。不想妻子嫦娥并未出来迎接，只有一干宫婢俯伏恭迎。羿诧异起来，便问嫦娥何往。宫婢彼此面面相觑，都答不知。羿勃然大怒，喝退宫婢，自入宫内，四处寻找，并无踪迹，不觉大发雷霆，一面派人寻觅嫦娥下落，一面严刑拷打宫中奴婢，要她们招出嫦娥踪迹。其中一个女奴，素性慧黠，甚得嫦娥宠爱，看见后羿要动刑拷打，便战战兢兢地哭诉说：“夫人一向在宫，寸步不曾出外。那天晚上，夫人手里拿着一包东西，对婢子说：这是主公临行交给夫人的药，说是西王母给的，吃了可以永葆青春；夫人自己现在容颜渐老，不如把它吃了，或许可以返老还童。说完就把药放在口里。婢子正想劝谏夫人，不要吃这种药，还不曾说出，夫人早已咽了下去。不多时，夫人的身子突然飘飘地飞了起来，好像鸟儿一般，一直往窗外飞去。婢子吓得要死，连忙伸手去抓，已经来不及了。急急开门追出，只见夫人越飞越高，一道光华，一直飞进月亮里面去了。婢子无法追上，又不敢告诉别人，只希望夫人或许再飞回来。此事只有婢子一人在侧，别人一概不知，今日主公拷问，只得从实说出。”说罢哭泣不止。羿听了半信半疑，又喝问其他宫婢。这些宫婢怎敢多言惹祸，都矢口不认，齐说委实没有看见嫦娥，一定是上天去了。有的还说那天夜里看见月亮特别光明，添头加尾，绘影绘声，不由后羿不信。本来羿得了玄妻，早已不把嫦娥生死放在心上，既然众婢都这样说，也就算了。

那仲康闻得后羿擅自出兵攻伐伯封，正要派人去阻止，忽然接到蒸肉一鼎，说是后羿战胜伯封，特地派人前来献捷，并将伯封蒸肉献上。仲康不觉勃然大怒，命将蒸肉掩埋；一面派人责问后羿来使，说伯封即使有罪，也应奏明天子，再行讨伐，岂可擅自出兵，又把伯封蒸了来吃，未免过于残忍。后羿被仲康斥责一顿，恼羞成怒。偏逢仲康病崩，子相嗣位，年幼体弱。后羿便公然带兵进逼，夏后相只得弃了国都，迁移到商丘（河南省商丘市）地方，去依靠同姓的两个诸侯，一个是斟灌氏（在山东省寿光县[①]），一个便是斟郭氏（在山东省潍县）。那斟郭因为旧的国土被太康、仲康、后羿相继占住，所以改在新的地方建国。

后羿见夏后相已经逃走，心满意足，便公然自立为王，号令天下，把玄妻尊宠起来，俨然王后。玄妻国破家亡，饮恨在心，哪有闲情欢笑？后羿虽然百般讨好，她却存了报仇的念头，只等机会到来。

---

① 今寿光市。

后羿大权在手，更加骄满，自恃神射无敌，百发百中；看出天下诸侯都是国小兵弱，绝没有敢和自己作对的，足可高枕无忧，因此便日日出外打猎，射兽追禽，尽情作乐，全不以国事为意，所有政务完全委任寒浞管理。寒浞乘了机会，一面用小恩小惠收买人心，一面尽力献媚玄妻，件件先承意志，殷勤周到，希望玄妻在后羿面前多进美言，替他方便。玄妻满腔心事，一见寒浞这等情形，正好将计就计，自然一拍即合，随时随地都替寒浞留心。后羿本来深信寒浞，对于玄妻尤其千依百顺，言听计从。每次田猎归来，玄妻总是间接直接表示寒浞如何忠于服务，如何谨慎小心；又劝后羿休息精神，不必为了无关轻重的些微细事操劳。后羿年事已高，本来就沉溺酒色，厌亲琐务，益发把一切事情都付寒浞去办，自己只管寻欢取乐，常常出猎多日也不回来。寒浞又买通后羿左右，每逢后羿射中鸟兽，大家便齐声欢呼，赞美他神射无敌，箭不虚发，如此英雄，何愁天下不服？把后羿哄得心花大开，更加耽于田猎，把国事完全抛到脑后。

寒浞渐渐收揽大权，准备篡位，将不附自己的人一一设法除去，和玄妻一内一外，打成一片。过了数年，一切已安排得清清楚楚，里里外外全都和玄妻、寒浞齐心，只等后羿这次田猎归来，便即动手。但是后羿力大无穷，又多疑忌，寻常人近他不得，除非他的亲信才能走近身旁。算来只有勇士逢蒙曾跟羿学过射箭，也能百发百中，羿因他是自己得意学生，十分信任，命他每日手持桃棓，随从护卫，不离左右。要是逢蒙肯相帮下手，便有把握。寒浞只恐逢蒙顾念羿待他的恩情不肯同谋，便派人把金珠贝玉暗暗送与逢蒙，探他口气。谁知逢蒙自从由羿学得一手绝技以后，十分得意。羿因为爱他聪明好学，要用为自己护卫，不惜把生平所有神妙射法，不传之秘，都尽数倾囊传授，教得他万般灵巧。除了羿外，更无别人可敌。逢蒙学成之后，觉得羿的神射声名早已天下皆知，自己虽然已经不比羿差多少，只要羿在一天，自己就不能以天下无敌自负，总觉得有点美中不足，因此恨不得羿早早死去，方能显出自己神射声名。寒浞计策正合他心意，岂有不允之理？当下计议停当，大家分头布置。逢蒙仍跟了羿出去田猎，寒浞和玄妻在国内设下天罗地网。后羿还蒙在鼓里，仍然兴高采烈地追禽逐兽，在山野大猎一场。后羿亲挽角弓，射倒了几个野兽。左右齐声喝彩。后羿更加高兴，一直猎到太阳沉西，方才欢欢喜喜地带了随从勇士，前呼后拥地回到宫里，把猎得的虎豹狐兔摆列满庭。玄妻出来迎接。羿一面卸去装束，抛下弓箭，一面笑指几个狼鹿说："这几个都是我亲手射获的，特地带回来与夫人下酒。"玄妻含笑称谢，一面忙命进酒庆功。一霎时，珍馐罗列，玄妻捧觞称贺，极口夸赞羿的神射，真乃盖世英雄，天下无敌，说着便殷勤进酒。羿耳听甘言，目观美色，酒落欢肠，不觉酩酊大醉。玄妻看着时机已到，便托辞离席，躲了出去。逢蒙走了进来，羿醉眼模糊，还问逢蒙有何要事来禀。逢蒙更不答话，踅到羿的身旁，举起手中桃棓，猛力当头一击。羿措手不及，登时闷绝在地，逢蒙又连连痛击了几棓，羿早已气绝身死。逢蒙看见事情已了，便出去通报寒浞。玄妻回入房中，看见后羿血流满地，回想当年国亡子死都因后羿一人，虽然已死，余恨未消，吩咐侍者，把后羿剁碎煮熟来吃，以报伯封之仇。外面早已由寒浞布置一切。次日天明，羿的儿子听得人说，昨夜羿宫内有点响动，心内惊疑不定，忙到羿宫探问。进宫一看，只见寒浞也在宫内，玄妻满脸杀气，正和寒浞说话，却不见羿的踪迹。羿子忙问玄妻："父王现在何处？"玄妻并不答话，回顾侍女，端出一个大鼎，揭开鼎盖，里面热腾腾一鼎煮熟的肉。玄妻剔起双眉，指着鼎肉，咬牙切齿地对羿子说："汝父灭我国家，杀我儿子，又将我强抢到此。我和他仇深似海，没有一天忘却报复。现在我已经把他杀了，也依照他杀害我儿子伯封的方法，煮熟了来吃。你是他的儿子，按理饶你不得。如今你把这肉吃了，我还可以恕你一死。"羿子听罢，惊得几乎跌倒，连忙挣扎着跑出宫去。寒浞知道他是逃不掉的，也不追赶。羿子逃到穷石城门，正要出城，看门卫士早已奉到寒浞密令，一见羿子到来，便一齐动手，刀斧乱砍，登时将他杀死。

寒浞篡了羿位，仍袭用有穷国号，把羿的财产地位全盘接收过来。本来有穷一切政事早就由寒浞一手办理，所以毫不费事。他的妻子纯狐氏早已身死，寒浞便以玄妻为夫人，搬入羿宫居住。过了几年，生了两个儿子，大的名浇，小的名豷。玄妻不久便得病身死。浇、豷长成后都勇猛有力，多谋善战。寒浞倚恃自己诡诈多端，从来不把人民痛苦放在心上，只一味扩张势力滥用刑罚、欺压百姓。那时，夏后相搬到商丘，住了几时，虽然势力微小，究竟因为大禹功德在民，诸侯依然有一部分遵奉夏后相的命令。后来夏后相感到势衰力弱，难以抵御寒浞，便又搬到斟灌暂住。

夏后相刚刚搬离商丘，便来了一个商国，看上了商丘地点适中，交通方便，搬进去住。这商国乃是舜五臣之一契的后代。契辅佐舜教训人民，很得人民拥护，封在商地（陕西省商县①），后来渐渐东移，传到孙子相土，他英明有才干，发明了用马驾车的方法，运输货物，往来买卖。在那交通不便的时候，的确节省不少人力，因此商业大大发达，后人便把做这种职业的唤作商人，因为商国的人民做这种职业最早而又最多的缘故。

相土既然日益富强，便自然渐渐往热闹的东方移徙。那时夏后相势力已弱，有穷后羿和寒浞势力虽然强大，却因骄傲诡诈，不得人心。相土既是商契后人，又复才德出众，搬到商丘之后，生产进步，国内富足，各国诸侯渐渐归心，这是商代兴盛的开端。

寒浞看见两个儿子浇、豷渐已长成，便想把他俩分封在外，以便扩展势力。于是把浇封在过国（在山东省掖县②北过乡），把豷封在戈国（在河南省杞县、太康县、淮阳县③之间）。父子三人各主一国，倒也心满意足。只是想到夏后相还在斟灌，总觉得留着祸根，恐怕将来强大起来，自己不能安枕，

① 今商洛市商州区。

② 今莱州市。

③ 今周口市淮阳区。

便派浇带兵去打斟灌。浇领了命令，带了军队，来到斟灌。斟灌国君知道消息，连忙整备军队，前来迎敌。浇兵都是经过训练，十分勇猛。斟灌军队论起装备，相差得多，只是为了保卫自己国家，不得不舍死奋斗。大战一场，浇兵丝毫不得便宜，只得暂且退兵，在附近扎下。次日，设下计策，再来挑战。斟灌兵士依然迎敌，因为昨天尝过敌人厉害，不敢大意，都尽力苦斗。不料浇却分了一半军队，由后面绕过，直攻斟灌都城。那时都城不过泥土围筑，十分简陋，如同土堡一般。城里只有少许壮丁和老弱妇女，如何抵挡得过？便一面尽力抵抗，一面飞报前方。斟灌军队一闻后方有警，连忙退兵。浇早已料到，急急挥兵猛烈冲杀。斟灌军心大乱，被浇杀得一败涂地。斟灌国君带了残兵狼狈逃回，浇紧追在后，好容易逃入城内，兵士早已三停去了一停。浇围住斟灌，并力攻城，不多几日，便被攻破。除了一部分难民逃出外，尽数都被掳掠屠杀，斟灌国君也全家被杀。一时尸积血流，惨不可言。只有夏后相在浇兵未到之前已经得到消息，早已率同宫眷群臣，搬去帝丘（河南省濮阳县），去依傍一个强国昆吾。

浇灭了斟灌，乘胜直取斟鄩。斟鄩和斟灌相去不远，曾经接到斟灌求救的急足，正在点兵调将，又见斟灌败兵难民陆续不绝来奔，个个哭哭啼啼，诉说浇的兵士如何残暴。接着得知斟灌已经灭亡，国君全家罹难。斟鄩本是由南方移来不久，城还未筑，料想难以抵抗，便弃了田庐，点齐老弱妇女，一同逃匿至潍水上面的木舟里面，另由壮勇男丁驾舟应战。

本来上古时候，人民都是涉水而行，稍深的水便无法越过。后来有一人看见树叶浮在水面，随风漂泛，有时一二蜻蜓栖止叶上，一任东西，悠然自得，不觉起了羡慕之心，便想也乘坐什么东西可以在水上游行才好。他看见木材在水面也是浮着，便采伐大段木材，浮在水上，坐在上面，果然不沉，只是不能随意转动，也容易摔下水去。后来经过许多人的经验，渐渐把树木的中心刳凹，制成了独木舟；又把木棒削得扁平模样，成了木桨。这都是很早时代的事情。独木舟又笨又重，划起来非常不便，所以许多地方仍是把好几个舟联结起来，上铺木板，当作桥用。到了夏时，木舟已经相当进步，可以随意划行了。

那斟鄩因为倚着潍水立国，往来交通，必需船只，所以造了很多的舟。现在事急，只得上舟避祸。满拟浇兵没有船只，不能过水，自然会退去的。刚刚上舟，浇兵已经涌到。斟鄩各舟连忙摇起桨来，纷纷离开潍岸，划向中流。男丁在舟中张起弓来，向岸上射箭。浇兵到了岸边，无法下水，便回到斟鄩人民住所，把各家没有带走的东西，全部抢掠一空，然后再到岸边守候。斟鄩船只早已远远躲去。浇看得清楚，心生一计，便收兵回到斟灌，不再留在斟鄩附近，一直过了三天，方才派探子到潍水去打探消息。那时斟鄩船只泊在潍水，看见浇兵并无动静，大家计议，不知是否已经退去。舟中粮食无多，妇孺拥挤，大家都想回到家中，便都划近岸来，派了勇士，先到家中一看，果然浇兵已退，便欢欢喜喜地扶老携幼，上陆回家。搬搬运运，不觉天黑。大家都辛苦多日，倒头便睡。睡到半夜，忽然喊声大起，浇带了军队漫山遍野打进来了。慌得斟鄩家家手忙脚乱，拼命逃走。只听得哭声震天，火光大起。斟鄩壮丁且战且走，跑到水边，纷纷跳上木舟。浇兵也已追到，便在岸上大战起来。有的跳上船去，和斟鄩壮丁在舟中大战。这时天色已明，岸上、水上鏖战不休。此时斟鄩全国都已陷入绝地，无路可走，只有拼死苦斗。浇看见一只木舟离岸约有丈余，便在岸旁奋身一跃，跳到舟上，抡刀便砍，把舟上人一一砍下水去，夺了舟来，再和其他舟上兵卒交战。一面指挥部下跳下水去，将斟鄩的舟扳翻。这时候斟鄩舟上大半都是夹有妇女老弱，临时逃上舟的，不比上次是有计划的撤退。一舟上面，能战壮男不过二三，如何抵抗得过？不消几时，早已被扳翻几艘，妇女老弱纷纷随波流去。斟鄩军心大乱，无暇恋战，偏又被缠住不放。岸上来不及上船的早已被杀光，水里船只又陆续沉没，只得拼命摇船向对岸逃去，又被浇的兵士驾着抢来的船，追上痛杀一阵方才收兵。斟鄩船只沉覆过半，国土沦亡。浇点齐抢掠来的财物，押了俘虏，回到过国，差人到寒浞处报捷。寒浞见斟灌、斟鄩相继灭亡，心中大喜，使命浇休兵一时，再去把夏灭掉。

次年，浇点起军队，向帝丘进发，悄悄来袭击夏后相。那时夏后相已娶了有仍氏之女为后，名缗，新怀身孕，尚未生产。他知道过浇灭了斟灌、斟鄩，这两国本是夏的同姓，一向相依为命，唇亡齿寒，不免伤心；也明白寒浞、过浇的意思，不会让夏存在的。无奈兵力单弱，无法防御，只是提心吊胆。不想这天天还未亮，忽然喊杀声音四起，过浇带兵半夜袭入城来。人民纷纷逃窜，女哭男啼，宛如山崩海沸。夏后相和后缗吓得面如土色，急急起身查问左右情形，正在慌张无措，浇已经带了兵士亲身扑到门前，呐喊一声，守住前后门，抢了进去，合宫妇女臣仆都纷纷乱逃。夏后相心知不免，索性拔出刀来，自刎而死。后缗顾不得扶救，急急随了宫女跑到后面，只见后面墙高过肩，无法爬过。正在张皇无计，忽然看见一个宫女正低头由墙下一个狗窦爬了出去。后缗顾不得王后尊严，也只得连忙弯下腰来，由窦爬出，钻到墙外。宫女扶了她跟着一伙难民一同逃走，还算侥幸没有碰到军队，逃得性命。一路上饥餐渴饮，冒着千辛万苦，方才逃到娘家有仍氏。有仍国君看见后缗如此狼狈逃来，大吃一惊，查知夏王被弑，国土尽失，也不禁老泪纵横。

后缗一路风霜跋涉，又悲又苦，不免又大病一场。尚幸十月期满，生下一男，取名少康，日夜尽心抚养，希望他长大成人，好报仇恨。光阴迅速，不觉过了二十年。少康长得相貌英挺，举止深沉。有仍国君十分器重，便任他做个牧正，管理牛羊畜牧的事情。少康做得头头是道，六畜蓄殖。有仍国君深爱他的才干，正要帮他建一番事业，谁知事情不密，几乎弄出杀身之祸。

那寒浞自从派浇灭了斟灌、斟鄩，弑了夏后相以后，算计夏已灭亡，他的王位可以稳固。东方的商，虽然势力渐大，不过营商牧畜，倒也没有什么野心。北方的昆吾，本来接近夏后相，算是一个比较强大国家。现在夏已灭亡，他也无能为力。其余各国，都是国小民少，又有斟灌、斟鄩榜样在前，谅来不敢轻捋虎须。因此便高枕无忧，享了二十年统治生活。一天，寒浞偶然听见有人说起，夏后相有子少康，现在有仍国做了牧正，心中不觉大惊，暗想斩草不除根，春来必复发，便责问过浇，为何放走了后缗，以致留下祸患。浇连忙派了一个臣下，名唤椒，急急到了有仍，向有仍国索取少康。有仍国君知道要把少康交给过浇，他就绝无生理；但是抗拒不交，浇一定要用武力，兴兵讨伐。上次斟灌、斟鄩两国人民给浇残杀得尸积如山，全国几乎化成一片焦土，至今二十年，还没有恢复原状。有仍区区小国，如何抵抗得过？左右寻思无计，只得把这事和后缗、少康商量，叫少康赶快逃往别国。这边婉言回复过浇，只说有仍并没有少康其人，所说的牧正早已不知去向，无法交出。椒自然不信，仔细调查，果然不在有仍国，只得回去复命。

少康只身逃出有仍，想来想去，不知投奔何处才妥。各国虽然当初尊奉夏王，但是自从太康失德以后，就很少朝贡。自己因为隐姓埋名，更不曾和各国有过交情。除却浞、浇党羽几国外，大半都很弱小，畏惧浞、浇势力，谁肯收留？万一不巧，或许还把自己捆缚献出。只有虞国是虞舜之后，夏代一向尊他为上宾，不当臣子看待，谅寒浞对他也该客气三分。想定主意，便一直投奔虞国（在河南省虞城县）。虞国国君虞思，看见少康到来，知是夏后相的儿子。他向来对于寒浞父子的阴险残暴看不上眼，只因自己力量有限，隐忍多年，现在看见少康英俊过人，心里十分欢喜，便热心款待，派他任了庖正之职，掌管庖厨饮食。又把自己两个女儿嫁给少康，将纶的地方（虞城县东）给少康居住。纶地虽然很小，可以耕种的田亩不过十里（那时唤作一成），人民也不过五百壮丁（那时唤作一旅），但是少康饱经忧患，得到能安身的地方，已经十分满意，便尽心开发地利，招纳贤才。二位夫人也都贤德多才。纶地便一天一天地强盛起来。

夏后相在时，有一个臣下，名靡，很有才干。自从夏后相出走商丘，靡还留在后羿那里，相机行事。不料寒浞又杀了羿，暴虐更甚，靡就逃到有鬲氏

（在山东省德县[1]东），日夜筹划兴复大计。后来斟灌、斟鄩被灭，靡就到了两国地方，招抚流亡，收拾残烬，勉励他们埋头苦干，矢志报仇。这两国人民劫后归来，田庐尽毁，父母兄弟死的死，伤的伤，有的妻女被掳，有的财产被掠，无不切齿痛心；再给靡鼓励一番，人人都激昂奋发，决心雪耻。靡把他们组织起来，训练成军。自己也在有鬲简择精锐，待时而动。后来知道少康尚在，更加欢喜，便往来联络，共谋大举。那时寒浞年事已高，纵情声色，虐待人民，怨声载道。靡趁着人心思念大禹的时候，便起了有鬲全国的兵，又会合斟灌、斟鄩两国，同来攻讨寒浞。大家听说为了报仇雪恨，替人民除害，没有一个不踊跃齐心，登时聚合起来，拥戴少康为王，靡任主将，一直打到寒浞城下。

那寒浞骄恣多年，民心涣散，手下将士也都愤恨离心，一听说夏王少康到来，个个不战而退。城门大开，人民争先出城迎接。靡兵不血刃，在人民夹道欢呼声中，直抵宫中，捉住寒浞和他手下许多害民的爪牙，按规诛戮，其余一概不究，人民大悦。少康回到故都，安抚人民，重整社稷，吊死扶伤，敬老慈幼，宛然大禹之风。他本来生在忧患，和人民一同劳动工作，自然没有奢侈习惯，也懂得人民的需要和痛苦。人民在羿、浞虐政之后，得到这般贤明首领，喜极而悲，都恨少康回来不早，愈加倾心爱戴。少康休养生息了一时，便议出师讨伐过浇。那斟灌、斟鄩恨过浇入骨，无不踊跃愿为前驱。少康见得士气可用，便派女艾先到过国探听虚实。

女艾奉命起身，一路上打听情形，都说过浇自从灭了斟灌、斟鄩后，掳来无数妇女财帛，每日恣意娱乐，全不料理国政，除了饮酒作乐，便出外田猎；他又自负武勇过人，十分骄傲，人民无不怨恨。女艾听清内情，便设计混进过国，果然秩序紊乱，道路污秽，人民个个愁眉苦脸。女艾进了城门，也没有人

[1] 今德州市。

前来查问，他便找到浇宫旁边暗暗侦看。到了天晚，只见浇带了猎得的禽兽，和几个随从，腰弓插箭，走到一个宫里去了。女艾不认识浇，只看他的衣着华丽，却没有看清面目。等了一会，看见随从陆续散出，天色已黑，料想浇一定在这个宫里住宿，便轻轻踅到宫外。又等了许多时间，约莫半夜时候，人声已经静寂，他便拔出刀来，撬开门户，里面却没有灯火。女艾听了一会，知道都已睡熟，便偷偷摸进屋里，只往鼾声地方摸去，摸到床上，有个人睡着。女艾只恐惊醒，连忙将左手轻轻抓着头发，右手迅速握刀砍下头来，急急依了旧路逃出宫去。走到城边，天还未亮，恐怕有人追来，便寻个缺口爬出城去。一口气跑了许多里，料想追赶不及，这才拿出昨夜所杀的头颅来看，好像一个女人模样，不知究竟是不是浇，便一直带回夏邑。来见少康，报告侦探情形。少康看了，也怀疑这头颅未必是浇，只是查不出名字，也就算了，便派女艾带了军队去攻过国。女艾奉命，重新起行，到了过国，一打听，浇依然还在，并未被杀，还是日日田猎作乐。

原来寒浞前妻纯狐氏曾生一子，少年早死，留下一个寡妇，名唤女歧，生得颇为美丽，算起来是浇的嫂嫂。浇看上了她，有一天田猎归来，便到女歧宫外，假说自己衣裳被树枝挂裂一道，请女歧替他缝纫几针。女歧请他进来，替他缝补衣裳。浇便留宿女歧宫中，以后常常来往。不想那天夜里，被女艾偷进房来，将女歧的头割去。浇正在大醉的时候，没有听到声音，天明一看，满床是血，吓得魂不附体，查访凶手，并无下落。浇大发雷霆，把宫中侍卫尽数拿下痛责，声言如不能拿到凶手，便把侍卫尽数杀死。那些侍卫本已恨他起居无节，喜怒无常，再遭责打，更加怨愤。浇却又出去田猎，依然日日满山追逐野兽，毫不戒惧。这日天气晴朗，浇带了随从到野外狩猎。忽然山旁蹿出一群花鹿，向前面飞逃。浇连忙弯起弓来，一箭射去，正中一鹿背上。那鹿带箭狂奔。浇忙叫速追，却嫌车慢，便跳下车，健步如飞地上前追赶。原来浇天生多力，尤其两只脚跑起来赛过奔马。他自负奇能，往往笑骂车马无用，一到猎得兴起，便下车徒步，左右尽力追赶都赶不上。当时他奋勇追鹿，追了一段，看着赶上鹿群，忽然前面山下林里，转出一群猎人，放过了鹿，却在浇的前面兜围，好像也要擒捉这群花鹿模样。浇只恐鹿被他们捉去，连忙大叫："这鹿是我射的，你们不得来抢。"那群猎人并不答话，却把猎犬放出。登时几十头猎犬四面八方往浇扑来。浇出于不意，回顾左右随从，一个也没有赶到。待要用箭时，那些犬已经扑到面前，无法逃走，只得用手搏斗，抓起一只猎犬，作为武器，向周围扫去。无奈猎犬太多，左右齐上，腿上给它咬了一口，鲜血迸流，登时扑倒在地。猎狗纷纷齐上，一阵乱咬。那群猎人上前割了浇的首级，呼哨一声，带了猎狗去了。等到浇左右到来，已经不及，只得抬了浇的尸身回到城下。还未进城，早见女艾军队整整齐齐，摇旗擂鼓而来。前面一枝长竿，高高挑着浇的首级。几名兵卒在前面扬声大叫："过浇逆贼，已伏天诛，你们胁从的人还不趁早投降，更待何时！"这班人众看了这样情形，发一声喊，抛下浇的尸身，纷纷逃散。城内人民也就开门迎降，全国大定。

女艾平定过国，捷报到来。这边少康已经派了儿子季杼带兵去打戈国。季杼派几名士卒先到戈国，诈言过国被女艾围困紧急，叫豷赶快出兵来救。豷信以为真，便带兵出国。行至半路，伏兵四起，把豷包围起来。季杼指挥勇士一齐涌上，一阵乱刀，把豷砍死，便率兵攻伐戈国。豷在戈国，本无善政，一味暴虐人民，何况现在已死，谁肯为他死守？就都开门迎接季杼进城。季杼抚循人民，赏善罚恶，人心大悦。寒浞父子三人因为多行不义，终至国亡身死。

少康复国之后，因为自小经过艰难，一切政事还能想到人民的艰苦，对各国诸侯，也都讲信修德。诸侯怀念禹、启遗烈，也都愿意拥戴少康，从此夏代复兴，不失旧物。他在位二十一年，天下安定，文化大盛，宫室、车服、器用一切都有长足的进步。少康死后，子杼嗣位，也是一个比较贤明的君主。

那时东方的商国，因为畜牧兴盛，渐渐向北发展，接近黄河。那黄河因为这几十年来羿、浞专政，不加修治，渐成灾祸，往往把河旁土地冲毁。商侯冥便接受了夏王命令修治黄河，尽心服务，事事都带头工作，黄河方始没有出事。可是冥自己在治河辛苦二十余年之后，竟然因为操劳过度死了，甚至有人说他是被河水淹死了。后人感念他的功德，祭他做水神。

冥的儿子亥继位，又发明了以牛驾车的方法。原来商在相土的时候，已经发明以马驾车，那时还在西北，马很多。自从相土搬到商丘，中原地方马就少了，用来驾车、运货、作战，实在太不够用。并且马是最难养的，洗刷、饮料、休息、行走，件件都要讲究。现在用牛来拉，虽然没有马跑得快，却比马省事多了。因此，这个发明大大改进了交通的便利。亥自己也常常乘了牛车到河边一带游历，有时也带了畜牧的牛羊和各国交易。

一天，商侯亥乘了牛车，带了弟弟恒到有易国（在河北省易县）游玩，跟随着许多仆人和牛羊，打算做点生意。那有易虽是一国，却不像商富足，看见亥、恒车服鲜华，畜牧成群，十分艳羡。有易国君绵臣便大开筵席，殷勤招待，请亥、恒开怀畅饮。国内人民也都纷纷来看牛车，大家指指点点，都说这般戆猛的牛，亏他如何教导，能够服服帖帖驾车，真是奇事。原来那时的牛本由野牛捉来畜养，年代不久，野性还未消除，很难驾驭，不像现在家畜的驯良。

酒席中间，绵臣也极口称赞亥的牛车，并且问亥用什么方法能够把它驯服成这样，是不是牛种不同。亥说："这也不过是由普通家畜里面选出，并不是什么异种。但是驯服它是很费一番心力的。没有驯服好，驾起车来往往狂奔乱跳，不但不肯好好地走，还会连人带车都被摔坏。"绵臣听了非常羡慕，便说："这种驯牛方法，你能不能教授我们，让我们也可以驯服几只牛来驾车？"亥一口应允。绵臣大喜，使唤出本国乐舞，殷勤演奏娱宾。那乐舞的舞人都是妙龄少女，丰容盛鬋，活泼伶俐。亥、恒都是好色之徒，不觉喝得酩酊大醉，被送入宾馆安歇。

次日，绵臣便带同妻女和几个随从来看亥的牛车，啧啧称羡。亥、恒也就出来接待。绵臣以为亥的牛一定比他国内的牛优良，便要在亥的牛群里面挑选健硕的，买了下来，教导驾车。亥、恒便陪着他巡视牛群，指点优劣。选好了，绵臣又留亥、恒一同饮酒。那时饮酒已经成为风气，稍为优裕的人都是每餐必酒，当作佐膳，如同汤水一般；接待宾客，酒当然更不可少。

绵臣一连留住亥、恒，天天饮酒作乐；一面选出健壮牧竖数人，把买来的牛带去放牧，并由亥的驾驶牛车御者教他们怎样驯服牛的方法。要等学好驾好，也有牛车可乘，才放他们弟兄走。却不料亥看见绵臣女儿容貌秀丽，生了爱慕之心。绵臣女儿又认为亥是一位英雄智慧的国君，也十分钦佩。在这主宾欢宴中间，两人便暗中有了来往。绵臣还蒙在鼓里，毫不知情，但却瞒不过亥的弟弟恒。恒本来也非常倾慕绵臣女儿美貌，本想和亥说知，替他聘来，只是一时不好开口，后来觉到亥的行动遮遮掩掩，大有疑窦，便留心侦察，竟然看出一些首尾，不觉妒心大发，越想越恨，故意在绵臣面前漏出口风，去破坏亥的好事。绵臣一闻此事，又羞又气，深恨亥行为不端，自己如此优待，尊他做上等宾客，他却如此胡来，便唤进一个心腹臣子，授他计策，如此如此。

亥酒罢回馆，忽然有一个牧竖前来求见。亥唤他进来询问何事，牧竖叩头说："小人是有易国君派来学习服牛的。现在已经多日，还不能驾驭上车，深恐主公见责。特来叩求在主公面前多多解说服牛的艰难，以免主公斥责。"亥听了，点头允许。牧竖千恩万谢，径自去了。原来这牧竖乃是受了绵臣命令，前来探看情形的。当时把房里摆设和亥起居地方看在眼里，等到夜里，便悄悄掩了进来。亥的随从人等都受了绵臣犒赏的酒食，个个既饱且醉，酣睡不醒。牧竖进入亥房，认清面貌，举起刀来，在床上猛击一下，亥早已鲜血四溅，气绝身死，牧竖才悄悄出去。

到了天明，亥的随从人众方才睡足起来，突闻喊声大起，绵臣率领军队，把他们住的地方团团围住。随从慌忙报入亥房，却见亥早已身死。大家慌得走投无路，恒只得率领从人全体投降。绵臣把车辆和牛羊一概收纳，将亥的随从人等编入奴隶队伍；恒也做了奴隶之长，替绵臣看管牛羊。那时奴隶是完全操作贱役，因为怕他们逃走，所以在奴隶脸上都刺了黥文，用牛皮带子缚住他们的脚或颈部，有时用木制的梏械械着他们的手足，有时还用链子锁住，这样他们才无法逃走。绵臣对恒还算优待，没有让他做奴隶，仍给他一个小小职位。但是恒因为自己目的没有达到，反害了哥哥性命，暗暗懊悔，不久也就郁郁而死。

商国自亥、恒出游之后，久久不见他们回来，便派出许多臣下到处打听，才知亥已被杀，车牛也给有易占去。商国内部登时沸乱起来，一班老成臣下便拥戴太子上甲微继位称侯。上甲微痛心国耻，努力修整武备，因为势力不足，不敢轻举。那时铜器已经十分普遍，又发明了一种铜锡合金的青铜，比铜还要锐利坚硬。上甲微铸造了许多青铜戈戟武器，日日训练士卒。那时士卒并不是专门当兵，都是农人牧竖，各有职业，战事终了，仍然回到家乡工作。商国虽然也曾攻伐小国，掳来俘虏，作为奴隶来参加战争，究竟人数不多，还不能远征有易。上甲微苦心焦思，想出一个办法。他采集青铜，命巧匠打铸精美铜器，要有美丽花纹，越多越好。那时青铜已是最硬金属，怎样才能在青铜上面刻花？究竟劳动人民的智慧很高，脑筋一动，办法便来。他们把黏土做成一种铜范，刻好极细花纹，烧成陶质，再把青铜熔好倒进范去。这种方法在铸造铜器时候已经使用，所以禹铸九鼎能有许多奇禽异兽的花纹。现在造起青铜器来，更加精美。铸出来的器具仔细磨光，露出深深的青色，光亮四射，有龙纹，有雷纹，有鸟纹，有蝉纹，细入毫芒，神采奕奕。铸成的东西，有的是长方形的鼎，有的是圆腹大口的斝，有的是三个长脚的尊，有的是瘦腰阔口的觚，精致绝伦，美丽无比。上甲微看了十分满意，便派了一个能言会语的臣子带了这批隆重的礼物送到河伯国里，诉说有易无道，杀害商侯，现在上甲微想起兵报仇，只是兵力不足，请求河伯借给一支劲兵，一俟战胜有易，必当重谢。河伯接到这般厚礼，不觉目光缭乱，越看越爱。他在黄河旁边立国，物产倒也丰富，只是没有这般精美的餐具。上甲微送的礼物恰投所好，便一口答应，允许借给三千兵卒，还替他备办过河船只。

上甲微接到回报，便点起本国兵队，浩浩荡荡，直到河伯国和河伯军队会合，进攻有易。绵臣得讯，慌忙准备迎敌，双方摆好阵势，大杀一阵。上甲微渡河远来，无路可退，为了国恨亲仇，抱着必死决心，自然士气十分旺盛。绵臣看看不支，正在张皇时候，河伯又率了三千士卒，由旁边横撞过来，把绵臣军队冲得站脚不住，纷纷败走。上甲微乘胜追赶，一直踏进有易，杀了绵臣，救回被俘的亥的从人，也把有易人民俘做奴隶，重谢河伯，振旅回国。从此上甲微威名大振，商国成了东方一个强国，国土也陆续伸展，越来越大。

这时候夏已经又传了几代，到了夏王不降在位。不降有个儿子孔甲，性情乖僻。不降心中忧虑，生怕儿子将来接位，人民必定受苦，辗转寻思，便打算改变传子定例，把王位传给弟扃。又怕自己一旦身死，孔甲一定不肯甘心让位，臣下也未必遵守遗命，以致自己虽有传扃之心，扃还是得不到王位，便决定仿效尧、舜故事，实行禅让，在自己活着时候，先叫扃做起夏王。便和扃说知，择日禅位。这种一家自己禅让，叫作内禅。群臣因为不降主张，不敢违背。扃做了夏王十一年，不降方才崩逝。这时扃的王位已固，当然无人争夺。扃崩后传子廑，孔甲心中就老大不服，百计图谋。等到廑死了，孔甲果然得立为王，以为得了天的助力，十分迷信，一心只知祭祀鬼神，不理国事，又好狩猎，每天除了打猎便是祭祀。打猎可以捉到许多野兽来吃，祭祀要供许多牛羊酒醴，又是一个饱吃痛喝的机会。因此，孔甲的生活可以说全在娱乐吃喝之中。诸侯见他如此，都不信服，渐渐不来朝贡。孔甲仍然毫不在意，只顾一味娱乐。

一天，孔甲又到河滨田猎，带了许多勇士，追赶鸟兽。正在兴高采烈的时候，忽然腥风大起，河边突然跃出两个极大动物。那物的眼睛好像四盏明灯，凸得可怕，胡须长得和铜戟一般，满空飞喷着腥雨，吓得左右随从都跌跌爬爬地拼命逃走。那物张起血盆大口，向前猛扑，身后涌起滔滔巨浪，直往岸上滚来。孔甲看见这般声势，也自心惊，忙约退车马，商议擒捉这动物的方法。

有个小臣奏说："这两个动物名叫龙，一个是雄的，一个是雌的。世上已经很少看见，算得罕有的东西。"孔甲听了大喜，说："既然是难得的东西，那一定是上天赐给我的。你们可设法把它擒来，只要活的，不要弄死。"便派了勇士守在河边，专等双龙上岸。不多几时，果然腥风又起，两龙又扑上岸来。大家只得拼命向前，围住两龙，拣那不致命的地方尽力攻击。那龙凶猛非常，吊起尾来，一下就把人扫下水去。无奈人越来越多，刀箭齐上，相持了许多时候，伤了许多人，才把双龙打伤捉住。孔甲看见龙已擒住，心中大喜，便说："我听得从前传说，黄帝曾经乘过龙驾的车，舜也有豢养龙的故事。我正在羡慕从前天子都有龙车乘坐，不想天帝也把这两条龙赐给我，我应该把这龙好好养着，替我驾车。你们访查有谁善能养龙，我一定重重赏赐，派他驯养这两条难得的神龙。"臣下听见孔甲言语，口口声声说是天赐，对于为了擒龙而死伤的臣下，并无半言提到，大家心里不免怨恨，只得唯唯连声，退了下去。偏偏有个谄媚小臣，听见孔甲这般喜爱双龙，便献媚说："近来听说汉水也出现了一双神龙，大约也是上帝赐的。"孔甲果然大喜，忙吩咐快派勇士去汉水附近把双龙擒来，凑成两对，才好驾车。吩咐才毕，忽然有个名唤刘累的小臣前来朝见，奏说："臣从前曾在豢龙氏那里学得饲养龙的方法。这豢龙氏的祖先曾在舜时候替舜养龙，世传养龙秘法，知道龙的性情嗜好。臣情愿担任养龙职务。"孔甲正苦无人会养这龙，难得刘累自荐，自然十分高兴，便马上封他做御龙氏，赏赐优厚，叫他把龙领去喂养。不想两龙在被擒时候，已经受了重伤，刘累无法医治。过了几天，雄的渐渐平复，雌的却越加沉重，饮食不进。刘累万分焦虑。挨过一个多月，雌的竟然死了。刘累恐怕孔甲问他要龙，无法交代，想来想去，忽然想出一条计策，忙把龙解剖去皮，取出肉来，剁成肉醢，加入香料，煮成一鼎香喷喷的肉羹，献给孔甲。孔甲不知是龙肉，便饱吃一顿，觉得滋味非常香美，和寻常牛羊不同，唤来刘累，问他这是什么肉。刘累连忙跪下，口称"死罪"，备说因为雌龙受伤身死，所以煮熟献上。孔甲听了，果然并不动怒，反夸刘累忠心，说："龙肉既然这样好吃，驾车的龙又少了一条，必须刘累想法再去捉两条龙来，凑足数目。"刘累听了，大吃一惊，不敢说无处捉获，只得诺诺退下。回到家里，越想越怕，懊悔当初不该贪图富贵，替这般暴君服务，如今别无办法，只有一走。于是次日假说去寻觅龙，向孔甲告了假，全家都逃走了。

在这个故事里，不但可以知道孔甲是怎样暴厉自恣的统治者，也可以知道那时中国还有少数龙类生存着。人们只认为它是稀罕的动物，还没有夹杂迷信的成分。

一天，孔甲又去萯山（在山东省费县）田猎，忽然狂风大起，天昏地黑，日月无光。左右随从个个掩起面孔，睁目不开。孔甲迷迷惑惑，只得找个民家暂避。找来找去，只有一家矮小茅屋，左右请孔甲下车入内。屋主听见夏王驾到，连忙出来迎接。孔甲住的宫室虽还没有崇阁危楼，却也宽敞广阔，峻宇雕墙，进入这般茅屋，实在不惯。刚刚坐定，却见屋里围着许多妇女。主人奏称："臣妻正在坐蓐，家无多屋，请求宽赦不敬的罪。"孔甲既已进来，倒也无可奈何。不多时，只听得呱呱之声，主妇生下一个男孩。众妇女纷纷向主人道贺。有一个说："今天王来，一定是一个极好的日子，这孩子福气一定极大。"又一个说："王是最尊贵的人，今天到来这里，这么小的孩子哪能当得起，一定有祸。"孔甲听见她们这样纷纷议论，便说："你们不必害怕，这孩子既然碰着我，总是有福的。现在我把他认作儿子，还有什么祸能够害他？"一面就吩咐左右把这孩子带回宫去。主人无可奈何，只得忍泪叩谢。这小孩到了孔甲宫中，抚养长大。一日，孔甲门旁靠了一柄利斧，这小孩走过，刚巧倒了下来，把小孩劈死了。孔甲看见，并不悲伤，只点头叹气道："这真是命该如此！"便作了一篇破斧的歌，让大家唱着。可怜这个孩子就在天命和王权底下牺牲了。

孔甲的行为是这样，自然大失民心。那时商已经日益强大，北方的昆吾、豕韦（在河南省滑县）也都渐渐兴盛起来。到了孔甲死后，夏已经岌岌可危。不过因为以前各代夏王都很尽力地征伐东夷，所以东夷仍然前来朝贡，还将诸夷乐舞向夏献奏。这是外族音乐进入中国的起源。

到了桀的时代，昆吾、豕韦都已称霸。桀智力过人，能用手扳直铁钩，自负勇武，便兴兵攻伐有施氏（在山东省滕县[①]）。有施氏抵御不过，请求投降，进贡美女妺喜。桀因为妺喜美貌，便即罢兵回去。宠爱无比，觉得以前所有宫室都不配妺喜居住，就另外召集民夫，修建高大宫室。宫室高到好像要倒下来的样子，所以名为倾宫。宫里有琼室瑶台，象牙嵌的走廊，白玉雕的床榻，一切奢华无比，只恐不合妺喜心意。那妺喜原是有施氏兵败求降的贡品，心怀对桀的仇恨，一味撺掇他浪费财力，结怨人民，时时想出新鲜花样。桀却千依百顺，立刻照办。一天，饮酒中间，妺喜说："这些舞人的容貌服装都太丑陋了，要挑年轻貌美的少女，穿了五彩绣花的衣服，舞起来方才好看，并且要有三千人同时一齐歌舞才好。"桀听了，大喜说："这真是好主意！"他立刻传命派曹触龙按户去挑拣年轻美貌的少女来充舞女。那曹触龙本是贪污谄谀的人，得了搜刮机会，就趁势作恶，人民叫苦连天，家家怨恨。桀又叫于辛勒派人民刺绣舞衣，预备给舞女穿着，限期要交纳。于辛是残暴的人，凡交不出绣衣的人民就要严刑拷掠，弄得哭声遍地。好容易才把三千少女挑选齐全，派了乐工教练歌舞，又练了一个月。桀不断催促。一个月后，曹触龙奏报三千舞女已经教练齐整。桀忙命送进倾宫。桀和妺喜笑嘻嘻地倚着栏杆，往下看去，只见一队队舞女分别穿着五彩绣衣，鱼贯走进宫门。先行的一百名少女一色大红绣衣，妃色绣裳，翠蓝的飘带，头上梳着双鬟，插着凤凰玉钗，高矮相等，步伐整齐，环佩铿锵地冉冉进来。这一百名过后，后面跟进的是娇黄绣衣，浅碧绣裳，系着朱红飘带的一百名少女，再后面又是翠绿舞衣赭黄绣裳的一百名

① 今滕州市。

少女，络绎不绝地涌进。后面水红色的、缃桃色的、杏黄色的，雪白的、天蓝的、浅紫的、浓绿的、嫩碧的、藕色的、荷色的，重重叠叠，五彩缤纷，每件衣裳上面又都绣着五颜六色的花朵，更加显得朱碧斑斓，金翠满目。一霎时，分花拂柳，挤满了整个花园。个个都是脸似芙蓉，腰如杨柳；按着衣裳颜色，齐齐整整地排列着，就好像织成的五色锦毯一般，纹丝不乱。把桀喜得眉开眼笑，正不知说什么好，忽然舞女班头把手里的鼓打了一下，登时各舞女都把手里拿的乐器吹奏起来。同时慢启朱唇，唱着曼妙的歌，呖呖清脆，犹如一群娇鸟弄舌啼春。唱到激越的时候，又好像鸾鸣天际，凤唦云边。高的声音，像裂帛一般，震荡耳鼓；低的声音，像游丝一样，缠绵不断。唱了一段，便个个回转纤腰，随着音乐的节拍舞了起来。一时红飞绿舞，翠动珠摇，各种颜色的舞队错综变化，互相穿插纠缠，犹如千万只五彩蝴蝶翩翩竞舞，忽东忽西，忽红忽白；忽然又混成一片，镂金错彩一般把许多颜色搅得成了一团，无法辨认；忽然又豁地分开，各自归到自己队里，依然一种一种颜色，像刀切一般，一个也不混杂。千变万化地舞出了各式花样，华丽到了极点，灵巧也到了极点。桀看得目迷五色，不觉拊掌大喜，说："这般妙舞，可惜不早一点知道。如今舞罢，可赐舞女每人一杯美酒，聊润歌喉。"左右宫奴奉命，连忙执瓶捧杯，赐给各舞女美酒。妺喜看见宫奴巡行斟酒，便说："现在舞女三千人，要是一个一个赐饮赐食，太费时间，不能继续观看歌舞。最好筑一个酒池，池的旁边设立了肉的山、肉脯的树林。舞女舞罢，可以自己饮食，不比这般耽搁时刻强得多吗？"桀听了大喜说："你真是聪明盖世，会想出这般花样。"便重赏曹触龙和于辛两人，命在倾宫的园内建筑一个池，大到可以泛舟；池里要贮上等美酒，池旁设肉山脯林。曹、于两人一得这个好差使，便想出许多方法来讨桀欢喜。他们先挖掘了一个又长又大的池，将泥土堆在池的旁边，成了一座小山，山上种了树木。池底全用鹅卵石子铺满，清洁无比，曲折萦回，好像一条小溪。然后把美酒倒在池里，作为池水。山上先用绿色的帛铺好，作为草地，把煮熟的肉脔挂在山上，好像石块一般，重叠无数。又把肉片做成肉脯，挂在树枝上面，好像累累果实；另用红色和绿色的帛包了肉脯，也挂在树上，远远望去，红红绿绿，犹如真的花叶。又造一只轻巧的小舟，浮在池里，以备桀和妹喜乘坐。工程完毕，便奏上给桀知道。桀同了妹喜亲来观看，一见酒池肉山做得这般精致，满心欢喜，便和妹喜上了小舟，在酒池上荡桨。三千美女便围住池的四面，歌舞不休。舞够多时，击鼓一声，诸美女纷纷走向池边，低头像牛喝水一般地喝酒，个个向树林摘取肉脯来吃，嘻嘻哈哈的声音不绝。桀在船上左顾右盼，好像进入众香国中，万花竞秀，目不暇接，不觉流连忘返，歌了又歌，舞了又舞。白天还嫌太短，彻夜地娱乐不止，一直饮到天亮，唤作“长夜之饮”。玩了几时，美女的舞衣沾上酒痕肉渍，不免污旧，便令再做新的。人民辛辛苦苦、千针万线做起来，却这样地糟蹋。那妹喜存心要耗败夏家基业，故意在桀面前夸说：“裂帛的声音清脆无比，十分悦耳。”桀立刻便命令每天要人民进贡一百匹帛，叫力大的宫女日日撕裂给妹喜听。

太史令终古看见桀这般荒淫奢侈，便进宫来，涕泣苦谏说：“自古帝王都是勤俭爱惜人民的力量，才能够得到人民爱戴。不能把人民的血汗来供给一人的娱乐。这样奢侈，只有亡国。”桀听了笑一笑说：“我有天下，好比天上有太阳，太阳会没有吗？”终古苦谏，桀只是不听。终古无奈，心里明白夏是一定要灭亡的，便带了全家逃往商国。

桀这般奢侈，用度自然不足，他便想出妙法，要把这种开销叫各地方的百姓去负担。他定了一个日期，召集诸侯在有仍地方开会。那时诸侯看见桀这般行动，心里暗暗气愤，但是因为惧怕桀的武力，都勉强前来。桀看见许多诸侯如期来到，心里十分得意，言谈举止非常骄傲，处处摆出天子架子，诸侯个个敢怒而不敢言。到了开会时候，桀当然按照旧日礼节，歌舞宴享，一切交代完毕，便提出增加各地贡品。分配停当，要各国每年按照分配的数目进贡许多珍宝货物。本来夏禹时代，禹自己非常俭约，所用财货自然不多。会稽大会所分配的诸侯贡赋不过些微土产，都是各国就地所出，轻而易举。桀现在奢侈无度，用财如流水一般，毫不爱惜，并不曾把这一笔贡赋用在人民身上，只是自己一个人乱花，却要把这笔庞大的消耗让各国诸侯负担，诸侯如何肯服？但是已经到会，惧怕桀翻脸无情，不敢公然反对。且先随口答应下来，等到脱身回国，再作打算。大家便勉强假意承认。只有有缗氏的国君不肯答应，不等会完，悄悄逃归本国（在山东省金乡县东北）去了。桀发现有缗不肯承诺贡品数量，私自逃走，登时勃然大怒，一到会毕，立刻亲率诸侯讨伐有缗。各诸侯惧怕桀的暴虐，不敢不从。桀带了各国军队，浩浩荡荡，直抵有缗，把有缗灭了，俘获了许多妇女奴隶、财宝珍货，带回享用。

这时候倾宫已经造成，共计造了七年，费了千千万万人民的血汗，造得金碧交辉，雕绘满眼，画栋珠帘，绮窗绣户，广大深邃，曲折宛转，房间不计其数。桀看了心中大悦，只是地方一大，行走不便，又命造了一个小辇，用人推挽着，在宫中往来任意游玩。玩了几时，觉得所有的美女珍宝还不能充满这么大的宫室，必须多多增加。无奈这时候商和昆吾、豕韦都很强大，各国贡赋来的东西已经大半给他们分去，只有一部分诸侯还来进贡，也是或多或少，总不能填满桀的欲壑。他便想寻个贡品最少的国家，给他一点厉害，一则可以多多俘虏妇女珍宝，二则威吓各国一下，使他们识趣一点。无奈这几年自己已经享福惯了，懒得临阵，只得派了一名勇将，名唤扁，带兵去打贡品最少的岷山。扁奉了桀命，率领军队直抵岷山。岷山的国君看见过有缗的下场，明知无力抵抗，连忙派人向桀求和，一面在国内大搜宝货美女，尽数献上。当然这些美女宝货都是向百姓搜刮来的。明珠白璧，黄金宝贝，应有尽有。单说其中有美女二名，一个名琬，一个名琰，都生得貌比花妍，肤如玉洁，体态轻盈，声音婉媚。桀一见之下，觉得宫中空有三千舞女，并无一个能及琬、琰的半分，此次出兵，真是值得。便把贡品尽数留下，立刻命扁撤兵回来，许岷山之和。自此宠爱琬、琰，寸步不离，把从前言听计从的妹喜弃如粪土。琬、琰也和妹喜一般，只撺掇桀一味享受。桀觉得她们俩比妹喜更加可爱，便另外再建一座瑶台，用白玉来装饰，务极华美，来给琬、琰居住。又把琬、琰二人名字雕琢在传国宝玉名叫“苕华之玉”的上面，表示二人的高贵。一切奢靡的器用，百姓来不及做的，便由俘虏来的奴隶去做。奴隶每日琢磨玉石，铸刻金铜，刺绣衣裳，织造锦绣，白天夜里全不得休息。稍有不合，或割鼻，或刖足，受尽非刑。实在不足的东西，也去各国购买，或责令诸侯进贡。

大夫关龙逄[①]看见桀如此无道，捧了黄图进宫朝见，谏道：“古时人君都是爱民节用，所以享国长久。请看这黄图所画的历代帝王，哪一个不是克勤克俭，尽心工作，不敢告劳？我夏始祖大禹跋山涉水，沐雨栉风，十三年中胼手胝足地受尽辛苦；到了身为天子，也还是菲衣恶食，爱惜民力，方才得到四海爱戴。现在我王继位，应该思念祖考的艰难，继续前王的事业。如何用财好像用不完地一味乱花，杀人好像来不及地一味乱杀？若不改过，国亡无日。”说罢，展开黄图，指着上面画的古代帝王勤俭工作情形，一一解说，泪流满面。正是：从来残暴能亡国，未有荒奢不失民。

① 逄音彭。

第四回

放桐宫伊尹训新王
行旷野武丁屈贤子

桀听见关龙逄这般说话，心里十分厌恶。再看他把以前帝王画像拿来将他们的事迹一一评说，好像句句都是在骂自己，不由勃然大怒，说："从前是从前的事，现在是现在的事，我自有我的道理，为什么要学从前的榜样？这些古老的东西，留着没有用处。"便喝令左右把黄图拿去，一把火烧了，一面挥关龙逄退出。左右奉命，便由龙逄手中抢过黄图。那黄图本是黄色丝帛，一经抛进火里，登时化为灰烬。

关龙逄看见桀这般拒谏，更加执意不肯退出。他本是戆直的人，不懂得看风转舵，仍然立定廷中，涕泣苦谏，说："从前做帝王的人都是勤劳节约，不妄取人民寸丝粒米，早起晚睡，才能尽心国事，得到人民爱戴。现在我王不学以前贤明榜样，不爱百姓，一定要弄到国家灭亡，连人民也受灾难。那时悔之无及！"桀更加动怒说："你造作妖言，诅咒国家。我已经说过，我应该享有国家，就好比天上应该有个太阳一般。天上的太阳万古千秋永远不会消灭，我享有国家也永远无穷无尽。直等到太阳不见，那时我才灭亡哩。你这般妖言诅我亡国，若不警戒一二，将来个个臣下都像你这般常常聒噪，我的耳根何时能够清净？"便喝左右把关龙逄押出斩首。左右不由分说，将关龙逄拥出，一刀砍了。

桀这般不听忠言，当然没有人再来劝谏，只有谄媚的臣下一味阿谀，帮他搜刮人民。人民受到严重的压迫，敢怒不敢言，只借着太阳来骂说："你这个太阳为什么不快点灭亡？我们情愿同你一道灭亡！"

这时候，东边的商国国君名履，后人称为成汤，是一个十分英明的君主，和桀形成了鲜明对比。商国自从上甲微伸张势力，占有黄河下游地方以后，国势日强，成了东方最大的国家。所占地方，北到现在的辽宁，东达现在的朝鲜，南及现在的河南。传到汤已经七代了。这几代中间，因为兵威远振，屡次打败各国，捕获无数俘虏。商既然是游牧和商业的国家，生产力比较发达，觉得让俘虏去做生产劳动的工作比杀了他们来得上算，由是便利用这些俘虏来牧畜割草，打铸铜器，建筑屋宇，渐渐也派他们去开垦土地，种植黍稷稻麦，成了农业奴隶。商人倚靠他们的血汗，把国家一天一天建设起来，越来越强。到了汤的时候，商国势力已经非常强大，偏生夏桀又是一味无餍地搜刮人民，暴虐残忍，商国的发展更顺利了。

那时西边的夏，北边的昆吾，东边的顾（在山东省范县[①]），南边的豕韦，都是强国。除了这几个地方之外，当然还有许多小国。汤的邻国葛（在河南省睢县）是一个很小的国家，葛伯不勤政事，也不祭祀天地祖先。那时候人民迷信极深，认为天地山川都是有神的，都应该祭。祖先死后也是有知的，成了鬼神，也应该祭。所以祭天地祖先是极要紧的事。祭的时候，常常用各种食物，如稻稷牛羊之类，并且非常多。有的煮熟了来祭，有的放在火上面烧，烧得半生半熟来祭。但是用什么来代表祖先呢？说起来倒也非常有趣，就是用受祭的人的孙子穿着受祭的人的衣服代表他。大家把他当作祖先，毕恭毕敬地迎接进来，受大家的磕头礼拜，甚至他的父亲也对他礼拜。因他的父亲就是受祭祖先的儿子，自然也要磕头的。然后这位代表就受了许多祭品，大吃大喝，既醉且饱，吃得够了，礼节完毕，又由大家把他送走。这种代表就叫作“尸”。“尸”出去了，主祭的人们也便享用起来；剩下的祭肉还分给有关系的人，叫作“胙”肉。在祭的时候，当然还有音乐和许多礼节。这算是一种极大的典礼，比什么事情都要紧。葛伯既然不祭，在那个环境里，算是犯了弥天大罪。

① 今为河南省范县。

汤便派人去问他，为什么不祭祖先。葛伯说："我的国很小很穷，没有力量举行祭祀典礼，光是牛羊，我就拿不出。"汤便把牛羊送给他，葛伯收下，宰了来吃，又不拿来祭祀。汤又派人去问他，为什么还不祭祖先。葛伯说："我连稻黍麦稷都没有，怎么能祭？"汤又派人到葛国替他开垦耕种。当然开垦的人也要吃饭的，便由商的边境派了童子每日提榼送饭给耕农吃。不想葛伯大约穷得慌，竟然动起脑筋，带了一队随从的人去把这童子送的饭抢来吃。童子自然不肯给，便连童子也杀了。汤由是起兵去伐葛，扬言替送饭的童子报仇。葛国这般贫穷，自然不能抵抗，便灭亡了。

汤是很聪明的人，在打进葛国的时候，对人民秋毫无犯，使人民相信他是一个比较好的君王；然后命他们依照常例，纳了十分之一的谷子。这种聪明的做法，使商国仓库充实，并且在他以后攻伐各国的时候，容易获得胜利。

汤又听说有一个贤人名叫伊尹，在有莘（山东省曹县）地方耕田，便派人去聘请他。使者到了有莘，访知伊尹，送上聘礼，说明汤的意思，要请他出来帮助治理政事。伊尹正因夏桀无道，人民痛苦，觉得政治这般污浊，不如自耕自食，不闻不见，还省点烦恼。看见汤的使者，便辞谢不去。使者回去，汤又叫他再来，伊尹依然坚辞不去。但是汤还不肯停止，第三次又来聘请，礼貌言辞更加殷勤。伊尹恍然明白，这位商侯却不像夏桀一般，暗想："我在田亩里，自耕自食，倒也逍遥自在，独乐其乐；但是现在有许多人民还在水火之中，受尽痛苦，为什么我不把这个商侯辅佐成一个爱人民的国君呢？为什么我不能使更多人民都十分快乐呢？为什么我不亲手把天下弄得太平，亲眼看到人民快乐呢？上天生人，是要先有知识的人去唤醒后有知识的人，先觉悟的人去唤醒后觉悟的人。我是先觉悟的，我不去唤醒他们，还有谁去唤醒他们？我应该负担起这个责任。天下有一个人得不到快乐，就是我的罪过。"他想定了，决心接受汤的聘礼，来到商都，劝汤起兵除灭夏桀，拯救人民。

那时虽然夏桀无道，但是夏朝已经享有了四百多年天下，大家都认为他是天子，一向朝贡称臣，现在要起兵去打桀，简直是一件很违背习惯和传统观念的事。可是伊尹认定为了拯救人民，应该起兵伐桀。汤觉得像伊尹这样的贤人，要是桀能够用他，不是就会把暴虐无道的作风改变过来吗？这样一来，去劝桀改过将比去攻伐桀更加妥善，人民也更快地可以得到安乐。于是汤便把伊尹荐给桀。伊尹本来认为桀是必须除去的，但是想到要是能够改造，倒也不妨试试，就真的到桀那里，打算规谏。桀早已沉迷酒色，又自负武勇，骄傲无比，哪里肯听伊尹的话。伊尹看桀陷溺已深，无可挽救，便又回到汤那里去了。据古时传说，汤后来又把伊尹荐给桀，一直去了五次，都没有得到桀的信用，伊尹也就回到汤那里，决心把桀除去，知道桀是没有改过的可能了。

商国一天比一天强大，桀心中也有一点害怕。便有一个佞臣赵梁献计，去召汤来朝，把汤幽囚在夏台地方。那夏台便是钧台，当年夏后启曾在此地大享诸侯。汤既然被囚，商国无君，自然着急。伊尹便搜索国内珍宝，文绣百件，美女百人，青铜精镂的器皿，白玉雕刻的玩好，派了能言会语的人，送到桀那里，预先又把金玉货贝贿赂赵梁，请赵梁替汤说点好话。那赵梁劝桀囚了汤，也不过献媚讨好，并不是真的替桀打算，现在一见金玉，自然眉开眼笑，满口应允，替他引见了桀。桀看见许多美女货物，心也软了，便把汤放回国去。

各国看见桀无故把汤幽囚起来，又收了人家许多东西才肯放回，都替汤不平，反更归服了汤。汤的势力更加强大了。他便把不服的小国渐渐吞并，然后起兵去打南边的豕韦。豕韦本是强大的伯国，一向也欺压人民，只知自己享受，恃着兵强国大，无恶不作。商兵一到，豕韦国君便打点起人马迎敌。谁知人民受他虐待，早已怨恨不堪，哪肯替他打仗？反而都把汤认作来解除苦难的救星，都说："我们只等我们的贤君到来。贤君一来，我们就有好日子过了。"豕韦国君空点了许多人马，一个也没有肯出力的。商兵一到，如入无人之境，登时便平定了全国，把虐待人民的豕韦国君杀了。汤的政策原是一贯的，只抽取农民收成的十分之一，且并不掳掠屠杀。得了豕韦地方，便把各种暴虐刑法除去。人民都安宁得和没有打仗一般，照样种田的种田，买卖的买卖。家家欢欢喜喜拿了竹箪盛的饭，陶壶盛的浆，来迎接汤的军队，都说：“这好比把我们从水火里救了出来。”

第二年，汤又整顿军队去打东边的顾国。顾国人民已经知道汤对待豕韦的宽大，也照样地接了汤兵进来。这时商兵已经天下无敌，只剩了北方的昆吾，还在和桀一个鼻孔出气。按理说，桀到了这个时候应该知道好歹了，谁知桀不但不知道悔过迁善，反要兴起浩大的工程，把山凿穿一个洞，来引通河水。人民在这般虐政底下如何还能容忍？大家便相率怠工，不肯出力工作，来反抗他。

汤看见时机已成熟，便和伊尹计议起兵伐桀。伊尹说：“我们先不去朝贡，看他如何？”原来那时桀奢华糜费，都是向人民和各国搜刮来的。如有一国不贡，桀的收入便少了许多。商本是个大国，贡物十分丰富，一旦不到，桀自然动怒，便召集九夷的军队来讨伐商汤。那九夷是许多夷族的国，一向服属夏朝，接到桀的命令，便即起兵。伊尹说：“桀还能号召九夷的兵，可见还有势力，不能攻他。这是我们的错，应该向他谢罪。”便赶快备好贡品，进献谢罪。桀见汤贡物已到，自然罢兵。

到了次年，汤又不进贡。桀又动怒，再召九夷起兵。九夷觉得桀忽然起兵忽然罢兵，喜怒无常，便不听他命令，不再发兵。伊尹见九夷的兵召唤不来，说：“现在行了，桀已经没有号召的能力了。”便辅佐商汤起兵伐桀。

这时商国的军队据说已经使用车战，当中一个御者，专管控制马的进退奔驰，车上左边站着一个将军，右边立着一个勇士，叫作车右。车右要勇力出众的，平时帮助将军交战，要是车遇着泥淖险阻地方不能前进，车右便须跳下车来推动车轮。车前的马开始是用两匹，后来加到四匹。车后跟随许多步兵。这次汤出兵攻桀，据说是用了七十辆战车和五千名步兵。所用的兵器都是青铜精铸，长戈、短剑、利箭、锐刀，无一不备。为了节省马力，战车都用牛革来做，又轻便又坚固，钉上铜钉，灿烂夺目。马身上的皮带也都钉上铜泡，挂上铜铃。车上的人也穿着铜的甲胄，左手拿着牛皮做的盾遮蔽身体，右手拿着矛进攻敌人。这样的装备，在当时的确威武无比。

商汤点齐兵马，便打算去打夏桀。伊尹献计说："我们要是去打桀，那北方的昆吾一定要来救援，岂不是腹背受敌吗？不如先去打昆吾，等得把昆吾灭了，剩了一个光杆的夏，就容易收拾了。"汤说："依你去打昆吾，夏要是来救，岂不也是腹背受敌？"伊尹说："这不用怕。夏桀自己以为是个天子，轻易不肯动兵，哪里肯为了昆吾跋涉千里来救他？昆吾自己以为是个霸国，向来瞧不起我们，决不会向夏请救。所以昆吾会救夏，夏不会救昆吾的。"汤听了伊尹的话，果然移兵先去打昆吾。

原来昆吾是夏时北方强国，被称为霸主，许多小国都听他命令，军队也很强盛，一听得商兵来犯，急忙点起兵马迎敌。昆吾军队的数量很多，附近小国也都被召前来参加战斗。汤一见昆吾兵到，忙扎下兵营，和伊尹商议迎敌方法。伊尹说："昆吾做了多年霸主，欺压小国惯了。他的兵马服装器械虽然精美，却久不临阵，没有见过大敌，只消一个小挫，马上就会奔散。其兵马虽然很多，丝毫不足惧怕。"这时候，汤的另外一个臣下，名叫仲虺，也是足智多谋的，便献计说："昆吾的兵在中军迎敌，却把小国的兵分派在左右两军，这是一个很好的机会。那些小国都是受他压迫的国家，哪里肯替他们出死力？勉强来到这里，不过因为惧怕昆吾，不敢不来。我们可先把左右两军打败，昆吾的中军自然就不能不走了。这些小国都是乌合之众，不堪一击的，要打败他们，太容易了。"汤听了大喜，便依他们俩的计策，汤自己率领中军，让伊尹率了右军，仲虺率了左军，先行攻打昆吾的左右两翼。

本来服牛乘马都是商祖先发明的，商人在车战中驾起马来十分精娴。青铜又是商人的专门手艺，并且一向经营商业，经济充裕，军装自然格外精良。那昆吾军队虽然很多，但军装却都老旧笨拙。那些跟从的小国更因为受了多年欺压，贫弱得可怜，勉强凑集人民前来应战，根本谈不到军装武器。伊尹、仲虺猛力进攻，他们便都一哄而散，不管怎样弹压，总不中用。昆吾国君一见小国逃走，忙命三军一齐奋勇向前迎敌，自己亲率中军与汤大战。不料左右两军受了小国们临阵脱逃的影响，兵心摇动，个个都不肯出力战斗，只想学小国一般，相机逃走。被仲虺、伊尹痛击一番，都溜之大吉，一霎时逃得精光。伊尹、仲虺且不追赶，却回军一齐包抄昆吾中军。三面夹攻，昆吾自然大败。汤得了全胜，方才回兵乘胜来攻夏桀。夏桀正在花天酒地尽量享乐的时候，忽然听说商汤已经打败了昆吾，就要进兵来犯，不由又惊又怒，连忙吩咐点齐全部精锐兵马，带了勇猛将士迎上去堵截商兵。

桀现在享福多年，和从前年轻时候大不相同。他本来也不想亲自出马，却因商兵声势浩大，恐怕手下将士抵抗不过，又因在宫里玩得腻了，也想出外游览一番。有了这两种原因，便亲自率领精兵，克日出发。一路上旗帜迎风，刀枪耀目，军容十分壮盛。桀在中军，前后左右有无数的勇将护卫，还有宫女侍婢一大群，琬、琰两个爱姬都随在左右，寸步不离。桀一路上有美人作伴，说说笑笑，如同旅行游历一般，赏玩着青山绿水，野草闲花，随意取乐，好不开怀，一点也不把商兵当作一回事。不觉走到鸣条（山西省运城县①）地方，恰好和商兵相遇。左右报知前面不远已是商汤兵马。桀方才下道令，暂时扎下队伍，预备明天大战。一面笑对琬、琰说："我向来用兵所向无敌，叵耐这商汤小子一定要来讨死，想是他活得不耐烦了。明天打起仗来，比打猎还要好看，我可以带你们在高的地方观看一番。"便吩咐左右，在附近山上预先布置。桀自带了琬、琰和宫女侍婢山上观战，又选了一支精兵保护左右，以免商兵冲杀上山。分拨已定，命令全军，明日和商军决战。

商汤得知桀亲自前来，自然格外小心，在距离五里的地方，将兵扎下，召

① 今运城市。

集将士商议。伊尹说：“夏兵虽多，久已不经征战，没有什么可怕。只是我军士气还不旺盛，须要加意鼓励一番，方才可以应战。”汤诧异地说：“我军自从出发以来，战无不胜，攻无不取，为何还说士气不旺？”伊尹说：“我军虽然百战百胜，但是和我们交战的国家都是和我们平等的国，他们的国君暴虐人民，所以我兵一到，犹如摧枯拉朽一般，不禁一击。现在桀虽然十分暴虐，却是各国共同拥戴的天子。自从大禹以来，已经统治了四百多年，一姓相传，并无改变。我们和他交战，要扭转军民的观念不是一件很简单的事。”汤听了，觉得这话也很有道理，便和伊尹商议了一番，召集了全军将士，由汤亲自把伐桀的道理向全军宣布。说明桀的暴虐人民的罪状，人民受他残杀，都恨不得他快快灭亡，汤不得不起兵替人民除去这般害民的贼。如果汤不出兵顺从天的意思把桀除去，那么连汤也是有罪的。如果将士兵卒不努力去打桀，汤也要重重地刑罚他。要是奋勇向前，便可以获得重赏。这样的半劝半吓，说了一大篇，方才把全军将士说服。这篇言论，便是有名的《汤誓》。誓师完毕，分派了一番。等到天亮，伊尹催动三军，直往夏桀军队扑来。

夏桀早已带了琬、琰和美女歌姬上山观战，由夏军将士率领全军，和商军迎头大战。双方实力相当，战斗起来都不示弱，汤和伊尹久经大敌，军装新颖，将士猛锐，自然不比寻常。夏军也是精锐部队，又有桀亲自在山上督战，哪敢退后？只杀得天昏地暗，日月无光，人人奋勇，个个争先，把一个坐在山上的夏桀看得眼花缭乱，只顾和琬、琰指指点点，犹如看戏一般，十分有趣。

想不到战到半酣时候，忽然狂风大起，飞沙走石，接着雷声隆隆，大雨倾盆而下。商军究竟久经战阵，不管军装怎么淋漓，仍然苦战不休。夏军却有点张皇，勉强招架，很是吃力。不料那山上的夏桀向来养尊处优，不曾吃苦，碰着这般狂风暴雨，山越高，风越大，眼见左右美人给风雨打得花憔柳悴，遍体淋漓，虽然左右纷纷张起伞盖来，无奈风势猛烈，伞盖都被打歪吹裂，左右护卫双手拿着，还被风吹掣得呼呼乱响，再也无法挡雨。桀只得连忙吩咐退下山去，觅地暂避一会。这边桀一由山上退下，山下夏军发觉后，也就无心恋战，登时混乱起来。汤乘势麾军大进，夏军站脚不住，纷纷败退。商军赶到山边，夏军连忙保了夏桀，退回到国都去了。

汤大获全胜，得了许多军装武器，便一直进兵追赶。桀知道大势已去，只得同了妺喜和琬、琰，把一向搜刮得来的宝玉美人统统带了逃走，连国都不要了。汤进入夏的都城，看见城里已经搬空，便派兵跟踪追赶，赶到半路，桀只得把美女宝玉沿途抛弃，最后逃到南巢（安徽省巢县①）地方，被汤追上。这时候，桀已经兵马散尽，只剩得赤手空拳，无法抵抗。汤便把他安置在南巢，看管起来。这种办法，古时候叫作“放”。汤顺势把昆吾也灭了。桀到了这般地位，还不明白自己的错误，反叹气说：“我真懊悔，回想当初为何不把汤杀死，以致今天反被他囚了起来。”可见一个暴君是至死不会觉悟的。

桀被放三年，就病死了。夏代共计传了十七个国王，经过四百七十一年，除去中间寒浞篡位三十九年，实得四百三十二年。

这次革命虽然是因为桀暴虐的缘故，但是商汤自己也属贵族统治阶级，这种革命不过把夏的统治权移到商的手里，只能算作贵族革命，却不是人民革命。所以汤自己也觉得很有一点惭愧，恐怕人家认为他是为了争权夺利的缘故。仲虺再三劝他不要这样想，许多诸侯也都请汤代替桀做天子。汤再三谦逊辞让，说：“天下不是一家的私产，有道德的人才可以治理天下。现在夏桀既然不能再做天子，还是请大家公举一位有才有德的人来做天子。”这样让了又让，诸侯都不敢当，汤才即了天子之位。那时候，据说各国诸侯共有三千左右，是由夏初万国的诸侯经过四百多年的兼并剩下来的。

汤既然做了天子，国都建在亳（河南省商丘）的地方。把年改作祀，一年就叫作一祀。每祀的岁首，是用建丑的月，就是现在农历的十二月。许多旧的

① 今巢湖市。

习惯风俗都改了。夏朝尚黑，衣服器具都用黑色，现在商汤觉得黑色未免太暗，便改为尚白，一切东西都用白色，祭祀祖先用的牛羊也要白毛的，天子车上驾的马也要用白马，衣服旗帜当然更是全白的。

夏朝本来有祭土地的地方，叫作社，社里种着松树，社上面是露天的，没有屋顶。汤觉得既然换了朝代，社也该换过，便把夏的社盖了屋顶，不再祭祀，另外自己再立了一个商朝的社。又毁去夏朝祭田神的地方叫作稷的，另外立了一所商朝的稷，来祭农神。所以后来把国家灭亡叫作失去社稷，因为这两个祭神的地方，在古代每一个国家建立，一定要先建造起来，一到国家灭亡，也一定要被毁灭的。这也可以看出古人是怎样看重土地和农业。这时候，离现在大约三千七百年。

汤既然以武功建国，诸侯对他自然十分敬畏，汤便以仁厚来收揽人心。一天，汤出外游玩，看见一个农人在树上挂了一个鸟网，挂好了，在网的下面祝告说："不论东西南北哪一方面来的鸟，都飞入我的网里。"汤说："你不要太过分了吧！哪里可以这样网尽杀绝？"便叫他把网放开三面，只留下一面，替他祝告说："要飞去左边的鸟儿，便往左去；要飞去右边的鸟儿，也便往右去；只有不听我的话的鸟儿，才进入我的网。"各国听见汤这样说，都说汤实在太仁爱了，对于飞鸟都这样的仁爱，还能虐待人民吗？大家就都愿意听他的命令。后来把宽大的政策叫作"网开三面"。汤用伊尹为右相，仲虺为左相，治国理政。不久，天旱，汤用了许多方法来帮助人民。又把庄山（在四川省雅安县[①]铜山）的铜发掘出来，铸成铜币，以赈济人民。据古书相传，禹的时候，已经有了用铜铸币的方法。那时，禹采了历山（山西省雷首山）的铜，铸成铜币。也有用玉做的玉币，都是仿着贝壳模样。那时中国地方是这般广大，国家这样多，交通又很不便，即使有铜币，也不过流通在少数地方，大多数地

① 今雅安市。

方依然是用贝的，所以那时有铜、玉、贝三种币。

汤建国不久，就遇到一场大旱，这次天旱一直旱了七年，真晒得河干井涸，草木枯焦，人民叫苦连天。汤用尽方法，总不能得到霖雨。伊尹又教人民在田头地方开了井，来灌溉农田，补救亢旱。那时本来是很迷信的时代，因为人类智识还不能明了自然的现象，便以为都是有神的。特别认为上天是万物的主宰，和地上的天子一般，既然没有雨，便只有祈求上天这一个法子。但是上天是不能说话的，要请问上天的意思，只有请教一种专门会传达鬼神意思的人。这种人就是巫。在母系时代，女子最有势力，女巫往往是最尊的妇女。到了母系崩溃，男子得势，便把巫的职务也转移过来。商代的巫大多数都是男性，只有一些部分还用女巫。

这时候，汤发动许多男女巫到处祈求祷告，都没有功效；又举行许多次祭祀，费了许多牺牲，也没有灵验。那时祭起天地和鬼神，所用的牺牲都是牛羊，有时也有用猪或马的，少的两头三头，多的二三百头。大半是杀了来祭，也有烧了来祭；埋在地下或沉在水里来祭的。除了祭天祭地外，还祭风、雷、云、雨、山、川和许多神。因为风雷云雨都是下雨必备的条件。水给旱得干了，就得祭川。山是伟大的镇国大神，要是触犯了也可以发怒，罚人民受到旱灾的痛苦。此外，祖先是保佑子孙的，也得求告。因此，这七年大旱中间，不知耗费了多少祭品。

祭的时候，先由巫举行卜的方法，来求问神的意思。用的是一片骨，大半是牛的胛骨。后来不用牛骨，只用龟的腹甲。把甲用牛血涂过，用刀刮光，外面的胶质鳞片都磨刮干净，又把龟坼的裂纹都刮平，太高太厚的地方也都用鑢鑢去，磨得光滑如玉。卜的时候，在龟甲里面用钻钻了一个凹穴，再用凿凿了一道形如“卜”字的纹，然后用火在凹的地方烧灼，因为受热，龟甲的正面便裂成纹，爆裂声“卜卜”作响，所以称这种占术为卜。巫详细看裂纹的样子，来断定所卜之事是吉是凶。如果神允许祭祀，就依照所卜的日期，由许多巫穿起五彩花绣的衣服，手执牛尾，歌舞盘旋，来娱乐鬼神；一面杀了许多牺牲，滴血在器皿里面，把牲体摆列在俎上面来祭。这样还不下雨，就由王亲自歌舞娱神。这些事都举行过了，还是不下雨，就由巫提议说："这次旱得这般厉害，一定是一种主旱的鬼叫作旱魃的作祟。我们可以打扮成旱魃的样子，晒在太阳底下，或是用火来烧他。这样，旱魃就害怕了，就会下雨。"汤依从他的话，巫便装扮得像鬼一般，举行曝巫的仪式。结果，还是没有下雨。

待到什么法子都用完了，汤只得亲自到桑林（商丘）的野外来祈求下雨，沐浴清洁，剪去指甲，把自己当作牺牲，祈祷说："上天降灾，一定是我不好的缘故，我愿意自己领罪，不要因为我一个人的不好害了人民的性命。是不是因为我的政事没有节制法度呢？是不是因为人民没有饭吃呢？是不是因为宫室造得太高太美呢？是不是因为女人扰乱政事呢？是不是因为官吏贪污呢？是不是因为小人谗言盛行呢？"汤拿这六件事情责备自己，当然得到人民的同情。据说，后来不久就下了雨。在那时，因为像汤这样把自己当作牺牲的事情还没有过，人们就认为必定是汤感动了天了。人民既然这样信天，对于大旱的痛苦，都归于天命，看见汤这般尽心祈祷祭告，只有感激，并不怨恨。后来汤作了乐，就名叫《桑林》，也叫《大濩》，来纪念这次桑林得雨的事情。

过了几年，汤把夏禹所铸的九鼎搬到商来，作为商的国宝。同时商自己铸造青铜的工业也日益发达，铸了无数美丽的铜器。其他手工业也都非常精巧。四方朝贡的东西，源源不绝。汤便叫伊尹规定各国所献东西，依照各地所出的土产，按年进贡：如东方的各国，因为近海，多出渔产，贡的是鱼皮做的器具，乌鲗鱼的酱，锐利的剑之类；南方各国多海产和犀象大兽，贡的是象牙、犀角、珠玑、玳瑁之类；西方各国近山，贡的是赤色和青色的颜料、龙角、神龟、牛旄之类；北方各国多马，贡的是良马、橐驼、白玉、良弓。这样，商可以得到各方特殊土产，进贡国也容易办到。

汤在位二十九年，病崩。长子太丁早已病死，便由伊尹、仲虺扶立汤次子外丙为王。刚刚二年，外丙又死了，又立外丙的弟弟仲壬。只过了四年，仲壬也死了。这时候，太丁的儿子太甲已经长大，伊尹便扶立太甲为王。

那时伊尹已经历佐商朝三代，官拜阿衡之职。他的地位非常高，权柄也非常大。他便以一个帝王应该怎样爱护人民、怎样刻苦耐劳来教训太甲，叫他要学祖父成汤的模样，不要学夏桀的模样；并且把夏桀亡国的事情说了又说，好教太甲知道警惕。但是太甲是一个年轻的君主，享受着舒服的生活，吃喝歌舞，好不快乐，听得伊尹劝诫唠叨，十分厌烦。因为他是开国功臣，不好发作，只把他的规谏当作东风过耳。伊尹看见太甲越来越不成话，一味嬉游，觉得光是劝诫并不中用，现在年轻时候，已经如此放纵，将来岂不是夏桀第二，便决定把太甲送到汤墓附近的桐宫（河南偃师县①西南）地方去住，让他回心细想自己的行为，一切国政仍由伊尹办理。这种办法，好像汤放桀一般，所以后人说“伊尹放太甲”。

太甲住在桐宫，享用游乐当然都没有了，不再是威福自恣的商朝帝王，而是一个行动不自由的人。他回想做王时候，何等快乐，何等荣华，现在竟弄到这般境况，不觉悲从中来，又愧又悔。暗想当初若能听从伊尹的话，好好地勤劳节俭，守法爱民，多少是好。如今懊悔无及，只有自怨自艾。扪心自问，实在也太过胡闹，罪有应得。这样悔悟以后，行动自然规矩得多。光阴迅速，不觉三年。这三年里面，伊尹虽然一面治国理政，一面却在默察太甲的行动。觉得太甲实在是变了一个人，和三年前大不相同，便亲自携带了商王的冠冕衣服，到了桐宫，迎接太甲复返商都，再登王位。太甲见了伊尹，又感激，又惭愧，说了许多自愧自责的话，跟了伊尹回都，重新做起商王。果然从此成了一个贤明的君主，早朝晏罢，勤政爱民，一改以前的行为。伊尹细察太甲果然能悔前非，便把国政交还太甲自理。据古时相传，伊尹后来寿登百岁，病终。那

① 今洛阳市偃师区。

时太甲已经病殁，传到儿子沃丁为王，沃丁用了天子的礼，把伊尹葬在亳地。后人因伊尹能以人民为重，除去暴君夏桀，又教导太甲，自己也不乘机图篡王位。这样不盲从传统的观念，不愚忠无道的君主，完全以爱护人民为自己的责任，可以算是一个圣人，所以一直被后世称道不衰。

沃丁崩后，传位给弟弟太庚，这和外丙传给仲壬一样，都是兄终弟及。这是商代传位的特殊现象，和夏代父子相传不同。商人的习惯，往往兄弟相传，传到最后一个弟弟，没有弟弟了，才传给儿子。

又传了三代，到了帝太戊，拜伊尹的儿子伊陟为相。那时诸侯多不来朝贡商，伊陟想替太戊整顿一番。正好商王宫廷有一棵桑树和一棵谷生在庭中，到了太戊看见的时候，已经生得很大。太戊觉得十分奇怪，因为他并没有在庭中种上这两棵桑谷，为何忽然生出来，认为一定是什么妖异，会发生什么大祸。原来那时迷信程度极深：做一个梦，也要卜一卜是凶是吉；头痛、受凉，也要卜一卜是什么鬼来作祟。现在有两棵植物出现，自然也要疑心是什么妖怪了。

当时太戊把心中的恐惧告诉伊陟，问伊陟是什么缘故。伊陟趁这机会告诉太戊说："臣闻邪不敌正，妖不胜德。我王的政事恐怕有什么阙失吧？要是修德勤政，自然可以反祸为福。"太戊听了他的话，果然小心翼翼的，尽力国政，国家渐渐复兴。那桑谷因为无人培养灌溉，自然也就枯死了。太戊既然勤政，诸侯渐渐又来朝贡。原来那时商朝政权已经建立了许多年，把各地诸侯纳贡的事情认为理所当然，便常常向诸侯需索货物，或是奴隶、牲畜、食物，随时随地，都可派人去要，奢侈无度的帝王更加需索得厉害。诸侯受不了这般骚扰，只好不朝不贡。商王便得出兵去攻讨他们，压迫他们纳贡。这种暴虐行为不能使诸侯心服，这边刚刚打得胜仗，那边的诸侯又不朝不贡起来。只有勤政爱民、不多需索的商王，才能使诸侯愿意来往。所以太戊一修政事，国势便兴盛起来了。

那时商王拥有中央的地位，役使着大量的奴隶来替他建设一切，宫室器具都十分讲究。王权已经达到很强的程度，宫中虽然只有一个王后，却有无数妃妾，衣饰饮食，繁富充裕。文化已经非常完美。国都所在的地方又是黄河下游平原，富饶肥沃，物产丰富。只是地势平衍，不免常常受河水的冲激，崩圮下去。因此不得不抛弃美丽雄壮的宫殿，搬到别的地方，重新建设国都。自从商始祖契到汤已经搬了八次国都，汤以后又搬了许多次。第三次河亶甲搬到相（在河南省安阳市），做了国都，后来安阳有个河亶甲城，据说就是河亶甲住的地方，常常有铜制彝器出土。距今几十年前，曾有人掘得巨大的古墓，工程壮丽，殉葬宝器甚多，一时众口喧传是商王河亶甲的陵。究竟是不是，因为没有确据，不敢断定。

河亶甲崩，子祖乙立，又搬到邢（河北省邢台县①）做国都，用巫贤为相，商又中兴。但是因为商代传位方法是传弟不传子，没有弟，才传子，所以往往造成争夺帝位的事情。一家兄弟叔侄，彼此敌视起来，互相钩心斗角，运用手腕，弄到九世大乱。这时候，各代商王抢到了帝位，便大造宫室，尽量享用，并且常常出兵去征伐弱小的国家，以便俘虏奴隶美女，掠夺珍宝财物。这样掳来的奴隶数目非常地多，随意杀戮，或当作牺牲来用，或强迫他们做各种劳动，所给他们的衣食又是十分低劣。这样的待遇，奴隶当然大量死亡。又怕他们逃走，都绑了绳索，上了桎梏，脸上刺了字。平时对奴隶都鞭挞着强迫工作，稍有一点反抗，便随意地割鼻、刖足、杀戮，和对待牲口一样。那时的政权可以说完全是建立在奴隶的血汗上面，一到统治阶级自己抢夺帝位的时候，没有工夫向外发展，国势便又开始衰弱。商代一直就由一兴一衰的局面延长下去。

后来传到商王盘庚，看见以前宫室奢侈无度，社会腐败不堪，想要从头改革一下，便借口河水为灾，把国都搬到殷（河南省安阳市）去，这是第五次迁

① 今邢台市。

都。所迁的地方，就是河亶甲所迁的相，现在又迁了回来。可是那些贵族都贪图舒服，不肯迁徙。盘庚便召集了许多主张反对的人民来到王庭之内，亲自给他们尽心地讲出一番话。这一篇话名为《盘庚》，是上古最有名的古奥文字，史学家顾颉刚把它翻译成白话文。他说道：

你们留心听我的话，不要轻忽了！我们的先王没有一个不是顾全人民的，人民对于君上也都能体贴他的心，因为君臣这等和好，所以很能顺着天时生活，不犯什么凶灾。

现在上天降下大灾来了，我们的先王碰到这种事情，为了人民的利益，也不肯恋了他们手造的宗庙宫室而不迁徙的。你们为什么不去想想先王的故事呢？我现在效法先王，要使你们的生活安固，并不是因为你们有罪，要罚你们这般。你们要知道，我所以唤你们到这个新邑中去，正为了你们自己的利益，这利益原是你们大家一样地要求的。

现在我要把你们迁徙过去，希望安定我们的国家，但是你们不唯不能体会我心的苦处，反而大大地糊涂起来，发生无谓的惊慌，想来变动我的主意，这真是你们自取困穷，自寻苦恼！譬如乘船，你们上去，只是不解缆，岂不是坐待其朽败呢？若是这般，不但你们自己要沉溺，连我们也都要随着沉溺了。你们没有审察情形，一味愤怒，试问这能有什么益处？

你们不做长久的计划，不想不迁的灾害，那是你们跟自己大大地过不去了。你们只想苟且地过得今天就算，不管后来怎样，可怜上天还哪里能够容许你们活着？

现在我嘱咐你们：人家来摇惑你们的时候，你们应当把他们的话看作秽恶的东西一样，不要去接触它。我所以这般劝告你们，正是要把你们的生命从上天迎接下来，使得你们可以继续生存，我哪里是用威势来压迫你们呢？我原为的是要养育你们许多人民。

我想起我们的先王任用你们的先人，就记挂你们，要养育得你们好好的。现在此地已经不能住了，若是我还勉强住着，先王一定要重重地责罚我，说道："你为什么要这样地虐待我的人民呢？"若是你们无数人民不肯去求安乐的生活，和我同心迁去，先王便要重重地责罚你们，说道："你们为什么不与我的幼小孙儿和好呢？"所以你们做了不好的事情，上天绝不饶恕你们，你们也绝没有法子可以避免这责罚。

我们的先王既经任用了你们的先祖先父，你们当然都是我所畜养的臣民。倘使你们心中存了毒害的念头，我们的先王一定会知道，他便要撤除你们的先祖先父在上天侍奉先王的职役。你们的先祖先父受了你们的牵累，就要弃绝你们，不救你们的死罪了！如果你们在位的官吏之中有了乱政的人，贪着财货，不顾大局，你们的先祖先父就要竭力去请求我们的先王，说道："快些定了严厉的刑罚给予我们的子孙吧！"于是先王便大大地降下不祥来了！

唉！现在我的计划决定了，你们对于我所忧虑的事情应当体会，不可漠视了；你们应当个个把自己的心放得中正，跟了我一同打算。倘有不道德的人乱作胡为，不肯恭奉上命，以及作歹为非，劫夺行路的，我就要把他们杀戮了，绝灭了，不使得他们恶劣的种子遗留一个在这个新邑之内。

去吧，去寻安乐的生活吧！现在我要把你们迁过去了，在那边，希望永久安定你们的家！

由这篇《盘庚》里，可以看出那时的思想，是怎样地敬畏祖先、迷信鬼神，并且认为人死以后是和活的一般，有王有臣，也有职务，也能降福降祸。这种思想一直流传了几千年，成为牢不可破的迷信。

当时经了盘庚这般劝告，这些贵族和人民才没有办法，勉强跟了盘庚搬到新都。盘庚建了俭朴的宫室，一切用度都极力节省。那些贵族觉得没有以前舒服，不免又口出怨言，盘庚又作了两篇《盘庚》来劝告他们，要刻苦勤俭，度过困难。大家才渐渐安定下来，商又治理得很兴旺。

又传了三代，到了武丁。武丁做世子的时候，他父王小乙希望他多和人民接近，可以知道人民的疾苦，便叫他到河边去居住。武丁住在民间，到一个贤人甘盘那里学习。一面留心访求贤才，每日和农夫野老谈论往来。那时商已经享有四百多年天下，贵族享受十分奢华，奴隶农工却十分痛苦，自由农很少，农业奴隶很多，一切劳动操作都是奴隶担任。凡是贫穷的人也可以把儿女卖给人做奴隶，犯了罪的人也要和奴隶一般工作着。武丁访问了许多时间，了解很多民间实际生活，觉得商的政治实在需要大大改革才能振兴。现在的统治贵族都是骄奢淫逸，不顾老百姓的疾苦，反是下层社会里面倒有不少头脑清楚的人，比贵族好得多。他抱了这个观念，更加虚心察访。一日，走到虞山地方，山景十分清幽，涧水淙淙，松风谡谡，一路野花吐艳，娇鸟啼春，武丁不觉心旷神怡，且行且赏。过了几折山径，忽听水声喧豗，抬头一看，上面一条瀑布飞舞而下，好像玉龙一般，跳珠溅玉，顺着涧泻了下去。武丁暗想这个景致太美了，便也沿崖走去。这条涧水却把山路截断，无路可通，只得顺着涧边走。走了一会，忽见前面一簇工人正在崖边用木板修筑山边的道路，武丁仔细一看，这些人都穿着罪人衣服，用一条绳子连结捆着，成了一串，简直和一串螃蟹一般。武丁已在民间多日，知道这种人名叫“胥靡”，是罚做苦工的有罪犯刑的人，但不知为何在这里修筑。便走近前来，向其中的一人动问姓名，那人答说姓傅名说，因为这里山路经常给涧水冲坏，所以年年都要修筑。武丁便和他攀谈起来，由胥靡生活说起，渐渐谈到朝廷政治，应兴应革的计划。傅说一一剖陈原委，了如指掌，全国利弊，无不通晓。武丁听了，心中大惊，暗想此人有如此才能识见，却埋没在胥靡中间，多么可惜！有心请他帮助治国，又怕贵族大臣不服，只好将来慢慢设计。谈够多时，便分别回去。

过了几时，小乙崩逝，武丁接了帝位。按照商代习惯，应该为小乙服丧三年。这三年期间的政事都由最大的臣子叫作冢宰的管理，天子是不做事的，这种服丧期间叫作“谅阴”。武丁在谅阴三年内什么话也不说，大家以为他是因为已经有冢宰管事，所以不必说话。不料三年已满，武丁还是不说话。群臣觉得奇异，就请求武丁说话。他们说：“天子是给万国做主的，要做百官的模范，说出话来就是命令。要是不说话，群臣没有办法可以接受命令。所以天子是必须说话的。”武丁说：“我感觉到自己太不配做四方的君主，担不起这么大的责任，所以不敢说话，静默地考虑。昨夜我做了一个梦，梦见了天帝。天帝叫我不必担心，赐我一个贤相，他可以替我说话，替我发号施令。”群臣连忙叩问贤相姓名状貌。武丁说：“姓名倒不知道，只记得梦中的模样。”便画了一张图，叫臣下拿去访问，有没有这样面貌的人。臣下果然拿着挨门挨户查问，那些贵族、富家、大臣、小吏，哪一个不希望面貌和画里相合？无奈那张画的人像状貌偏偏很特别，查遍了商都，竟没有一个人和他相似，只得在野外边邑各处查寻。查了许多时间，查到虞山脚下，傅说正和一班伙伴在岩上流着汗筑着山路。拿画的小臣看见岩上有人，便上来查对，想不到竟然和傅说容貌一般无二。一时又惊又喜，喜的是，果然找到这般模样的人，可见上天示梦，真有能人来辅佐商朝；惊的是，这个应梦贤相却是一个胥靡。便立刻回报武丁，武丁毫不犹豫地说：“既然是上帝赐的贤相，便应当备了厚礼，聘请前来，立刻任他为相。”群臣因为这是武丁第一个命令，又是天帝赐的贤相，怎敢不遵？登时车马喧腾，把傅说由虞山接来做了相。后来那座岩就名为“傅岩”。岩畔有个窟室，据说傅说曾在里面住过，名为“圣人窟”。

武丁得了傅说，一切政事都和傅说商议办理。傅说出身胥靡，自然懂得被压迫人民的痛苦。在那时社会中，还谈不到什么重大改革，不过总比从前贵族只知有己，不知有人的好得多了。所以傅说为相时候，商国号称人治。武丁又请甘盘襄助治理，把从前腐败政治一一改变，然后预备向外发展。

商朝是信鬼的，祭起祖先来，典礼也十分隆重，祭的种类也极多。武丁既在王位，自然按照老例祭祀祖先。上世许多有功的帝王，如，发明牛车的王亥曾经振兴商国，攻灭有易的上甲微曾经大廓土宇，都特别加祭许多牛羊。其他各祖先，也都一概尊称为王。尤其成汤灭夏称尊，祭起来更加繁重。这日，武丁依照古礼卜日祭祀成汤，由武丁长子祖己先期斋戒沐浴，充作尸。那时认为凡尸和参加祭礼的人都应该单独住在安静房子里，不见杂宾，不食辛辣的蒜薤，或三日，或七日，保持清洁，才可以和神接触。这种礼节叫作“斋戒”。斋戒到期，方才举行祭礼。在成汤庙里，摆起精美的簠簋豆笾，尊彝鼎俎。陶制的鬲、甗、盂、罍都涂上光滑细致的釉，画上美丽的彩纹。角制的觥、觚、觯、斝也都刻上精巧玲珑的花纹，磨得莹亮可鉴。还有青铜铸的器具，那更是商代特具的专门技术。像长几一般的蝉纹俎，刻上饕餮花样、龟甲鱼鳞花纹的盘，双凤对舞的卣，蕉叶饕餮纹的觚，雷纹乳状的瓿，光泽神采，巧丽绝伦。这些礼器里都盛满了各种美酒佳肴，香气扑鼻。阶下歌舞音乐，整整齐齐地按班肃立。只等商王到庙，便开始奏乐行礼。这种祭祖的音乐都有一定的规范。现在《诗经》里面还保存着一篇《那》，就是商祭成汤时候所唱的乐歌。由这首诗中，我们还可以看见商代祭祖的美富礼容。它说：

猗与那与！（好伟大呵！又钜丽呵！）
置我鞉鼓。（摆起我们的小鼓和大鼓。）
奏鼓简简，（鼓的声音和美又洪亮，）
衎我烈祖。（娱乐我们壮烈的先祖。）
汤孙奏假，（汤的子孙奏起升堂的音乐，）
绥我思成。（全心全意地思想我祖的笑语。）
鞉鼓渊渊，（渊渊和美的鼓声，）
嘒嘒管声。（嘒嘒清脆的管声口。）
既和且平，（既和乐又安平，）

依我磬声。（配合着泠泠的磬声。）
於赫汤孙！（伟大煊赫的成汤子孙！）
穆穆厥声。（庄严美丽的音乐声音。）
庸鼓有斁，（钟鼓铿锵的隆盛地奏着，）
万舞有奕。（执着干的万舞娴熟地舞着，）
我有嘉客，（许多助祭诸侯是我们的贵客，）
亦不夷怿。（也都十分的欢乐喜悦。）
自古在昔，（自古以来，）
先民有作。（就有了助祭。）
温恭朝夕，（早上晚上都温和恭敬的，）
执事有恪。（执行着祭祀的礼节。）
顾予烝尝，（记念着我们年年按时举行的祭典，）
汤孙之将。（都来帮助成汤的子孙。）

这里不但有铿锵的音乐，还有美妙的万舞，“万”是一种舞的专名。此外还有嘉客，就是唐尧、虞舜和夏禹的后代子孙以及前来助祭的诸侯们。可以想到这种典礼是怎样隆重了。并且祭的第二天，按例还有举行一次祭的，叫作“肜祭”。

在这样庄严的典礼里，武丁恭敬地穿戴冕服，端肃行礼。忽然有一只不知由哪里飞来的雉竟然飞进庙来，扑扑翅膀，飞上鼎的上面，站在鼎的耳上，引颈长鸣。这一下把全庙执事人员吓得面无人色。武丁也大惊起来，只得勉强镇定，行完祭礼。心中忐忑不宁，相信这一定是成汤在天之灵有什么事情发怒，前来给了的警告。有个臣下，名唤祖己（这是另一个祖己，不是武丁的儿子），便劝告武丁要修德敬民，不可在祭祖时候，有厚有薄，以免灾祸。原来武丁祭祀自己父王小乙常常多加些祭品，所以祖己劝谏。这也可见那时的迷信程度。

武丁接受祖己的劝谏，事事小心谨慎，政治更加清明，同时整顿军备。那时商的军器十分完备，并且把铸造军器的冶炼青铜的厂就设在商都，日夜打造各式戈、矛、刀、箭，越铸越精，一切工作都是具有熟练技巧的工匠分工合作地仔细打磨。他们先选取含铜矿砂，精炼出铜，再加入适宜分量的锡，铸出铜簸，细细再加修饰。这许多过程的冶炼方法十分精熟。所用的熔铜家具，最大的一次可以炼出二三千斤铜。这么大的一个厂，每日所出的军器自然用之不尽。同时商人又禁止各方诸侯持有兵器，这些青铜戈矛自然不会流传给他们，只是商独自包办。那些侯国除了自己原有石枪石斧外，只能零零碎碎地弄些铜器，略略点缀，哪能和军装充足的商相比?

武丁既然定了向外发展的计划，便动员了许多军队，配合各方面，由武丁亲自率领，先向羌（大约甘肃省、青海省地方）进攻。羌人本是西方勇猛的国，其军器武备不如商，战了几阵，只得认输。武丁便俘虏了很多羌人来做奴隶，并限羌国纳贡许多美女、奴隶、谷物、土田。羌既然打败，只得一一遵命，武丁便奏凯回来。

这次出征，得了许多奴隶财宝，更充实了商都。许多从征贵族也个个得了好处，大家都欢欣鼓舞，大开宴贺酒席。商人本来嗜酒，兴盛多年，经过许多贪杯的君主贵族提倡，更加以酒为命。人人痛饮，如同喝水一般的平常。这时酒器食具也都十分精美，有的铜铸，有的陶烧，都在上面刻着美丽精致的龙凤雷云各种花纹，铸着鸟身兽足的美妙图样，盛着醇美的酒和各种烹调的牛羊鱼鳖。奏着各种音乐，尽量欢乐享用。家家都蓄有供服役的奴隶，川流不息地在伺候。女奴便穿了丝绣衣服，粉白黛绿，歌舞侑酒。住的房子当然也是高楼大厦，朱户纱窗。雕镂的柱础，髹漆的梁栋。真是家家弦管，户户笙歌。只苦了被俘来的奴隶，沉沦黑暗，和泪吞声。除了终身服役，随时有被杀可能外，还得准备着被主人当作货物买卖。从此，他们便和商原有的奴隶一同过着悲惨的生活。

休息了几时，商依然准备着再来一次战争。在这休息期间，因为怕战士武技荒疏的缘故，便常常举行狩猎。在狩猎之先，由卜人卜得吉兆。武丁亲自率领大队勇敢的武士、善射的射手，驾起猎车，金戈玉剑，宝马雕鞍，到山野去打猎。勇敢的武士预先设下陷阱，张起网罟，来捕捉野兽，或是沿用焚林方法，举起火来，把野兽烧得满山乱窜。许多射手各逞才能，万箭齐发，纷纷攒射。羌奴便徒步飞奔去捕捉已经受伤的猛兽。这时候，箭镞都是铜制，尖利非常，射技又是人人必习，从小就训练起的，所以每次打猎，所得鸟兽极多，尤其是鹿、狼和鸟类这些禽兽，都是滋味很可口的食物。鹿皮、狼皮还可以做裘来穿，角和骨又可雕琢器具。因此狩猎一次，无异于打一个小胜仗，也同样得到许多战利品，所以商朝帝王没有一个不喜欢狩猎的。武丁天生勇力，性情刚烈，又决心要以武力振兴中衰的国运，自然更加勤于狩猎，用以锻炼将士体力和武技。时时还要下令去属国征求勇敢的射手和御人，一半补充自己的军队，一半也削弱属国的力量。

过了几时，武丁又下令去伐土方（大约在今包头一带）。那时，商的国土很大，自从汤灭夏以后，就把土地分派给自己的臣仆，命他管理，每年纳进贡物，好像后世的地方官吏一般。武丁时候，因为姬妾很多，儿子也很多，他常常派儿子去镇守边地。现在出兵，就下令派儿子去打。打了几时，有胜有败。西方的鬼方（大约现在陕西地方）趁这个机会又来骚扰，也把商地人民俘虏去，武丁只得自己亲自出马去伐鬼方。鬼方是十分强盛的国，兵器也相当厉害，因为他在西边，自己也开采铜矿，打造兵器，不服商的统治。所以武丁攻打鬼方，相当艰难。又加山地崎岖，车战也不十分便当。接连交战了许多次，调动了无数军队，军队不足的时候，还征发了许多小国的兵来参加战争。这样费了九牛二虎之力，才把鬼方打得大败，逃往西方去了。这次武丁和鬼方的战争一直绵延了三年，方才打胜，算得一件极大的战事，武丁的威名更加显赫。

不久，武丁又把邻近的蜀方（现在四川）打败。蜀方进贡了许多货物，又和羌一同来朝。武丁也征发蜀方许多射手、奴隶来充实军队。

这时，武丁国威大振，各国诸侯，无不年年进贡，岁岁来朝，商都殷更加丰富起来。因为国都在殷地，所以后人也称商为殷。

武丁统治下的殷商，国势光辉灿烂，如日初升，可算十分满足了。但是这种兴盛乃是建立在奴隶制度上的。虽然开着富丽鲜艳的花，却是无数奴隶和属国人民的血泪汗珠所浇灌来的。因此，黑暗中间，不知有多少哀号惨哭的人们。便是统治阶级本身，也免不了要自食其果。

却说武丁正后，性情贤淑，生有一子，名唤祖己，自小生性纯孝，服侍父母，不离左右。不幸正后得病，祖己日夜服侍汤药，一夜总要起来四五次，十分尽心，因此人称他作“孝己”。后来正后病亡，武丁又续娶一后，生了祖庚，过了几年，继后也得病而亡。这时，武丁在位多年，收纳各方进贡的美女歌姬不计其数，身边姬妾不下数十人，姬妾所生的儿子也有几十个之多。内政无人管理，十分不便，只得又续娶了第三个王后。这位王后姿容美丽，性格聪明，极得武丁的宠爱。不久，她也生了一个儿子，取名祖甲。王后既然得宠，便设法在武丁派姬妾所生的儿子去镇守边地的时候，撺掇他们带了生母同去。这样，武丁身边的宠姬便减少了许多，无人和她争宠。但是武丁春秋已高，将来传位，按照商家惯例，必须传与王后最大的儿子。姬妾儿子虽多，并无承继王位的权利。在武丁三个王后的儿子中，以祖己为最长，得继王位的自然是他。除非祖己身死，才能传到祖庚、祖甲。虽然商家制度，兄终弟及，将来祖己、祖庚死后，祖甲也能得到王位，究竟不能有十分把握。她心中为了这件事，好生烦恼。武丁又是一个英明君主，不能求他破除旧例，改变传位次序。她只有暗中设法陷害祖己，便想尽各种方法，在武丁面前，日夜谗谮。一日，武丁偶然患病，王后带了祖甲在武丁左右奔走服侍，极意殷勤。一面却瞒着祖己，不让他知道。祖己前来请安，王后命侍女拦住不让进去，说是：“王今天不要见你。”祖己知道武丁一向听信后母谮言，不大怜爱自己，不敢违命进入，便问了安好，回宫去了。武丁躺在床上，吩咐侍女去叫巫占卜，看是触犯了什么鬼神。侍女奉命出去。武丁叹了一口气说：“我得了病，祖己怎么也不来请安？可命侍女去叫他来。”王后嗫嚅了一会说：“刚才世子倒是来了，妾不敢让他进来。”武丁诧异说：“为什么？”王后说：“妾不敢说。”武丁更加奇怪说：“这就奇了！你尽管说来，我不会告诉他的。”王后说：“世子来的时候，侍女告诉他说：‘王今天身上不快。’还没有说完，世子便面露笑容，好像十分高兴的样子。妾刚好迎了出去，看见世子这般神气，恐怕我王病中看见，增添烦恼，只得托辞我王已睡，叫世子不必进来。”话还未说完，武丁已经勃然大怒，说：“这种不孝儿子，巴不得我死了，好做帝王。你叫人喊他来，我要问他！”王后连忙阻住说：“我王切不可把这话去对世子说。现在有王做主，世子自然不敢怎样。一旦世子为王，那时妾和祖甲就死无葬身之地了。我王若怜妾母子无罪，千万不可责问世子。”说着便娇啼起来。武丁虽是英主，到底老夫少妻有点溺爱不明，一向受她的谗谮，觉得祖己是个不孝儿子，病中性格暴躁，更不能多加考虑，便说：“你不必多言，我自有办法。”便催侍女出去传唤祖己。祖己闻召，连忙前来，刚到门外，王后已经站在那里，唤住祖己说：“王今天病里的性格特别急躁，世子必须留心。刚才我因为忧愁流泪，王大发雷霆，说我不懂忌讳，在王病的时候，做出这样愁眉苦脸，分明诅咒王病不吉。王现在春秋老迈，诸事多所忌讳。世子务必留心，不可触怒。”祖己连忙答应，跟了王后进来。武丁一看祖己，行动自然，并无忧愁模样，不觉大怒，便说：“我知道我这病不会好了，你这样地希望我死。”祖己以为武丁看出自己脸上愁容，所以动怒，急急强赔笑脸说：“臣儿怎敢？”武丁看见祖己公然露出笑容，更加相信王后的话，气得拍着床沿，正要发话大骂，猛然一想起王后和祖甲将来的安危，和刚才王后的话，便强按怒气，一言不发。正好侍女进来启奏：“卜人已经卜出，我王今天欠安，乃是第一位王后为祟。”武丁听了，更加火上添油，冷笑一声说：“好！……”说到这里，又咽住不说，回顾祖己说：“你可去准备祭礼，去祭王后。”祖己诺诺答应，看见武丁面色不善，不敢多言，便退了出来。

武丁这时受惑已深，认为祖己对王位垂涎，巴不得自己早死，更相信祖己将来为王，必定会杀害祖甲母子，因此觉得必须把祖己逐去。但是父子天性，未免不忍，又想不出两全的办法。

过了两天，武丁病还未痊，祖己捧了胙肉进来，奏说已经奉命祭了王妣，现在将胙肉呈上。武丁不愿和他多言，便点点头，命王后将胙肉收起，热了来吃。祖己看见武丁今天尚没有动气模样，心中暗喜，便在旁边侍立。不多时，侍女捧了胙肉进来。王后亲奉匕筯，先夹了一块给侍女尝食。原来那时统治阶级因为压迫人民，常常恐怕人下毒，所以每次饮食，必须先叫奴隶自己先吃一点，叫作“尝食”，尝食之后，没有出毛病，才敢饮食。这时侍女照例吃了一块胙肉，登时颜色惨变，腹痛如绞，两手捧着肚子，满地打滚。王后大惊失色，祖己也手足无措。不消一刻，侍女便即七窍流血，一命呜呼。王后便伏在床侧大哭起来。祖己吓得浑身哆嗦，不知如何是好。武丁已经踢开锦被，翻身坐起，指着祖己说：“我已经立你为世子，你还有什么不足意，要这样地算计我。你自己去打算。我和你父子之情，今天完结。”说着喘得气都接不上来。王后连忙上前扶住，一面哭着说：“我王不要这样说。妾母子将来还能活吗？”武丁一面喘，一面说：“我不能再要这样的儿子。我不忍杀你，你去好了。”说着气喘吁吁地躺下。王后便替他盖上锦被，回身一看，祖己已经走了，便柔声下气地假意劝了武丁几句。武丁说：“这样的儿子，我决定不要。你不必说了。”王后心中暗喜，唯恐武丁事过境迁，又对祖己怜爱起来，便在旁随时留意。一面吩咐把毒死的侍女拖出埋葬，又派人暗暗去侦察祖己的行动。

祖己由武丁宫里走了出来，脑筋昏乱，恍惚像做梦一般，再不相信世上有这样奇怪的事情。信步走到街上，给风一吹，似乎稍稍清醒一些。想起今天的事情，一定是继母的毒计，但是父王如此大怒，此刻实在无法分辩。假使我说是继母下毒，父王更加不会相信。只有逃走野外，静待父王将来或有醒悟之日。想定了，大哭一场，离了商都，到野外去了。

祖己本是一个世子，一向生活得很舒服，现在孤身只影流落旷野，衣食渐渐不周，再加心中冤抑，时时呼天号泣，慢慢就形容憔悴，面目枯槁。人民见他这样，没有一个不哀怜他，但是谁也无法把他的冤屈奏上武丁，只是背地不平。这时候甘盘、傅说都早已去世，也没有臣下替他进言。过了几时，祖己终于经不起心中的悲愁冤苦和外面的风霜雾露，一病不起，死在旷野。后人因为他实在是很孝顺的，依然称他孝己。

武丁病愈之后，因为孝己已去，要想另立世子。按他内心，自然子以母爱，想立祖甲，无奈祖庚是兄，于理不能越过，便无形中把世子一事搁下了。过了几年，孝己已死，这时武丁年岁更老了，便又想起这事。祖庚深知孝己完全因为做了世子，送了性命，极力谦让不受，因此王后心中不十分忌他。武丁因为祖庚谦让，很想就此立祖甲为世子，不过在习惯方面，仍然不大说得过去，不免心中犹豫。不料祖甲得知父母都想立他为世子，心中大大不以为然。他知道孝己抱屈含冤，都为了王后要替他图谋王位的缘故，现在他若越过哥哥祖庚，心中当然不安；若不肯越过祖庚，王后不免又要设计谋害祖庚性命。想来想去，只有逃走一法，便进宫朝见王后，把自己不愿做世子的意思说出，苦劝母后要慈爱祖庚，并说自己不久即要远行，也许不再回来，请王后把祖庚当作亲生子，将来承继王位。王后听说祖甲要离她远去，心中大惊，忙极口挽留，啼泣不止，并且发誓决不谋害祖庚，希望用母子之爱来感动祖甲。祖甲知道自己倘若在旁，王位决不能落到祖庚头上，便含糊答应，出了宫后，收拾行装，逃走了。

祖甲逃后，武丁的嫡子只剩祖庚一人，自然也就不用争夺了。这时，商又继续用兵，灭了邻近最强的大彭（山东徐州①）、豕韦，保持了极盛的武功。过了几年，武丁崩逝。武丁在位五十九年，算是商代最盛的时代。群臣按照丧礼，隆重安葬，拥立祖庚为王。因为武丁功德极盛，便上了庙号，称为高宗。现在还有《玄鸟》一篇诗歌，是商代祭高宗的乐，可以看见那时人们对于武丁是怎样地敬畏了。它说：

天命玄鸟，（上天命令燕子，）
降而生商，（降下地来生了商的祖先——契，）
宅殷土芒芒。（住在广大的殷地。）
古帝命武汤，（上天命令成汤，）
正域彼四方。（命他做四方各国的君长。）
方命厥后，（又普遍告诉各国，）
奄有九有。（命他们都归向成汤。）
商之先后，（商的祖先许多王，）
受命不殆，（服从了天的命令没有一点危险，）
在武丁孙子。（传到了武丁。）
武丁孙子，（武丁遵行了先祖的神武威烈，）
武王靡不胜。（没有一件负担不起的事情。）
龙旂十乘，（有许多诸侯们建着龙旂的十辆车，）
大糦是承。（都来奉献巨大的黍稷。）
邦畿千里，（因为武丁使国内千里的地方，）
维民所止，（人民都栖止得十分安乐，）
肇域彼四海。（又开始推广到四方。）

---

① 今江苏省徐州市。

四海来假，（四方的诸侯都来朝贺，）

来假祁祁。（来朝的诸侯们多得数不清。）

景员维河。（都说商王的德政和河水一般普遍均匀。）

殷受命咸宜，（殷商受了天命是这样的一切举动都合宜，）

百禄是何。（所以应当享受成百成千的福禄。）

原来那时有一种传说：商的祖先契的母亲名叫简狄，是有娀氏的女儿，她看见燕鸟飞过，觉得很可爱，便把它扑了下来，放在筐里，把它盖了起来。过了一会，开起来看，燕子趁这机会飞去，筐里只留下一个燕卵。简狄爱它圆润，把它含在口中，无意中咽了下去，后来就生了契。所以这诗说："天命玄鸟，降而生商。"这种传说，古时候很流行，并且还说，商因为是燕子所生的子孙所以姓子。但是按现代眼光来看，这不过是母系时代，儿女还不知父亲是谁，所以传下了这样的神话。

祖庚接位时代，因为承高宗武丁极盛之后，四方献贡，远近平安，不过危机已经暗伏，还未发作罢了。到了祖庚崩逝，祖甲回来接了王位。他自小本是王后爱子，享用十分舒服，溺爱已惯，不能勤俭，虽然后来让位逃走，却和孝己不同，并不曾缺少受用。现在又回来做了商王，自然不免骄奢豪侈，恣意享乐。各属国受武丁压迫多年，渐渐又不来朝贡，祖甲却没有武丁英武，无法控制他们，商便渐渐衰弱了下来。国内臣下贵族也都奢侈贪污，纪纲废弛。祖甲只得将成汤所定刑法修整一下，作了《汤刑》，希望振刷耳目。刑法越严，人心越离，商便一蹶不振。后来到了武乙，他感到国内巫卜势力太大，动不动就假借天意胁制商王行动，十分不自由，便故意想出种种方法来打破神权的迷信。他命工匠雕了一个木偶，状貌威严，冠服齐整，称为天神。武乙设下博局，和天神赌博。天神是木雕的，自然不会博，便由武乙派一个臣下替他博。博了一局，臣下只怕武乙动怒，步步退让，结果当然是输。武乙便推局大笑，说："你既然是天神，为何输给我？这样无灵，还配称尊？"便喝左右把天神衣冠剥下，痛打一顿。又命缝了一个皮革的口袋，盛了一袋兽血，挂在高高树上，拿起弓箭来射。皮袋射破一洞，血水像下雨一般狂喷。武乙便掷弓大笑说："我今日把天射了一个窟窿！"左右齐呼万岁。

武乙这种表示是存心要打破巫权，不再受巫卜的控制。从此巫权渐渐斗不过王权，没落了下去。这些巫力量不敌，内心总是怀恨的。后来武乙到黄河渭水中间打猎，不幸崩逝。巫们便说他是因为不敬天神，被暴雷震死的。

这边，神权和王权正在明争暗斗的时候，国内奴隶和贵族的敌对情绪也更加强烈。奴隶受不了虐待，死亡了许多；平民也因为官吏贪污渐渐沦为奴隶；贵族又因为各国贡献日减，奴隶数目短少，而感到困穷。商的国运便日趋于没落。

那边西方的周却如日之升，一天一天兴盛起来。周本是舜时周弃的后代，姬姓。据古时传说，弃的母亲姜嫄是有邰氏（在今陕西省武功县）的女儿。有一天，姜嫄偶然到野外游玩，看见地上有一个奇怪的大足印，她好奇地把脚踏在上面，看它究竟比自己的脚大多少，回来以后，便觉得身上有点不自在，过了几个月，就生下一个孩子。她觉得这孩子来历不明，便把他抛弃在小巷口边，却有牛羊喂他奶吃。姜嫄更觉奇异，再把他抛在丛林里面。恰好有人去丛林砍柴，看见这个孩子，反把他捡了回来。姜嫄索性把他抛在寒冷的冰上面，以为这下子必定冻死无疑了。过了一天，姜嫄去看，却见一只大鸟把翅膀垫在小孩下面，偎着他。那鸟看见有人来，呼的一声飞去了。小孩也呱呱地哭了起来。姜嫄看见这情形，心里不忍，便把他抱了回来。因为这本是打算抛弃的孩子，所以取名为弃。弃小的时候便喜欢种植麻和豆，长大便喜欢耕种农田，所种之物因为犁锄得宜，收成特别丰盛，许多人都学他的方法。尧听见了，便命他做农师，舜命他为稷，帮助禹治水，教民耕种，有功。传到公刘，能修稷的耕种方法，在渭水附近，复兴祖业，许多人民都来归附他。

又传了十代到了古公亶父，周渐渐兴盛，此时正值商武乙时代。古公勤农爱民，所种田地收成丰美。邻近的薰育族垂涎他的田土，便来攻伐，古公自忖目前自己的力量还抵敌不过，便搜索财物皮币，向他求和。薰育收了又来攻伐，古公又搜索珠玉美女，献与薰育。薰育也收了，却又来攻伐。古公明知薰育的真正目的，是要占他这块地方。原来那时地大人稀，没有开辟过的地方很多，但总得费人力去开辟，古公这块田地却是已经垦了多年的熟地，所以薰育必要占去。

古公估量自己实力，万万不是薰育对手，要是立即和他开战，只有白白牺牲，还不如搬去别地，重新开垦，把熟地暂时让给他，等到将来力量充足，再打算收复，便对人民说：“薰育这样侵略，无非是要我的土地，我不能因为土地的缘故和他战争，杀害人民。我还是离开这里，你们属薰育和属我是一样的。”便带了自己一家离开了邠（陕西省邠县①）。人民看见古公不肯为了自己的利益牺牲人民，大家都说：这才是仁厚的人，我们应当跟他。登时全邠男男女女扶老携幼都跟着古公搬到了岐山（在陕西省岐山县），重新开垦荒地，营建宫室城郭，成了一个国家。附近人民闻得古公仁厚，都来归附。周比在邠的时候更加强大。

古公娶妻姜氏，生有三子，长名太伯，次名仲雍，最小的名季历。季历生子名昌，聪明过人，古公心中十分钟爱，常常说：“我的后世应当由昌兴旺。”太伯、仲雍听见古公这般言语，知道古公爱昌，要想传位季历，将来由季历传给昌。二人便在古公抱病时候，托辞出外采药，兄弟相偕，逃往吴地（江苏省无锡县②）。那时，吴地人民还未开化，入水捕捉鱼鳖为食，恐怕蛟龙为害，都在身上刺了许多花纹，叫作“文身”，又把头发剪断，以便游泳。太伯、仲

① 今咸阳市彬县。
② 今无锡市。

雍逃到吴，吴人尊他为君。太伯、仲雍便也依照吴的风俗，断发文身，以绝回国之意。古公病殁，国人寻到吴地，要请太伯、仲雍回去，他兄弟指着身上刺纹、头上短发说："我们这般模样，怎能回国为君？"国人无奈，只得回去拥立季历为君。后来太伯病殁，仲雍继位，称为虞仲，子孙世世为君于吴，此是后话。

且说季历即位，正值商政衰微时候。季历招抚流亡人民，开垦荒地，土地越辟越大。沿用古公政策，凡来开辟荒地的人民，只须每年收成时候，交纳十分之一的稻麦，其余一概归农人自己享用，不再干涉他的一切。这种办法，比起商的终年役使人民工作，自然宽大得多。由是，各地游民无业的都归季历，国势蒸蒸日上。

季历整顿国政，修制军器，那时商虽禁止各国藏蓄铜铸兵器，却因国势已衰，政令不行。周自公刘迁岐，传说已经学到采铁锻铁的方法，造了不少农器，因而农业大兴。现在也铸造兵器，练习战法，渐渐吞并邻国。为了不妨碍农业起见，每次用兵，总是选择冬天农隙时候。攻灭了程国（在陕西省咸阳市），得了许多战利品；又率兵去打义渠（在宁夏固原县①），把义渠的君捉了来，俘回周去。这时候，武乙还在，季历便朝见商王，武乙赐他地三十里，美玉十双，良马十匹。季历回国，更是修整武备，攻讨西方邻近戎狄，国土益加扩张，成了一个强大的国。

武乙崩后，文丁继立为王，看见商政日衰，有心整顿，无奈积弊难除。这边周越来越强，一连战胜许多戎狄，文丁心中暗暗疑忌，却不便说出。最后一次，季历打败了西方最强的翳徒之戎，俘获了三个勇将。季历亲来献捷，将所获军器、俘虏贡上文丁。文丁只得装作大悦的模样，赐予季历圭瓒秬鬯。那圭瓒乃是用玉雕成的祭时盛酒之器，秬鬯乃是香草和黑黍酿成的美酒，可以祭神

① 今宁夏回族自治区固原市。

用的。这是当时最贵重的赏赐。又以九命命季历为伯。当时官制，一命好比一级，由一命一直加到最尊的九命为止。伯是诸侯之长，也是最尊的爵，所以算是九命。这个地位比起商王只差一点，可算是一人之下，万人之上。

季历受了封赏，拜舞谢恩。文丁又留他宴享，恩礼优渥，一连过了数日。季历便要请辞回国，文丁也不强留，点头允许。季历回到住所，正要起行，忽然住所被一彪兵马围住，为首一人手捧文丁旨意，宣言："周侯季历应羁留塞库，不得回国，其余人等，一概免究。"登时将季历拥出住所，把随来人众尽数驱逐出境。

从人逃回周国，报上世子昌，世子昌一闻季历被执，忙召齐群臣商议营救之策。大家都是出于不意，束手无计，只得暂推世子昌摄政，一面搜求宝货美女，派人到商谢罪，请求放季历回国。周国本来不穷，又在屡战屡胜之后，珍宝美女俘来甚多，打点礼品十分丰富，火速赶到商都，献给文丁。满拟季历有功无罪，文丁见了许多礼物，必定怒解。谁知文丁并非贪财好色的昏主，他幽囚季历乃是怕季历势力太强，并不是因为季历有罪。现在既已囚了，擒虎容易，纵虎艰难，岂肯放他回去，留下祸根？一任周使者怎样莲花妙舌，都无丝毫用处。季历被囚在塞库，又气又愤。经过许多时间，知道文丁没有释放他的意思，起居饮食当然也不像在国内那么舒服，渐渐地抱病不起，困顿而亡。

周接到季历凶讯，世子昌继位称侯。昌因为父亲季历被商囚死，更加尽心国政，励精求治，每日办理政事，接见贤士，忙到日中，还不暇进食，因此各处贤才多来周国。国势比季历在时更加强盛。这时文丁已崩，帝乙继位，看见周日益强大，深怕昌因为季历的事情记恨，便极力拉拢，许将帝乙胞妹嫁昌为妻。周国虽然很强，究竟僻在西方，文物简单，没有商代雄踞中原几百年的繁华。这次婚礼极尽铺张，在渭水搭了浮梁，迎娶帝乙的妹子。后来周得天下，追尊昌为文王，作乐歌诗赞美这次婚事，说：

天监在下，（上天监视地下的人，）
有命既集。（选定了文王做天的儿子。）
文王初载，（文王刚刚明白事体，）
天作之合。（天就给他配合个好妻子。）
在洽之阳，（在洽水的南方，）
在渭之涘。（在渭水的旁边。）
文王嘉止，（文王知道有位贤明的女子，）
大邦有子。（是大国的女儿。）
大邦有子，（是大国的女儿，）
伣天之妹。（是天的妹子。）
文定厥祥，（聘定了吉祥的喜事，）
亲迎于渭。（文王就亲身去渭水相迎，）
造舟为梁，（把船连接起来做了浮桥，）
不显其光。（这难道还不显耀还不光荣？）

这首诗一直被后人沿用着，作为婚礼的赞美词句。像“天作之合”四字，就常常被用作贺人结婚的口语，新郎迎接新娘叫作“亲迎”，定婚叫作“文定”，也都是引用这首诗里面的话。后来帝乙妹子到了周国，因病而亡。昌又把莘国的女儿扶为继室，称为太姒。据说她十分贤德，并且美貌多才。周人又作诗来赞美她。这首诗也普遍地流传着，成了《诗经》的第一篇，名为“关雎”，它说：

关关雎鸠，（雎鸠和乐的声音，）
在河之洲。（在河的洲上响着。）
窈窕淑女，（幽娴贞静的好女子，）

君子好逑。（是君子的好配偶。）

参差荇菜，（参差不齐的荇菜，）

左右流之。（左边右边地去寻求它。）（用来祭祖先）

窈窕淑女，（幽娴贞静的好女子，）

寤寐求之；（醒着睡着都在追求她；）

求之不得，（追求她，追求不到，）

寤寐思服。（醒着睡着都在想她。）

悠哉！悠哉！（想呵想呵！）

辗转反侧。（翻来覆去地睡也睡不着。）

参差荇菜，（参差不齐的荇菜，）

左右采之。（左边右边地去采摘它。）

窈窕淑女，（幽娴贞静的好女子，）

琴瑟友之。（弹起琴瑟来和她做朋友。）

参差荇菜，（参差不齐的荇菜，）

左右芼之。（左边右边地去拣择它。）

窈窕淑女，（幽娴贞静的好女子，）

钟鼓乐之。（打起钟鼓来让她快乐。）

由这几首诗，可以看出周人对这段婚姻的重视了。本来古时两国中间，通婚是文化交流的一种途径，周和商通婚以后，文化更加进步，骎骎和商并驾齐驱了。帝乙为了进一步联络感情，便任命昌为西伯，意思就是西方诸侯之长，地位在普通诸侯之上，双方往来得很是亲密。正是：干戈玉帛寻常事，婚媾仇雠顷刻间。

第五回

商纣蒐黎　东夷始叛
召公听讼　南国兴歌

商帝乙和周通婚以后，西方稍为安定，便有一二不贡不服的国，也常常命周去替商讨伐。周既然做了西伯，自然职所当为。只是西伯昌知道商对各地诸侯欺压过度，他自己却不愿用武力压迫，总是宽大对待。这样，西方各国对周都产生了好感，同时心里对商也更加不服。

帝乙在位数年，王后还没有生育。姬妾虽然生有几个儿子，按那时习惯，都算是庶子，不能立作世子。其中年龄最长的儿子名启，贤明孝友，帝乙心中甚是喜爱，屡次要想立他做世子，只为他不是王后所生，和定例不合，以此耽搁下来。过了几年，王后病亡，帝乙便把启的生母扶立为后。不多几时，这位新王后又生一子，取名为受，帝乙更加欢喜。他便召集群臣和太史，商量立长子启为世子。那太史是执掌朝廷大事记录的官，所有政事都记了保存下来，现在听见帝乙要立启为世子，便极力谏止，说："启和受虽然同是王后所生，但是启生的时候生母还是个姬妾，所以启只能算作庶子。受生的时候，生母已立为王后，所以受是名正言顺的嫡子。王后已经有嫡子，不能立姬妾的儿子。"帝乙说："启也是王后所生，又是长子，有何不可？"太史说："启已为庶子多年，名分已定。有嫡子，不能立庶子。有妻的子，不能立妾的子。定例如此，不可紊乱。我们商朝历代帝王都没有传给庶子的，岂可由我王开此夺嫡的例？臣职掌记事，无法下笔！"他再三力争。帝乙无奈，只得把立启的想法打消，立受为世子，封启在微（山西潞城县[①]东北）的地方，为子爵，世称微子。

① 今潞城市。

帝乙死后，受继立为王，称为帝辛，后人称他为纣。纣聪明过人，灵敏多才，勇力出众，能以空手和猛兽搏斗；并且能说善辩，无论怎样无理的事，都可以说得头头是道，使臣下无法进谏。

那时各国朝贡很少，可是商廷用度已经十分随意，没有节制。贵族富家更是奢靡成风，浪费无度；每日酣饮狂歌，一味享受。政治腐败到了这种程度，自然用度不足，就把这些费用加在人民和属国头上，强要他们供给。弄得人民家家叫苦，有的卖儿鬻女，去充奴隶；有的背井离乡，投向他国。纣看见收入越来越少，便想索性再大大增加各国贡品，以便挥霍，就下个命令，叫各国诸侯都来黎地（山西省黎城县）开会。

黎地紧靠朝歌，纣为了自己方便，所以选了这里。可是纣心里也明白，加了许多贡赋，诸侯未必会乖乖地接受，必须用一点武力来威吓他们。他便点齐了兵马，将历代武装兵器都拿了出来。那时商都打铸铜制兵器的厂，日夜不停地开工打造，铜戈、铜刀、铜斧、铜箭镞，堆积如山，精光锐利，纣都分配给士卒，定期在诸侯大会的时候，在黎地举行阅兵典礼，大大检阅一下，向各国炫耀武力。这种阅兵典礼叫作“大蒐”。

各国诸侯接到开会命令，畏惧纣的势力，不敢不来。一到黎地，只见漫山遍野，戈戟如林，无数兵卒齐齐整整地排列着；雄骏的战马配着鲜明的装饰，金铃玉勒，绣辔珠衔，意气昂昂的，一字儿站住。车上勇士一个个头顶金盔，手提利斧，铜戈宝带，锦甲雕弓，军容十分壮盛。各国诸侯见了这般声势，暗暗胆怯。纣便在大会之后，举行射猎，同时校阅兵马。各将士弓箭精通，武艺娴熟，人人都要在纣的面前争先逞能，真是马不停蹄，箭无虚发。吓得虎豹熊罴满山乱窜。猎了一天，野兽堆积如山，毛血满天，尸骸遍地。生擒活捉的、带箭着枪的，不计其数。纣看见各将士都十分勇敢，非常满意，便传令大犒一番，炙炮了兽肉，赏劳他们，一大车一大车的美酒，巡行分赐。真是肉似山堆，酒如瀑泻，千万个勇士都欢呼畅饮，尽量作乐。

次日，纣便把各国应贡的数目货色，一一开列，宣示各国。各国一听，原来要增加许多贡赋，暗暗叫苦。但是已经到来，又看见过纣的兵威，怎敢不依？只好唯唯遵命。唯有东方海滨夷族各国，本来体格强健，散居各地，当年夏朝时候，曾经用了很多力量方才使他们服从。后来因为夏桀无道，又脱离了夏的支配。现在看见纣把这般繁重的贡赋加在他们身上，如何肯依从？夷人性直，不免显露些不满的言动，一到会终，便都不辞而去。纣一见东夷胆敢不遵，不由大怒，急急命令将士加紧准备。大会一散，便派了勇将去攻讨东夷。自己却回到朝歌，收集各国财赋，作为军费。

这时候，中原象还是很多，纣狩猎时候曾经捉了许多象，命将士把它们豢养起来，训练成一队象阵，预备作攻讨东夷之用。还特别训练了一批奴隶，专门服侍象的。正在布置，接到前方将士战报，胜了几阵，无奈东夷族大人多，东奔西窜，不能彻底消灭，只得驻屯在东方地带，相机剿击。纣无可奈何，便命令他们留在东方驻守。

这样便用了一批军费，当然消耗更大，便尽力催促各国进贡，一面在国内尽量压榨人民。各国诸侯无力抵抗，只得陆续进贡，珠玉宝器，牛羊黍稷，不断地送入。只有一个有苏氏（在河南省济源县[①]西北）因为连年饥荒，久不进贡，纣便整顿军队，亲自率领，克日攻讨。商的军队虽然久已不上战场，但是纣天生勇力，又好射猎，常常带领军队野外田猎，练习武技，器械又十分精良，装备起来，倒也威武猛烈，如虎如貔。一路浩浩荡荡，直抵有苏氏国都。苏侯一闻消息，情知难以抵敌，连忙派人迎上求和，一面搜罗国内奇珍异宝、美女歌姬，押齐送上。纣刚刚到达有苏，苏使者已经赶到。纣召见使者，辕门开启，两排将士雁翅般排列。苏使膝行而进，顿首谢罪，奏言：“有苏国小民贫，连年饥馑，五谷不登，人民衣食不周，贡品无法收集，以致久不进贡。今

① 今济源市。

年正在搜索珍宝，不料天王震怒，兴师来讨。现在谨将应纳贡品送呈，以后年年进贡，绝不敢有误。伏望天王赦罪。”奏罢顿首阶下，双手高举贡品清册。左右接过呈上，纣且不分发，先看册上所载宝器美女相当丰富，暗想：这次出征，即使踏平有苏，也不过得到一批俘虏财宝，还不如留下苏国，限他年年进贡为妙。便把清册搁下，先摆出天子威风，放下面色，责问苏使一番，然后许他求和，限他每年要贡多少物品。苏使怎敢不应？只得诺诺连声，谢恩退出。

纣收了有苏贡品，便即班师回商，将美女宝物都收入宫内，自己享用。其中一个美女乃是有苏氏国内有名的美人，名唤妲己，生得姿容十分秀丽，并且言语巧慧，举止温柔。入宫不久，便得到纣的宠爱。宫里无数美人，纣都视同粪土，只把妲己看得和天上神仙一般，一切衣服器用都要特别珍贵讲究。恰巧有一头象病死，纣便命巧匠将象牙琢成箸，预备给妲己使用。匠人奉命，用心琢镂精巧花纹，造成象牙筷子进呈。捧到宫前，迎面正逢一群退朝的诸侯大臣，衣冠济济，由宫内散出，匠人不敢冲撞，闪在一旁等待。其中一个诸侯是箕国国君箕子，一眼看见，便唤过匠人，问他手上捧的是什么东西。匠人据实禀知。各大臣都拥上观看，有的赞羡象牙皎洁可爱，有的夸奖匠人雕镂精巧，彼此传观，个个称羡。只有箕子默无一言，点头叹息。诸人不解是什么原因，便动问箕子为何叹息。箕子说：“诸位有所不知。大凡由奢入俭难，由俭变奢易。今天造了一双象箸，似乎事情很小，但是象牙的箸一定不会配上土铏瓦器，一定要用犀角雕的碗，或是白玉刻的杯，才能相配。有了象箸玉杯，里面一定不会盛了野菜的羹、菽豆的饭，一定要配上象鼻、豹胎、龙肝、凤髓。有了象鼻豹胎，一定不会穿着粗葛的衣服，住着茅草的蓬门来吃它，一定要穿了锦绣的衣服，坐着九重的彩茵，住着高楼广厦。我怕他将来会有这样的结果，所以看了这奢侈开端的象箸，就不免预先担心了。”大家听了箕子的议论，有的佩服他眼光远大，有的暗笑他忧虑过多。只有王子比干和老臣商容听了这话，连连点头称是。大家议论一番，也就纷纷散去。

匠人捧了象箸进内，呈献上去，纣正和妲己饮酒作乐，看见象箸雕得十分玲珑精巧，心里非常高兴，便吩咐重赏匠人。一面把象箸递给妲己，说："这筷子细致洁白，正好和你的玉手相配。"妲己含笑谢恩，捧了雕镂的角尊，满满斟了一尊美酒奉上。纣一面接尊，一面说："宫里宝玉甚多，应该再雕一些玉杯宝碗，才可以和象箸相称。"果然应了箕子的话，不多几时，玉杯琼碗，瑶斝翠觚，雕得鬼斧神工，出神入妙的器皿，一件一件陆续出现。那宝玉都是历代远方进贡的极品，端的是赤若朱砂，白如截肪，黄欺蒸栗，绿赛清波，五色斑斓，光辉炫目。再加上巧匠的妙手，一个个玲珑剔透，神采飞扬，摆在筵席上面，如入宝山一般，目不暇接。同时歌姬舞女们的服饰铺陈也都渐渐奢侈起来。这时候原有的宫室自然不够华美，便重新另行建造，在地上厚筑地基，用水里鹅卵石铺底，上面再用巨大圆石雕了猛兽作为柱础，或是用青铜铸成细花密镂的铜像，蹲在地上，背上驮着金髹丹漆的文梓木柱，柱上架着龙翔凤舞的雕梁。四壁都嵌着明珠白璧，地上铺着锦茵软席。真个是金碧交辉，琳琅满目。这座新屋名为"琼室"。琼室外面有一个门，用白玉叠成，名为"玉门"。此外还有许多宫室，共计造了七年的时间，造得极其高大，占了三里地方。可怜那时人民不知费了多少血汗，日夜赶筑，严冬盛暑都不能休息。商容看见人民愁苦，和王子比干一同进谏，纣一概不听。商容深深佩服箕子的远见，便告老回家去了。

纣用了费仲监督工役，费仲专工谄媚，又贪贿赂。人民受不了鞭挞，疲乏死亡不计其数。费仲只管自己富贵，哪顾人民死活？造成之后，纣亲来观看，十分喜悦，命名"鹿台"，仍命费仲在台旁陆续添造苑囿，又命大搜狗马珍宝、奇禽怪兽，都畜养在鹿台囿里。一面派人向各方诸侯征求美女宝物，来充满鹿台。在台旁建设酒池肉林，长夜在琼室饮酒取乐。

各方诸侯接到催贡的命令，知道纣新建鹿台，征求财宝，心中自然不服。路近国小的，惧怕纣的威力，只得勉强搜索国中，献上与纣。那些路远力强的国，就不愿来贡。纣又任命西伯昌、九侯、鄂侯为三公，命他们管领诸侯，不来进贡的便兴兵攻讨。

周自从西伯昌即位为君，国势日益强盛。他为了父亲季历的事，更加存心延揽人才，要使周从一个西方小国，强盛到能够和许多大国竞争。凡是有才有德的人来到周国，都殷勤礼接，量才任用，和商纣正好相反。那时，许多贤才都看不惯纣的奢暴，愿意来周，像太颠、闳夭、散宜生、南宫适等，西伯都尊敬他们，称为“四友”。

当时有两个兄弟，名唤伯夷、叔齐，乃是孤竹国（在河北省卢龙县）国君的长、三两子。叔齐年幼聪明，极得父亲孤竹君的宠爱，要想立他做太子。长子伯夷知道父亲的意思，便想把太子让给弟弟。过了几年，孤竹君得病，伯夷便托辞去替父亲寻觅药草，逃走出国。那时得病服药，都要临时去采药，并不像现在有药店可以配购。所以采取药草是病家常事。周的太伯、仲雍和孤竹的伯夷都是借口采药逃去的。

叔齐服侍父亲，等到孤竹君病死，伯夷还不曾回来。大家找寻不见，才知道伯夷有意让位，便要拥戴叔齐为君。叔齐觉得这位不是自己的，不应占立，便也伺隙逃走了。孤竹国遍觅他们兄弟，总找不到，没有办法，只得把孤竹君的第二个儿子拥立为君。

叔齐逃到国外，找见伯夷，苦劝伯夷回国。伯夷无论如何不肯回去，反劝叔齐回国去做国君，叔齐当然也不肯。后来兄弟两人一同在东海海滨隐居。那时，各国都被商剥削得一点也没有安闲日子，他兄弟俩渐渐听说周国这般礼待贤才，百姓都能安居乐业，伯夷便和叔齐商量说：“我们去周国，好不好呢？我听人说，周的西伯顶会尊敬老人，他的国家一定很安定。”叔齐同意了，他们便一同来到周，西伯自然是十分礼敬他们的。这时，周的国势一天比一天兴旺起来。

商纣这边却正在极力搜刮金玉珠宝，造了一所极大的仓，名唤“巨桥”

（在河北省曲周县），向各国诸侯和自己国内的人民搜刮了许多的稻粟，都贮蓄在那里。各地农民自己还没有米吃，却不得不忍痛把粟纳给纣。纣又在沙邱（今河北省巨鹿县）地方盖了许多亭台楼阁，由商都朝歌一直接到邯郸（今河北省邯郸市），一路离宫别馆，不计其数，金碧辉煌，花木掩映。中间还有几个苑囿，养了许多狗马鹿兔，有的供纣玩赏，有的供纣射猎。这些花木鸟兽都是向各处人民需索来的，也有向各国诸侯要来的。纣有一个臣子，名蜚廉，走路如飞，赛过奔马。蜚廉生了一个儿子，名叫恶来，力大无比，徒手能和猛兽格斗。纣每次射猎总带了他父子俩，宠爱非常。这两个人得了纣的宠爱，专门造作谎话，谗谮诸侯，各国诸侯无不怨恨。

这时商都本来奢侈成风，贵族们终日歌舞不休，所以唤作“朝歌”。纣还嫌以前歌舞不够奢侈，特命师延作了北鄙之音，北里之舞，靡靡之乐。这种音乐，声音窈眇流荡，使人听了心摇魂醉，忘其所以。纣听了大喜，使命师延在鹿台随时弹奏，又命费仲挑选民女来充舞女，日夜作乐。

一日，纣饮酒中间，忽然停杯不语。妲己问：“我王为何不乐？”纣闷闷地说：“有几个诸侯还不曾进贡，现在鹿台的美女还不够多。我意欲兴兵去讨伐，无奈许多臣下屡屡前来谏阻。日前命费仲选取民女，还没有选来几个，他们又絮聒了许多话，真是讨厌得很。”妲己说：“我王何必烦恼。各方诸侯胆敢不来进贡，自然是要严厉征伐的。这些臣下屡屡絮聒，也是因为我王刑法太宽、仁慈过度的缘故。只消设立一种严刑，凡有诽谤君上、不纳贡赋的，都严刑一办，他们自然都不敢了。”纣说：“你的话何尝不是！我也想用些严厉刑法，只是一时想不出。”妲己说：“昨天妾偶然观看宫女裁制衣服。有一个铜铸的熨斗，斗里盛着红炭，一只蚂蚁爬上熨斗旁边，顿时烫得脚焦，不能站立，跌倒地下，宛转多时，方才毙命。妾想仿照熨斗的方法，铸一个熨斗，烧得通红，命人双手举起，一定也十分痛苦。”纣听了满心欢喜，连声夸奖说：“这个刑罚新奇得很，现在就可试试。”便命侍女取熨斗来，烧了一斗红炭，命侍女伸出双手抱起熨斗，侍女吓得退缩一旁，不敢动手。纣看了呵呵大笑，便叫左右捉住侍女，硬将她双手紧贴熨斗旁边。只听得侍女狂叫一声，顿时昏厥在地，两手烧得皮焦肉烂，焦臭逼人。纣和妲己都拍掌大笑，连声叫好，吩咐左右，拖出侍女。另外命工匠打造长柄的熨斗，限明日造成进献。

次日早晨，匠人呈上熨斗，柄长三尺，纯铜铸就。纣便命左右烧了一熨斗红炭。左右眼见昨日侍女惨状，都抱了兔死狐悲的恐惧，只是不敢违抗命令。不多时，盛满红炭的熨斗已经烧好。纣和妲己并坐，笑嘻嘻地看着。纣指左右里面的一个人说："昨天我叫你把那个侍女的手放在熨斗旁边的时候，你畏缩不前，今天轮到你了。"便喝令左右："把这个人叉过去，命他双手举起熨斗，要举得起来，才可以饶他。"左右听说这个人因为昨天畏缩，所以今天也受这刑，谁敢再慢一步？便一拥而上，捉住这个人，如法炮制。这人双手一碰熨斗铜柄，便疼得狂呼昏倒。妲己说："这方法虽好，只是罪人都不肯自己去拿，并且一碰就倒，没有什么好看。妾有一法，比熨斗更为有趣。其法是用铜铸了极大铜格，架在火上，命罪人在上行走，慢慢烤死，岂不更妙？"纣点头称妙，说："你真是聪明绝顶，会想出这种奇刑。让罪人在铜格上面跳踯，一定十分好看。"便命左右吩咐工匠打造铜格，并传旨臣下明日进宫观看新刑。

这时正有几位诸侯来朝，还没有回国，一闻纣的宣召，都衣冠齐整地端正趋朝，和商朝臣下会齐，一同进宫。晨风拂拂，杨柳依依，群臣肃静无声地由玉砌缓缓进入，按班鱼贯而行。行到宫前，忽见侍从多人正在庭中燃起熊熊烈焰，木炭堆得像一座小山似的，旁边地上放着一个黄铜铸成的铜格，宽约三尺，长有半丈，不知何用。诸臣由火旁经过，到得阶前，罗拜已毕，纣满脸喜色，对群臣说："现在刑罚过轻，以致诸侯多不来朝贡。人民稍有不合心意，也便肆意怨谤君上，这都是我一向仁慈，弄得他们无所忌惮。如今我做了一种炮格，名唤"炮烙之刑"。倘有不朝不贡的诸侯，肆意诽谤的臣民，都让他尝尝这种刑法的滋味，看他们还敢不敢！"说毕，便命左右预备用刑。左右同声答应，早把铜格抬了起来，放在炭火上面烧着。这时候群臣才知道宣召他们，乃是参观这种可怕的刑法，都面面相觑，脸上泛出苍白颜色。纣看见大家面露惧色，心里更加高兴。这时候，左右早已将铜格烧得通红，由门外拖进两个衣衫褴褛的贫民来。纣指着贫民，对群臣说："这两个小民胆敢在路上怨谤朝政，讪毁君上，给我的侍臣听见，今天特用他们来试试新刑，以戒后来。"话犹未毕，左右早已把这两个贫民推上铜格，只听得惨叫几声，两个人在格上疯狂地颠扑跳踯，衣服上熊熊燃着火焰，顷刻皮焦肉化，惨不忍睹。群臣个个低头噤口，有的以袖掩面，有的蹙颎攒眉。只有纣呵呵大笑，说："看他们还敢骂我不！"笑还未止，早见群臣丛里闪出一位诸侯，顿首奏言："我王今天召臣观看炮烙，原来是这般残酷之刑，自古未有。臣闻先王成汤仁及禽兽，网开三面，所以四方诸侯莫不朝贡，历代相传，都是以德服人。现在各方诸侯不服，或许是我王仁政未周，惠泽不到。正应该节俭爱民，省刑薄赋。百姓安宁，远人自来。岂可再行这般惨刑，虐杀人民。臣恐各国闻知，更加不服。愿我王三思！"奏犹未毕，纣早已面红过耳，勃然大怒，认出这个进谏的乃是屡次直言劝谏的梅伯。记起他以前多次絮聒，更加火上添油，便怫然斥道："你屡次诽谤我，我都含忍未曾加刑，今天你看见这两个人因为诽谤受了炮烙，就为他们说话，可见你是和他们一般，存心讪上。若不重刑惩戒，怎能令百姓心服！"梅伯并无惧色，仍然奏道："臣的进谏，原为我王着想。不忍商六百余年的社稷，一旦毁灭。我王若以忠言为诽谤，臣愿受炮烙之刑，使天下后世知道我王的暴虐。"纣怒不可遏，拍案喝道："好的！你既然愿受炮烙，就让你尝尝滋味。"便喝左右，把梅伯擒付炮烙。这下惊动了群臣，一齐跪下，极口代梅伯哀求。纣怒气不息，说："暂看诸人面上，免他炮烙，一刀罢了。"吩咐左右押出梅伯斩首。又对诸臣说："以后再有像梅伯这般目无君上、肆口诽谤的，一定付之炮烙，决不宽恕。"

群臣无法挽救，只得闭口。只有王子比干，是纣的叔父，仍然再三苦谏。

纣置若不闻，挥左右速速行刑。不一时，梅伯首级已经呈上阶下。纣吩咐把梅伯尸身切成肉酱，分赐各地诸侯，有敢不纳贡赋、诽谤朝廷的，以梅伯为榜样。左右奉命照办。群臣彼此相觑，不敢多言，默默散出。

梅伯的肉醢传到了九侯国（在河北省临漳县）内。九侯接到，送出使者，回入宫内，闷闷不乐。恰好九侯的女儿前来问安，看见九侯愁眉不展，便问："父亲为何这般不乐？"九侯长叹一声说："现在主上无道，宠信妖妇妲己，造了炮烙酷刑，虐杀人民。梅伯进谏，反被俎醢了分赐各国。刚才使者来到，传主上旨意，要我催趱各国进贡，不贡的诸侯，也依照梅伯榜样砍成肉醢。你想，各小国历年进贡，已经筋疲力尽。自从鹿台造成，又命选进美女珍宝，各国如何担负得起？要是不贡，主上又要加罪。因此我心里十分为难。"女儿听说，便婉转劝慰父亲，暂且抛开烦恼，主上或有醒悟的时候，也未可知。九侯说："你不明白。主上现在听信妲己，只知压榨百姓，哪里还会醒悟？我不久正要入朝，索性拼此一条性命，直言谏诤，万一主上能听我的话，是天下之福。要是不听，我愿意和梅伯同受醢割，也强于违背良心压迫人民。"女儿听了大惊，连忙谏止父亲，切不可这样，恐怕祸生不测。但是九侯执意不从，便召集国内大臣，商议立长子为太子。自己定期入朝，命群臣拥太子监国，说："我此次入朝，大约不再回来，你等好好辅佐太子，勤政爱民。"群臣受命，俱各涕泣阻止，都说："商王暴虐无道，主公若要进谏，定要取祸，梅伯就是榜样，还是缄口为妙。"九侯只是惨笑着摇头。回到宫里，女儿也涕泣苦谏，九侯说："我已经意决，你无论怎样劝阻，也是无用。"女儿心知苦劝无益，想了一会，忽然想起一个办法，便跪在九侯面前，说："既然父亲决意进谏，女儿倒有一个计策在此，不知父亲可容女儿直言？"九侯说："你有什么妙计，尽管说来。"女儿说："现在商王责令各国进贡美女，求父亲将女儿进上商王，女儿当舍弃性命向商王进谏。如能托父亲的洪福，商王肯听良言，自然万幸。如其触怒商王，女儿一身也无足轻重。这样岂不是两全的计策？"九侯听见女儿的话，心里十分感动，双眼盯定女儿，说不出话来。

原来九侯夫人早已去世，只有一男一女。男的已经立为太子，女的就是这个女儿，自小和父亲相依，性格温柔，容貌美丽，九侯爱如珍宝。现在听她自愿舍身代父进谏，如何舍得？当时想了一会，委决不下。女儿看见父亲犹豫不决，又劝说："父亲身系一国安危，不能轻身去触怒暴虐的主上。女儿不过宫中一个女子，或生或死，对国家没有影响。并且父亲说过，商王专听妇人之言。也许女儿的话，反比父亲的容易入耳。愿父亲顾全大局，不要爱惜女儿。"说罢，伏在地下，呜咽不止。九侯也不觉泪如雨下，扶着女儿说："你既然有这般志气，我应当成全你的志愿；如果你的劝谏主上还不听从，我一定继续进谏，死也和你在一处。"当下计议停当，九侯带了女儿，一同起身。到了朝歌，恰好西伯昌、鄂侯都来朝见，三人遇见，各道寒温。大家诉说纣催迫进贡的话，都是长吁短叹，一筹莫展。鄂侯说："我这次入朝，打算把各地人民的痛苦报告一遍。自从鹿台开筑以来，主上征发各国宝玉金珠不计其数，各国诸侯因为惧怕商的兵威，只得向人民压榨来献，已经弄得众叛亲离，怨言不绝。现在又要贡献美女，还要攻讨不贡的国，这如何能行？我们既为三公，理应劝谏才是。"九侯也说："理合如此。"西伯昌却劝阻说："看主上的行为，直言逆耳，未必会听从，还是相机劝告，不可冲犯。"商量一会，各自打点入朝事情。九侯因为受了女儿劝告，暂把谏阻纣的事搁下，只说是送女入贡。纣听见九侯贡女，心里十分高兴，但不知容貌如何，便把九侯放在一边，且不宣召，先召九侯女儿入见。

九侯听说纣宣召女儿，心知入宫之后凶多吉少。念及父女之情，不免涕泪纵横，便由身上解下一个玉环，交付女儿说："这环乃是历代相传的宝物，现在给你，作为纪念。你看见此环，如同见我一般。"说毕，哽咽不止。女儿接了玉环，系在身上，哭着拜辞九侯，只说："父亲珍重，早些回国，切不可逗留朝歌，以免是非。"说到这里，不能再说下去，便掩着面，跟了纣的使者，乘车进宫。

纣正和妲己饮酒，左右奏知九侯女儿已经带到，纣传命宣上来见。不多时，九侯女儿跟了侍女，走到筵前，深深下拜。纣唤她近前细看，果然脸似芙蓉，眼如秋水，十分端正美丽，高兴得只是嘻嘻地笑。妲己看见纣这般情形，好生妒恨。纣且不说话，便一手拉了九侯女儿，命她坐在身旁，陪同饮酒。九侯女儿自小端庄，见纣笑谑任意，举动轻佻，全不像一位君主模样，心里十分厌恶。只因要乘机进谏，隐忍不言。纣饮过几杯，便向九侯女儿说道："你父亲九侯屡次贡品短少，我本要加罪，还算他这次识趣，把你贡来。现在看你面上，暂且免议。以后要用心催各国迅速进贡，不得延误。"九侯女儿听毕谢恩，说："我王洪恩，臣妾感激不尽。妾父也不是有意缺少贡品，实在因为人民工作劳苦，无力纳贡。邻近各国都是或荒或旱，农民衣食不周，如何还有余力？望我王大发慈悲，减少糜费，万方人民就可以安居乐业了。"纣听了怫然不悦道："你怎么说出这般不中听的言语？姑念你今天新来，不知进退。以后再不许说这般废话。你看我这里一切享用都是由各国贡来，各国要是可以减少不贡，我的用度怎么办？"九侯女儿听了默然无语，低下头去，只用手弄所系的玉环。纣饮了几杯，命师延奏起靡靡之乐，一队舞女就在筵前歌舞侑觞。一直饮到大醉，方才安息。

九侯女儿一连试探几次，只消一涉劝谏，纣便变色斥骂，知道纣一点不受人言，无法劝谏，暗想：牺牲一身，原是为挽救人民，这样和他们混下去，何时了局？不如直言进谏，拼却一死，倒也干净。想着又拈起玉环，忆念父亲。纣看见她常常去拈弄玉环，便问："这环有什么宝贵，你这般拈弄它？"九侯女儿答道："这环是妾父赐给妾的，见环如见妾父，因此常常拈弄。"纣说："你父入朝，我还没有接见。今天且饮酒作乐，我还要炮烙几个人给你观看。"便吩咐左右，在园里架起炮烙，和妲己、九侯女儿一同观看。

那时炮烙又经妲己想法改造，是一根黄澄澄的铜柱，矗立地上。九侯女儿还不知是什么东西，只见宫奴从园外押进一个人来，剥去衣服，放在铜柱旁边，许多宫奴个个抡起皮鞭围住痛打。那人没有地方躲避，只得抱住铜柱爬缘上去。这时候，宫奴便在铜柱周围生起火来，渐渐逼近，越烧越热。这人只得拼命往上爬。铜柱上原抹有油脂，滑不容手，一不小心，就掉了下来。那人急忙抓着柱身再爬。这样爬来爬去，铜柱渐渐烫热，火势逼近，那人便哀声惨叫，走投无路。一直烤到皮焦肉枯，方才跌在火里，烧成焦炭一团。真是惨不忍睹。

纣和妲己看这个人挣扎哀呼的惨状，都哈哈大笑，指指点点，十分快乐。九侯女儿却用袖子掩着脸，不忍观看。纣勃然变色，便问："你为何不看？难道还可怜这般诽谤君上的奸民吗？"九侯女儿只得把袖子放下，满面泪痕，涕泣说道："这种刑法实在太惨了，不是我王爱民的意思，妾不忍看。"纣更加动怒，喝道："你对我的刑法胆敢批评，难道不怕死吗？"九侯女儿拭了眼泪，慨然说道："妾若果怕死，也不进宫来了。从前妾以为我王只知眼前娱乐，不知人民痛苦，所以愿意入宫，指望将人民痛苦奏上我王，或者能够稍稍减轻严刑和浪费。今天看见了炮烙，才知道我王是以人民的痛苦为快乐的。那么，妾纵然把人民痛苦一一倾诉，也不能使我王觉悟的了。人民痛苦到不能忍受的程度，国家就非灭亡不可！……"纣不让她再说，急喝左右："快把她拖下去，我不听这一套讨厌的话。"宫女一拥而上，把九侯女儿横拖竖曳地拉了下去。妲己便掩面嘤嘤啜泣起来，说："这倒好，请她看炮烙，倒给她指责了一顿，反是我造炮烙的人的不是，只有她是好人。"纣愤愤地说道："她一进来就令人讨厌，总是讥刺我。一点风趣也没有，像个木头人一般。模样儿再生得好一点，我也不稀罕。"妲己说："不知道她的父亲是怎样宠她的，把她娇惯得这般模样。"纣恍然大悟说："是了，是了！她的父亲九侯屡次延搁贡品，却教他女儿来叨絮冲撞，诽谤君上。当面这样没有礼貌，背后还不知怎样骂我。我必须严厉惩办，以免别人学样。"妲己听了心中暗喜，索性再极力挑拨几句，纣越听越生气，吩咐左右立刻把九侯女儿绞死，把她身上系的玉环取来。

次日早晨，纣召见九侯、鄂侯和西伯昌。恰巧西伯昌因为感冒得病，不能入朝，只有九侯、鄂侯两人进见。朝见礼毕，纣召上九侯，把玉环掷给他看。九侯一见玉环，心知女儿凶多吉少，立刻颜色惨变，把玉环拾起，怔怔地不能说一句话。纣冷笑一声说："你教训得这般好的女儿，一进宫来，就顶撞我许多言语。现在问你，这是你教她的，还是她自己无礼？"九侯听了，心如刀割，知道女儿必定因为直谏触怒，便也慷慨地答道："臣女向来柔婉，这次入宫，是臣因为老百姓实在痛苦得很，叫她得便奏上我王知道。想先王一向爱惜人民，从来没有……"纣不让他说完，便拍案大怒说："我早已想到一定是你背后诽谤我，你女儿才敢这般放肆。你是三公大臣，反附和不忠的诸侯，替他们说话，岂非反了？"便喝令左右快把九侯叉出，乱刀砍死。鄂侯一看情形不对，连忙上前谏阻。纣正在怒火头上，便喝骂鄂侯说："你对这般诽谤君上的不忠臣子，一点也不劝我严办，反来谏阻，是何道理？"鄂侯坦然说道："主上有过，臣下是应当谏阻的。我主要是把直言认作诽谤，堵塞人民的嘴，这是亡国的办法。九侯是三公大臣，并没有大罪，岂可任意屠杀？他看见人民痛苦，忠告我王，正是忠臣所应该做的事，有何错处？……"纣不等他说完，勃然大怒起来，厉声喝道："我知道你和他是一党的，自恃身为三公，便这般放肆，蛊惑人心。怪不得各地诸侯不来进贡，原来都是你们从中弄鬼。这等不忠之臣，留下何用？"遂喝命左右一起拖出砍了。殿前力士一拥而上，不容鄂侯分说，拖出门外，和九侯一齐杀死，将首级献上。纣怒气未息，吩咐把九侯砍成肉酱，把鄂侯做成肉脯，分赐诸侯，让他们懂得利害。

这时西伯正在馆中抱病，许多诸侯都来探病，西伯勉强支持着起来应酬。寒暄未毕，外面传报商王颁赐九侯肉醢和鄂侯肉脯前来。西伯忽听这话，不由大吃一惊，目瞪口呆，浑身冰冷。想起三人一路同来，何等亲密。今天他们两人一早趋朝，顷刻之间，这般惨死。不觉眼眶潮湿，默然无语。在座各诸侯也都彼此相觑，一言不发，面色惨变。静默了一会，西伯方才长叹一声，勉强同各诸侯谢恩领赐。各位诸侯谁也不敢再坐下去，个个托辞告别。只有崇侯虎乃是纣的心腹，把刚才情形看在眼中，他的崇国（现在陕西省鄠县[①]）和周很近，巴不得把西伯的地位抢来才好，便急急进宫朝见纣，报告今天看见西伯接到肉醢、肉脯的情形，并且说："西伯和九侯、鄂侯一起同来，难保没有一同诽谤的事情。他看见两人被杀自然害怕，若放他回国，一定会反。他一向假仁假义，骗得许多诸侯都倾心向他，这是一个大祸根，不可不除。"纣听了，连连点头说："你的话大有道理。个个臣下都像你这般忠心，我省了多少精神。现在暂且把他扣押起来再说。"便吩咐把西伯囚禁在羑里（河南省汤阴县）地方。

这时西伯原配帝乙妹子早已身故，续娶太姒生有十个儿子，长子伯邑考闻得纣把父亲幽囚起来，便聚集群臣商议救父之法。伯邑考主张由自己带了珍宝到商作押，换回父亲。周臣闳夭、散宜生都说："这事太险。商王原是忌周兴盛，才把西伯幽囚起来。现在我周如若严兵自守，商也许不敢杀害西伯。如世子也入商去，商把世子也扣留下，那不是更糟了吗？"伯邑考说："商王因为忌周，怕周反叛，才把我父亲扣留。现在我去做押，押在商王那里，商王就可以很安心地把我父亲放回来。如果商王把我也扣留起来，那也没有什么大不了的事，我还有弟弟呢！你们现在可以先帮我的二弟发监理国政，我决定自己去走一趟。"群臣劝阻一番，伯邑考执意不肯，便进宫禀明母亲太姒。太姒虽然也觉得伯邑考此行未免危险，但为了拯救西伯，也不能十分阻止，便依从伯邑考的主意，命次子发暂时摄理政事。一面由散宜生、闳夭去分头寻觅宝货，一面由伯邑考先行到商谢罪。

---

① 今西安市鄠邑区。

那伯邑考天性纯孝，只恐父亲受不了腌臜恶气，火速摒挡起行。星夜趱程，赶到朝歌，叩阙求见。纣召入查问来意，伯邑考叩首谢罪，奏言："臣父有罪，理合严刑。但是臣父年已老迈，父子之情，不忍见父受刑。伏望我王加恩，许臣代父受刑，赦臣父回国。臣不胜感激。"奏毕叩首不起。纣听他的言语十分逊顺，倒也不想杀他，便说："你父有罪，是你父自己的事，你岂能代替？现在你既已到来，且先住下几时，我御车的人正缺少一个，你可暂充此职。等我察看你父有无悔罪诚意，那时再说。"伯邑考叩头谢恩，便在纣身旁充当御者，希望相机替父亲设法。

那时西伯姬昌被拘在羑里地方。他的性情却不像季历，很能忍耐，并不显出怨愤。在羑里拘的日子久了，便把伏羲氏画的八卦拿来研究，演成六十四卦。这就是现在的《周易》，为中国第一部经书。又把伏羲所弹的五弦琴加了两弦，成为七弦，作了一个琴曲，名为《拘幽操》，后人又称《文王哀羑里》。后来唐诗人韩愈作了一篇《拘幽操》，描写姬昌当日生活，它说：

目窈窈兮，其凝其盲。
耳肃肃兮，听不闻声。
朝不日出兮，夜不见月与星，
有知无知兮，为死为生。
呜呼！臣罪当诛兮，天王圣明。

它所描写的自然太过愚忠，但是那时西伯在暴力底下不能表现出一点怨恨，却是事实。尽管他做出怎样安分，纣还是放不过他。因为许多人都说西伯是圣人，不可加害，纣的两个庶兄微子和箕子也都劝纣不要杀西伯，恐怕失去诸侯的心，所以纣不便就杀。西伯又是一味逊顺，只说自己不好。后来纣出外游玩，伯邑考为御，也是小心翼翼。纣一时找不出杀西伯的理由。但是听见许多人都称西伯是圣人，心里不免妒忌，便想出一个方法来处治他。吩咐左右把伯邑考杀了，煮了一鼎羹，送去给西伯吃，看他知不知道是自己儿子的肉。左右奉命，真个把伯邑考杀了来煮。派人把肉送到羑里，宣称商王赐西伯肉羹。

西伯接入使者，拜受了肉羹，心知这肉必有缘故，但不知是什么人的肉，因为他囚在羑里，对外消息断绝，自然想不到伯邑考来到朝歌。使者捧过肉来，西伯只得遵依那时规矩，对着使者把肉吃了一块，然后谢恩。使者回报纣，纣听罢拊掌大笑，说："谁说姬昌是圣人，他连自己儿子的肉都吃了，还不知道呢！"便欢笑地把这事告诉臣下，表明西伯不是圣人。从此，纣忌西伯的心渐渐淡了下来。散宜生带了黄金千镒（那时以二十四两为一镒），各处寻求宝物。知道商纣收到各国进贡珍宝极多，不是十分高贵稀罕的东西不会看得上眼，便访求西方的犬戎氏，觅得奇马，全身纯白，不杂一根杂毛，颈上长鬣却是赭红色的，披在身上朱白分明，十分美丽。散宜生不惜重金，买了三十六匹。四匹为一驷，可驾一辆车，三十六匹正合九驷之数，又在西海买了两双雪白的狐。原来天然全身雪白的狐最为稀罕，根据民间传说，要千年以上的老狐才能变白。普通白色狐裘只是用狐腋下的毛拼凑而成。散宜生又到东方采买了一种怪兽，形略似虎，但尾巴比身子长了一倍，那地方的人把它叫作驺虞。又到南方采买五色宝光的贝，又大又美。端整了这四种礼物，另外到有莘地方聘来最美的美女十人，穿了锦绣衣裳，戴了玉簪珠佩，打扮得十分漂亮。散宜生亲自送到朝歌，另外还预备了四名美女、百两黄金，先来求见纣的嬖爱臣子费仲。费仲一见散宜生送他黄金美女，心里大喜，满口答应替他设法，教他把许多礼物都送到纣的外廷来，摆满庭下。费仲自己设法，哄纣过来。纣一看庭下有这许多奇珍怪兽、美女宝贝，不由笑逐颜开，忙问："这许多宝物哪里来的？"一面问，一面巡行细看，用手抚摸，前前后后，越看越爱。散宜生知道时机已到，便急急上前拜见。纣错愕地问："你是哪里来的？"散宜生说："臣是西方周国派来的使者，为姬昌赎罪，进贡美女珍兽。"纣听了大喜，说："姬昌果然不错，这都是崇侯虎多心。光是这美女一群，就可以赎他的罪了，何况还有许多珍宝？"立刻叫左右传旨，赦出姬昌，放他回国，仍旧任西伯之职。

西伯回国，得知伯邑考已死，不免痛哭一场，也就明白那鼎肉羹的来源。后人便传说，西伯把所吃的肉吐出，变成了白兔的神话。

西伯趁着纣喜欢的时候，派了闳夭把洛水西边的地献给纣，供纣打猎娱乐，请求把炮烙的刑法废去，来讨好人民。纣已经炮烙过许多人，也看得平常，便许了他的请求，并且又赏给西伯彤弓、彤矢、黄钺、黄斧，许他征讨各国。

这时各国诸侯都怨商纣的贪暴剥削，大家不约而同地归向了周。有什么事情，都请周替他们解决，西伯总是秉公处理，做到双方满意。有个虞国（在山西省平陆县）和芮国（在山西省芮城县）邻近，农民在两国交界的地方种了田。两国都说应当属自己，都来向当地的农民收取稻米。年年因为这件事，双方争执起来，谁也不肯让谁。最后两国决定把这件事告诉周西伯，请西伯评判是非。于是两国国君约定了同去朝周。

到了周的国境，只见周地的田亩中间都留下很宽的田塍，两边农人互相谦让，谁也不占去耕种。走路的人也都彼此相让，没有一个争先抢后的。再往前走，到了周的城邑，男男女女都规规矩矩地行走，男左女右，一点也不混杂。上了年纪头发白的老人，手上总是空的，因为年轻的都抢着替他们拿东西。虞、芮两个国君看了不禁啧啧称羡，都说："周真是礼让的国家，能够使全国人民这般有礼，这般相让。"到了周的朝廷，那时国内的官分为三等，最尊的官叫作"卿"，卿以下的官叫作"大夫"，大夫以下的官叫作"士"。周国的卿、大夫、士都是十分谦让，彬彬有礼。虞、芮两个国君看了非常感动，便自己商量说："他们这样互相谦让，都是有礼的君子，我们怎么好意思把争田的话说出来呢？我们为了一块田争执，这真是小人的行为，实在不配站在他们君子的朝廷上。我们宁可算了，这个口是不好开的。”商量了一会，大家都不要这块地了，彼此也互相让了一番，把这块地方认作中间闲田，双方都不来收取稻米。这样，各地诸侯更加佩服，差不多三分之二的国家都来向周讨教。周的地位渐渐地超过了商，可是西伯在表面上对商依然十分恭顺。

一日，西伯打算外出打猎，便命卜人卜一个卦，占看今天出猎能否顺利。卜人遵命卜毕，拜贺说：“占得大吉的兆，今天一定大大获利。”西伯又问说：“获得什么东西呢？”卜人知道西伯只喜欢贤人，不怎么喜欢禽兽，每次出外打猎，常常和田夫野老闲谈，碰着有见识的，便带了回来，任他职务，比带回野兽还要高兴十倍，便迎合他的心理，回答说：“今天所获的，非龙非彲，非熊非罴，非虎非貔，乃是霸王的辅佐，大贤的人才。”西伯听了卜人的话，果然大为欣喜，便带了一群勇士，和次子发、三子鲜、七子旦，一同出猎。那时渭水附近，土地肥沃，树木蒙翳，野兽极多，正是良好的猎场。当时选好了地点，各勇士分散开来，四面兜围，弓开满月，箭闪流星，吓得豺狼虎豹四散奔逃。猎了不多工夫，已经得到许多狐兔獐鹿。西伯看见天色不早，便传命罢猎，带了俘获的野兽回去，顺路在渭水一带赏玩风景。行不多时，忽见前面一曲清溪，几株杨柳，景致十分幽雅，不由便随着溪水走去。走了一段，只见前面峭壁深高，一大片竹林，枝叶繁密，青翠可爱，好像没有人迹一般。西伯指着问道：“这里是什么地方？景致这般幽静。”左右答道：“这是凡谷，向来很少有人走到这里。”西伯正要寻路再走，忽听水声淙淙，由竹里流出，清越得像琴声一般，不由就站住了。听了一会，寻着水声，向右转出，原来是一脉幽泉，由凡谷竹丛溶溶流下，蜿蜒曲折，一路碰着山石，就发出琤琤琮琮的音乐声音，十分悦耳。大众沿着这泉，且行且听。西伯说：“这水叫什么名字？”左右说：“这水就名兹泉，流到前面汇成水潭，曲折流入渭水。”说着，远远看见前面一泓清水隐隐由树隙露出。左右指道：“那就是潭了，潭边有磻石可以坐得，所以名叫磻溪。一面说，一面走，穿林过树，不觉到了潭边，瞥见前面树下石上坐着一个老人，长须飘拂，态静神闲，手里拿着一支钓竿，正在钓鱼。西伯看见这人目不旁观，凝神敛气地一本正经钓鱼，暗想：我们一行人众，车马喧哗，这人竟然视如无睹，只在这般清静所在自己钓鱼，恐怕是一位有道之士，也许卜人所说的霸王辅佐，就是这人。便止住左右，自己走上前来，向那人招呼。那人一见西伯，忙起身行礼。西伯和他谈了几句，不觉大惊，原来竟是一位意想不到的人才。问知他姓姜名尚，原是尧时候四岳的后代。西伯十分高兴，说："当初我的先祖太公曾经说过：'将来一定有一位圣人来到周国，周因为有了他就迅速地兴旺起来。'你恐怕就是所说的圣人吧！我的太公盼望你盼望得久了。"便把他号作太公望，和他一同回到周都，请他为师，称作"师尚父"。"师"是先生的意思，"尚"是他的名字，"父"是长辈的意思。合起来，就是尚老先生的意思。

姜太公受到西伯的尊敬，当然是由于他的才德出众，但是周不是有许多贤才吗？为什么一见姜尚，就把他尊敬到这般地步？是迷信卜人的卜兆吗？还是迷信太公的预言呢？说穿了，原来都不是这么一回事。西伯昌一向施仁行义，并不是没有目的。他父亲季历被商迫死，他自己被纣幽囚，儿子伯邑考被纣杀死，还压迫他吃自己儿子的肉。他和商有了这般深仇大恨，真个愚忠到底，丝毫不反抗，天下有这样的人吗？当然没有的。他一向敬贤爱士，谦恭逊让，为的是什么？他是一位极会打算的人，他深知一个小小的周绝对不能和六百多年天下共戴的商王争长较短。只要露出丝毫怨望的口风，九侯、鄂侯就是他的榜样。所以他小心翼翼，毕恭毕敬，做出十二分忠诚的模样。一面却尽力收揽人心，招贤用能，使得自己国家一天一天兴旺，各国诸侯也都归向自己。可是周是僻在西方的小国，虽一向招揽人才，也得到不少才德双全的贤士，却还没有韬略出众的人才。难得碰到这位姜尚，足智多谋，精通兵法，战阵韬略，无一不精。这好比老虎添了翅膀，大旱得到甘霖，将来出兵时候，有了英明主将，这就怪不得他这样高兴了。

后人不明底细，认为姜尚一个钓客，几句话说得投机，便做了国师，就一传十，十传百，编造了许多故事。说他从前曾经做过许多行业，都不得意。到了五十岁，在孟津地方卖饭为生，到了七十岁，又在朝歌做屠牛的生意，也都弄得不好，甚至他的妻子也嫌他太贫穷了，抛弃了他。一直到了八十岁，须发都雪白了，才在磻溪钓鱼。他钓鱼的钩子是直的，没有弯曲，所以钓了三天三夜，没有钓着一条鱼。他却说："愿意来的，我才钓它。我不用弯曲的钩子来哄骗鱼儿的。"因此，现在民间还流行着一句俗语说："姜太公钓鱼，愿者上钩。"他钓鱼钓不到，气得把衣服帽子都脱了下来，抛在石上。有一个农人看见，劝他不要灰心，教他钓鱼的方法，他才钓到了鱼。后来他在鱼的肚子里得到了一块帛，帛的上面写着许多预言，说周将来要得天下，他应该辅佐周。后来果然遇见了西伯，做了西伯的军师，那时他已经九十岁了。富贵之后，他妻子又想求他重新和好，他便拿了一盆水泼在马前的地上，说："要是地上的水可以再收上来，我也可以重新同你和好。"结果，他的妻子羞愧得自己上吊死了。到了现在，民间还流传着"太公八十遇文王"和"马前泼水"的故事，唐人诗里也有"雨落不上天，覆水难重收"的话。最后说，太公一直活到了一百四十岁才死。

这些故事当然可靠的成分是很少的。当时一个人活到一百四十岁也是不大容易的事。所以算起来，他遇见西伯时候，似乎不应该像传说里那般年老。但是民间故事的力量是很大的，所以图画磻溪钓鱼的姜太公总是老态龙钟，白须飘拂。还有一部民间流行的小说，名叫《封神演义》，里面更把姜尚描写得千变万化好像神仙一般，那更是捕风捉影丝毫没有根据的话。

可是在渭水旁边依然有一个地方，名叫磻溪，溪边有个磻石。据当地的人说，这就是姜太公钓鱼的地方。那时候的人，是用两膝跪着坐的，叫作"危坐"。这块石头上面还有双膝跪的痕迹，只要到陕西西安访古，都可以看到。究竟是不是后人假造的，就无可查考了。

姜尚本姓是姜，祖先曾封在吕的地方，所以又称吕尚，字子牙，又称太公望。他的名字很多，像姜尚、吕尚、姜子牙、姜太公、太公望、吕望、师尚父等，都是他一个人的名字。

那时却真有一个年龄十分老迈的贤人来到西周。那人名唤鬻熊，因为年龄道德都非常地高，人家都尊称他为鬻子。他本在商的地方居住，因为听说西伯求贤若渴，各国贤人都陆续来到，特别是在商势力底下的地方，许多人都受不起商的烦扰，看不惯商的暴虐，好像流水一般不断地搬来，鬻熊也就到了周。西伯见他须发皓白，十分尊敬，便问："老先生今年春秋多少？"鬻子答说："臣今年已经九十岁了。"西伯听了惊讶地说："老先生这样老了，精神倒蛮好的。"鬻子说："要是叫我去捕捉虎豹，追赶麋鹿，那不错，我是太老了。要是使我坐着讨论国家大事，那我的年龄还很轻呢！"西伯觉得十分有理，便常常请教他，尊他为先生。他也替西伯计划了许多事情。

这时候，南方长江一带各国也都归服了周，周的教化一直推广到南方，使得南方的男男女女都能识字知书。本来劳动人民是最淳朴忠厚的，一经周的文化教育，便发挥了他们的创作天才，随意歌唱，都能信口成文，在中国文学史上面留下灿烂光辉的一页。

周派了周公旦和召公奭两个人管理南方各国，常常在南方各地巡行，解决人民的各种问题。他们俩都是博学多才、聪明和蔼，人民和他们的感情非常地好。

有时召公巡到半路，碰着人民有事争执，召公便在树下歇息，替他们调解，使得双方都满意而去。他的左右劝他应当设一个办公的地方，让人民自己前来，不必这样跑来跑去，但他执意不肯，仍然常常巡行各地，大暑天也不肯休息。

一日，召公巡到一个地方，看见一棵极大的甘棠，浓荫广阔，足可荫蔽半亩地方。他正要在树下休息一会，忽然看见一个青年女子和一干人众远远跑来，一见召公，便极口呼冤。召公看见这女子在烈日底下跑得满头是汗，知道一定有什么紧急事情，便唤齐他们同到树下来，查问是什么缘故。

众人中一个男子抢先开口诉说：“这个女子是我的妻子。我现在要迎娶她，她却推三阻四，不肯嫁我。请求判她跟我回家结婚。”

接着那女子便诉说：“这个男子是曾向我求过婚，可是他并没有按着办理正式婚姻的礼节就想来迎娶，所以我不能答应他。我不嫁他，他就想用诉讼的方法强迫我，我也不能答应。”

据传，那时因为防止男女随便结婚，生出纠纷，便规定了凡是正式婚娶必须备具六种手续，才算得正式夫妇。那六种手续，叫作“六礼”。第一是纳采，男家得到女家同意后，派人拿了雁去女家正式表示求婚。第二是问名，女家接受纳采后，男家再派人去请问女子的姓名。第三是纳吉，男家派人通知女家说，卜得吉兆，可以结婚。第四是纳征，男家派人送了聘礼俪皮和十端的帛，表示正式聘定。经过了这四种手续，才算是聘定了。第五是请期，男家派人告诉女家结婚的日期。第六是亲迎，由男子亲自去迎接女子来家结婚。这样才算六礼完备的正式夫妇。

南方各国在这个时候，人民都知道按礼结婚是光荣的，不按礼结婚的就要受到社会的轻视，不当她是正式妻子。所以这女子不肯马虎结婚。

召公听了双方言词，又问了同来的几个人，他们都是男女双方的亲属，对于他们的婚事纠纷，知道得很清楚。召公问了一遍，便劝告男子说：“婚姻是要以礼好合的，你既然六礼不足，便不能算是以礼。既然涉到诉讼，便不能算是好合。我劝你还是放弃吧！”男子听了，心里老大不愿意，说：“我是求过婚的，她家当日并没有不愿意的表示呀！为什么到了要娶的时候，却要翻悔起来呢？这岂不是和我开玩笑吗？”

召公说：“那么你是聘定了她吗？”男子犹豫了一会说：“说是说定了，我已经卜了吉兆，只是因为家贫，没有送过聘礼。”召公说：“那么你是纳过吉了。可是还没有纳征，还不能算是聘定。既然不是你聘定的妻子，你怎么可以迎娶她呢？这是你自己不按礼，并不是她翻悔。如果每个人都可以随便迎娶一个不曾聘定的女子，那么社会要变成怎样混乱的情形？你要想借着诉讼的力量来判她嫁给你，这是不可能的。我不能帮助一个不依礼的男子去压迫一个守礼的弱女子。所以依我说，你还是取消了迎娶的念头，先回去托了亲友，依礼纳征。如果她家接受你的纳征，那时你才可以履行请期亲迎的手续，把她正式娶来。如果她家不接受你的纳征，你只可另外再议婚姻，不能强迫她的。”

女子和她家的亲属听见召公这般言语，都同声称颂说：“这真是公平的判定。”那个男子无可奈何，只得跟了众人一同退去。召公这种作风得到了当时许多人民的颂扬。南方人民歌唱了许多民间诗歌，赞美召公，甚至连召公所坐过的甘棠树下的地方，人民也都认作一个可纪念的所在。他们唱了一个民歌，叫大家要爱惜这棵甘棠，不要砍伐它，因为是召公曾经休息过的。它说：

> 蔽芾甘棠，
> 勿翦勿败，
> 召伯所憩。

可见召公是多么受人民的爱戴了。

这边周正在极力扩展文化的时候，那边商纣却正在想扩展武力和摧灭廉耻。他在鹿台、琼室、酒池肉林中间，尽情地酗酒狂饮，白天黑夜都没有分别，一醉就是一整天。还招来许多美男美女，无日无夜地在酒池肉林里面追逐相扑，以为戏笑。浪费到这般程度，自然用度不足。纣便想起东夷至今不曾进贡，派去东方驻防的兵马屡次受他袭击，非得大加挞伐不可，便下令派蜚廉、恶来带领象队去攻讨东夷。蜚廉受命，便带了象队，同恶来克日出兵，浩浩荡荡到了东边，进攻夷族地方。那时东夷并没有城郭，生活简单，随时迁徙，蜚廉打到一处，东夷早已搬迁一空，且又伺机在蜚廉后边攻击。等到蜚廉回来抢救，东夷又早逃去。这样追来逐去，和捉迷藏一般，把蜚廉恨得牙痒痒的，无计可施。虽有勇猛的象阵，也没有用武之地。打了许多时候，竟没有丝毫功绩可言，反被东夷闯得各地人民流离失所，把商东边许多禾黍践踏一空，扰乱得无可收拾。东边各地便纷纷向纣诉苦，都说被东夷骚扰得损失太大，无力进贡。纣虽然每日享福，现在弄到这种地步不能不管，只得自己亲征，便传令倾国出征，把兵马尽数点出，配备得十分威武。旌旗蔽日，金鼓如雷，大军四万人，雄赳赳气昂昂地全装披挂，金戈铁马，簇拥着商王御驾，往东出发。一路上百姓家家闭户，鸟兽个个奔逃。车驾直抵东方国境，蜚廉、恶来忙来迎驾，奏说东夷猖獗情形，免不得虚报一些功绩。纣听了报告，便分派兵马，先派恶来由南方进攻，堵住东夷南逃的路线，一面派蜚廉巡视国境各处，由西向东慢慢进逼，采取包围方法，使东夷无法逃窜。又命令各边境守臣紧守封疆，不许让东夷突入，如有失守城池的，立刻诛杀，决不宽恕。恶来奉命由南方率了象队猛力进攻，东夷仍用旧的方法向北逃走。各地守臣惧怕纣的军法，都死守城池，东夷冲突不入。纣再随时策应，把东夷挤到海边，无路可走。然后各军拼命攻击，杀得东夷尸横遍野，血流成河，还俘虏了十几万夷人，只剩了少数奔逃四散。纣大奏全胜，命蜚廉仍然留镇东方，率领象队，压制余剩的东夷，纣自己带了恶来奏凯回来。这次亲征足足费了一年多的时间，一来一往，兵马死亡不计其数。虽然东方得了全胜，西方的敌人却更养大了。

那西伯姬昌趁着商东征时候，没有力量顾到西边，便聚集臣下计议说："现在我们兵强马壮，应该先伐哪国？"吕尚说："密须（在甘肃省灵台县）和我最近，可以先去伐他。"三子鲜说："我听得密须的国君很是精明能干，恐怕不可以吧！"吕尚说："臣闻古先王的用兵，伐逆命的不伐顺命的，伐艰难的不伐容易的。"西伯点头称是，便点起兵来，打算去攻讨密须。密须听到消息，急急准备好了，反由阮（在甘肃省泾川县）先来攻周。西伯便统率大兵奋勇迎战，由吕尚指挥，杀得密须大败退走。西伯乘胜攻入密须国内。密须人民见不是生路，大家联合起来，把密须国君擒获，缚了来投降西伯。

西伯得了全胜，军威更加煊赫。休息了一年，又起兵去打黎国（在山西省黎城县）。这黎国是一个很小的国，不过它和商都朝歌非常接近，在形势上是很紧要的。黎当然抵敌不过，便低头求和，西伯取得黎从此顺从的保证，奏凯回去。黎国和朝歌既然这般近，黎国降伏，朝歌自然震动。商臣祖伊看见纣还是昏天黑地，一点不以为意，便进宫求见。纣正在看妲己调弄胭脂。那胭脂是纣发明的，用红蓝花汁调制，因为出在燕地，所以名叫“燕支”。妲己把胭脂涂在脸上，抹在唇上，更显得鲜艳润泽，妖媚无比。纣看了十分得意，正吩咐左右进酒的时候，忽听说祖伊来见，心里虽然讨厌，也只得叫他进来。祖伊一见纣，便说：“天子，现在天已经要灭亡商了。不是天不佑我们，是我王享受得太过分了。现在人民都希望早些亡国，这便如何是好？”纣听了怫然不乐，说：“你这是什么话？我的命难道不是有天管着的吗？他们有什么用？”说完，便忙忙进里面去喝酒了。祖伊无可奈何，只得退出。

纣这一次喝酒，一直喝了七天七夜，醉得糊里糊涂，只听得歌舞不停，笙箫迭奏，醒了再喝，喝了又醉。到得醒来想起，不知已经醉了几天，连日子都忘记了。那时计算日子还是用干支，不是用数目的。纣想了好久，便问左右：“今天是什么日子？”左右因为整天整夜陪着服侍，也是困乏了就睡，睡够了就起来，根本不管它是白天还是黑夜，实在不记得过了几日。大家屈指算了一会，有的说是甲子，有的说是乙丑，大家说了半天，还是弄不清楚。纣焦躁起来，叫他们去问箕子，今天究竟是什么干支。箕子听得纣连日子都忘了，心里诧异，便问来人说：“你们为何不奏明白？难道你们都忘了吗？”来人说：“我们也都记不清楚，大家说的都不一样，所以弄不清。”箕子听了心里暗想，纣向来最忌人家比他强，谁要比他好，他就一定想法杀害，现在大家都忘了日子，只有我一个人记得，纣一定会忌惮我。为了这一点事，送了性命，太不值得了。想了一会，便对来人说：“对不起得很，我也记不清楚究竟是什么干支，你最好还是去问别人吧！”

这时商的太史辛甲看见纣这般昏愦，便再三进谏，一次不听，二次又谏，自从建造鹿台以来，辛甲一共谏过了七十五次，可是没有一次被采纳。辛甲无可奈何，暗想纣这般拒绝忠言，将来一定会灭亡，便带了妻子，全家逃往周国。一日，无意遇着召公奭，问他为何搬来，辛甲备说一切原因。召公听了，便去告诉西伯，西伯亲自去迎接辛甲，和他谈论得非常投机，就拜他为卿，十分礼敬，仍任他做太史的官。辛甲因为纣一味娱乐，不恤人民，所以在周做太史的时候，也极力要防止国君过度娱乐，特叫各官都要箴戒周君，用他自己的职务来说明娱乐的弊害。譬如虞人一官，是专管山林禽兽的，国君要打猎必须通知虞人叫他预备，所以虞人所献的箴就是劝止国君不要过分耽于田猎，它说：

芒芒禹迹，（大禹走过的广阔的地方，）
画为九州。（划分为九个州。）
经启九道。（开启了许多大路。）
民有寝庙，（人民有了房屋和宗庙，）
兽有茂草。（野兽有茂盛的草。）
各有攸处，（各有自己所应住的地方，）
德用不扰。（谁也不扰乱谁，才可以保持安宁。）
在帝夷羿，（以前有穷后羿，）
冒于原兽。（贪图射猎野兽。）
忘其国恤，（忘了应该管的国家大事，）
而思其麀牡。（只想获得雌雄的兽。）
武不可重，（武力是不可靠的，）
用不恢于夏家。（所以他在夏朝就不能保持强盛了。）
兽臣司原，（我是管领野兽草原的小臣，）

敢告仆夫。（大胆地把这故事告诉国君的仆夫听听。）

其他各官也都有箴，无非是些劝诫君主的话。辛甲在纣那里谏了七十五次，没有一次听从，现在到了这边周国，却件件都行得通。只怕他找不出西伯的错，要是找得出，没有不立刻就改正的。

纣自从战胜了东夷，自己以为英勇无敌，丝毫不以周为意，所以祖伊的话，一点也不在意，依然日日只顾沉湎酒色。那些兵马除一部分留驻东方之外，好些勇健的都已战死的战死，病伤的病伤，军装武器也都短少许多，需要补充。纣又是最怕把钱花在装备上面，只管奢侈酒食的人，所以也不愿再出兵争战，以免把酒肉、美女的钱款弄到不够。在表面上，周又是最恭顺的，虽然一面用兵，一面却对商表现得十分服从，因此纣便不管周的行动。

周休息了一年，又进兵去打崇。那崇侯虎一向倚恃纣的宠爱，欺压百姓，建造坚固的城郭、美丽的宫室，以为可以长久享受，不料西伯来攻，只得闭城自守。西伯兵到城下，围着攻打，打了一天并未得手。西伯召集将士商议道："我军远来，利在速战。且下个战书，看是如何。"次晨果然写了战书绑在箭上射进城去，等了一天，崇侯虎不敢开城应战。一连几天，都不瞅不睬。西伯只得会齐将士商议，吕尚说："看他情形，分明只想死守，不会出城应战的。我们已经来了几日，还没有把城攻下，这城很坚固，必须想个破城的方法。"毕公高说："我看这城外树木很多，不如砍下建造高车，把整根的粗大的木头放在车上，等到半夜时候，悄悄地把车推到城边。每车用二十名壮士，推动木头去撞击城墙，不管它多么坚固，也一定撞倒。"周公旦说："这计虽妙，究竟不能抵抗城上矢石，他们在城上把矢石抛下，我车上壮士不是要受伤吗？我有一个办法，索性把车造得极高，高到超过他的城墙，可以临城俯视他们。车上壮士，各执戈矛弓箭。到了城边，并力和城上守兵交战。他们保卫自己还来不及，怎么有工夫去抛矢石？"吕尚说："车上还可以再设两个搭钩。等到车到城边，便用搭钩钩住城堞，车上壮士就可以跳上城去。”计议停当，立刻传令军士分头砍伐大树，建造楼车。这种楼车因为可以临城冲击，就名叫“临冲”。一面仍然加紧攻打，以免崇侯虎生疑。

崇侯虎一连巡城了好几天，白天黑夜不停地防守各处，弄得心疲力瘁。他是平日只懂得享受的人，哪里吃得消这般辛苦？也知道向来搜刮惯了，人民对他是没有好感的，所以放心不下，勉强拖着疲乏的身子，上城下城，忙个不停。忙了许多天，觉得周兵也不过如此，并没有什么厉害，便松懈了下来。刚刚回到宫里睡了一觉，忽然听得喊声大起，慌忙起来，赶出城头一看，周军已经由临冲纷纷跳上城来，抡刀砍杀。城上守兵被砍翻几个，大家发喊起来逃走一空。顿时城门大启，周军一拥进城。崇侯虎逃走不及，死在乱军之中。

西伯进城安民已毕，因为崇国地势壮阔，城郭宫室都建筑得十分坚固完美，便把周的国都搬来，改地名为丰，成为周的国都。

西伯得了这样壮大的地方，摧灭了邻近的强敌，从此周的根基巩固，再不怕什么内顾之忧，可以放手往外发展了。周在古公时候还是没有屋宇的，现在才有个像样的国都，自然就件件建设起来。第一件是建设宗庙社稷，那时最重的是祭祀，称为“吉礼”，算是礼里面第一件要紧的，所以宗庙社稷必须建筑得最早最好。宗庙的制度是按着阶级定的，天子是七个庙，诸侯是五个庙，当中一个祭的是始祖，旁边一左一右，一代一代地排列下来。左边的叫作“昭”，右边的叫作“穆”。七个庙的，昭穆各有三个。五个庙的，昭穆各有两个。西伯建好了宗庙，为了观测天文方便，打算再建立一座灵台。原来周自从后稷、公刘以来，一向注重农业，所居西北地方本是地旷人稀，经过许多年招徕流亡人民耕种田土，逐渐开辟山林，地方便越占越大，成了大国。那时商还是奴隶制的国家，许多生产劳动都是由奴隶去做。奴隶本来就是受着极残酷的压迫虐待的，再碰着纣那般暴虐无道，自然更加痛苦万分。可是周的政策和商大不相同。周对于任何人民，本地土人也好，远方投奔来的也好，只要他年富力强，就给他田去耕。将一块大约九百亩大小的地，分做九块，好像一个井字。旁边的八块让八家农民来种，每家各有一百亩。中间的一百亩中分出来二十亩，建筑房屋、开井、种桑，给八家农民居住。余下的八十亩，由八家合力耕种，称为“公田”。等到秋天收成时候，这八十亩的收成归给公家，其余各人自己可以收到一百亩的农产品，女人也可以养蚕做衣。这种劳役，对于当时社会生产力的向上发展，比起商纣时的残酷奴役要好得多。商的制度，当时已经成为生产力发展的障碍。各地受不了纣的横征暴敛的人民和奴隶都纷纷逃奔周国。但是农业最怕的就是水旱天灾，还要观测时令节气，所以灵台是十分必要的建筑。

灵台建成不久，西伯得病。他虽然年已九十七岁，但是十分谦逊，称吕尚为师，称太颠、闳夭、南宫适、散宜生四人为四友，对其余臣下也都礼敬不衰。病重的时候，他对世子发说：“我有三句要紧话告诉你，你要记着。看见好的事情，不要懒惰不做；看见时候到了，不要怀疑不决；看见坏的事情，赶快离开，不要碰一下。这就是做人的道理。”世子发再拜受命。过了几天，西伯便病死了。

世子发即位后，一切遵依父亲的教训，因胞弟周公旦多才多艺，德智超群，内外政事都和他商议。夫人邑姜乃是吕尚的女儿，贤德端庄，一举一动都合礼节。站的时候从来没有倚东靠西的，坐的时候从来没有盘着腿的，笑的时候从来没有露出牙齿大笑，生气的时候从来没有变过脸色，具有这种温柔稳重的德性的是那时标准的女子。

这时候，世子发不但承袭了周侯的国君地位，也承袭了西伯职位。所以也称为西伯，后来又称为周武王。这时，周的势力一天一天扩大，商的政治却一天一天更加混乱黑暗。过了两年，武王起兵到盟津（河南省孟县①）观察商的

① 今孟州市。

形势。各地方诸侯看见周兵到来，都踊跃赴会，希望周把商纣打倒，他们就可以不必再受严重剥削。据说参加的诸侯有八百之多，个个都说："商可以打倒了。"但是周武王还是十分持重地说："你们还不懂得，现在还不是时候。"

原来武王深知商的实力浩大，军队极多，不可小看。这些诸侯虽然因为受不了商的虐政，可是打起仗来和商实力相差太远，完全要靠周的兵力。周兵数目也比商少，没有一定得胜的把握，所以不敢动手。要等到商纣恶贯满盈，被人民群众个个痛恨，没有人替他出力的时候，才可以一战而胜。因此，武王只和诸侯会见了，便仍然回到周都。

到了这个时候，纣还是照样地糊涂度日。王子比干和箕子、微子苦谏多次，纣一点也不采纳。三个人整天地忧愁着。辛甲去后，换了向挚做太史，也不断地进谏。纣依然只管尽力享乐，诸侯进贡一减少，不够挥霍，便多多加添征敛，由老百姓身上压榨，弄得人民叫苦连天，有的逃走，有的饿死，有的做了不法的盗贼，东偷西窃。商是最迷信的国家，但是人民饿得没有办法的时候，连祭祀用的牛羊也都偷去吃。官吏一概不管，只管自己整天喝酒，有罪的人都捉不到。到了冬天，纣更需要许多奢侈的锦绣衣服、美酒珍馐，催逼人民交纳。贫民无衣无食的也就更多，到处都听见卖儿鬻女的哀啼惨哭声音。微子一早起来，走到路上看见许多凄惨情形，心里着实难受，便进宫去劝谏纣。他是纣的亲兄，纣只得接见。微子把人民的痛苦说了一遍，恳切地劝纣要勤俭爱民，不可严刑催索重赋。纣听了如同秋风过耳一般，微微冷笑，理也不理。微子明知说也无用，但又不能不说。苦谏了一番，看见纣这般态度，不觉心灰意冷，辞了出去，便去拜访箕子，恰好比干也在座。三人互相诉说人民痛苦情形，不知用什么方法可以挽救。正在商议，忽听侍人进来报告："太史向挚已经全家出走，听说是投周去了。"三人听了面面相觑。比干道："近来出走的越来越多，不想向挚也走了。"微子叹了一口气说："我看商是不会再有治理四方的时候了。我先祖成汤是怎样的英明仁爱，现在子孙却这般昏妄，整天酗酒淫乐，弄到政治腐朽污浊，官吏贪财枉法，有罪的人没一个不得意的，没有罪的人倒受尽冤枉。我真看不惯这般颠倒的事情，再弄下去，我一定要疯了。请你们告诉我，我现在应该怎样办？”比干、箕子听了都默然无话可答。想了一会，箕子才抬起头来对微子说：“现在这样重征暴敛，分明是把百姓当作仇敌一般。王又不听忠言，又不信长老旧人，如何能不灭亡？我只有拼着和商一处受罪，再不能做别人臣仆。你是商王王子，应该为了商的宗庙祭祀打算，避到别的地方，不要一同灭亡。”比干也劝微子还是早一点出走，保存商的宗祀。微子起初不肯，后来想想，也没有什么办法，暗想：我是纣的亲哥哥，连我都走了，也许纣会觉悟。便当真离开朝歌去了。

纣听说微子出走，一点不以为意，反觉得耳根清净了许多，依然和妲己饮酒作乐。一天，瑞雪飘飘，点缀得鹿台各处如同琼楼玉宇一般，纣携了妲己一同上楼观看。满园树木，堆玉撒粉，好像开了无数白花，别有风致。远处山顶也都戴上一片雪帽。几湾绿水，漂浮着还没有溶化的雪花，慢慢流动，倒也十分淡雅。妲己忽然指着说：“这般清早，怎么有人担薪？”纣随着她指的地方看去，果然有一个壮年农人，担着一挑枯薪，走到水边，慢慢地伸足下水，好像十分怕冷的样子，勉强在水里涉过，不住地发抖。走了一会，涉过这条水，登上了对岸，便瘫在岸上战栗不止，颤抖了许多时候，才站起来挑起薪再走。不久，后面又走来一个须发雪白的老人，肩上也挑了一担枯薪。到了水边，毫不犹豫地一脚踏下水去，很勇敢地稀里哗啦涉到对岸，一上了岸便自然地走去，一点也没有寒冷的样子。纣看了不觉连叫怪事，妲己动问是什么事情，纣说：“你看那个壮年的人那样怕冷，这个老人反而不怕冷，这是什么道理？”妲己道：“这有什么奇怪！那个壮年人身体不好，腿骨虚空缺少血髓，所以怕冷。这个老人身体壮硕，腿骨里面血髓充满，所以不怕冷。”纣说：“你说的倒也有理，但是不知道靠得住靠不住，必须实验一番。”便吩咐左右：“赶快把那两个人捉来，把他们的脚胫骨砍下来，看看里面的血髓是哪个的满。”左右奉命立刻赶到外面，如飞地追赶那两个人，不由分说，擒捉了来。吓得那两个人极口求饶，都说："我们是安分良民，家里专靠这一挑柴薪过日，没有犯罪……"这些人哪肯理他们这一套话，只管把他们揪到宫前，一人一刀砍下脚胫来，呈给纣看，果然老人的脚胫骨髓充满，壮年人的脚胫骨髓空虚。纣哈哈大笑，夸赞妲己聪明盖世，能知骨髓的多少。正在欢笑的时候，忽报王子比干来见。纣只得唤入。比干一见，便奏说："刻间在宫外看见两个人被砍脚胫，不知有何罪状？"纣默然不应。比干见纣不应，知道这两个人是没有罪的，就恳切地劝谏说："天是为了人民，才需要一个君王来替大众做主，并不是做了君王便可以虐待人民。现在费仲和雷开两个人尽量地横征暴敛，压迫人民，人民已经受不住了。天子住在宫里面，哪里知道人民的痛苦。国家现在已经到了十分危险时候，怎么还可以随便杀人？人心失尽了，国家也就跟着灭亡了。成汤当初是怎样的艰难，才造就商今日的地位。现在轻易地把国家葬送了，岂不是对不起祖先吗？"纣听见他絮絮叨叨，不由恼羞成怒，便变了脸，斥比干退出。比干不肯，说："王要是不肯改过，商必然灭亡。我不能坐看商亡。所以非得王决心改过，不能退出。"便立在廷中，一任宫奴催促，总不肯走。纣看见比干这般倔强，更加动气，便喝骂说："你这般说来，我是一个昏君，只有你是圣人。我听说圣人的心是七窍玲珑的，我且把你的心剖出来看看，有没有七个窍，是不是圣人。"说过，便吩咐宫奴速速把比干的心剖出来看。宫奴便动手把比干拉到宫外去了。

箕子正在家里，忽听有人报告，商王要杀王子比干，不由大吃一惊，连忙赶到朝内，要想谏阻。刚刚走到宫门，只见比干横尸在地，朝衣还在身上，血流满地，惨不忍睹。箕子不觉放声大哭，想起那天三人聚议的时候，才只有几天，现在微子不知何处去了，比干又已直谏身死，只剩下自己一人。国家这般光景，如何担得这副重担？越想越伤心。正在悲痛时候，忽然看见几个宫奴曳出一个妇人尸首，衣裳鲜华，很像一个贵妇的模样，也是肚开肠出，鲜血淋漓。箕子忙把袖子掩着眼睛，不忍细看，便问宫奴道："这个女人是谁？"宫奴停了一停，低声回答说："这个女人乃是王子比干的妻子。她听见主上要杀王子，赶来宫内，痛哭请求主上赦免。不想主上看见她的腹部隆起，知道她怀有身孕，便和王后打赌，猜看胎里是男是女，把她杀了刳出胎来，以分胜负。"箕子听了，顿时头目眩晕，几乎昏倒，颤声说道："这不是人做的事。主上这般暴虐，商朝灭亡的日子不远了。我拼了这条命不要，你可进去通报，我也要直言谏诤。"宫奴听了面面相觑，都劝说："直谏是没有用的。主上今天已经杀得手滑了，进去只有惹祸。"箕子说："死就死，总比看着国家亡好一点。你进去通报吧！"宫奴拦阻不住，只得进去报知。纣正在和妲己饮酒，知道箕子要见，一定没有好听的话，不愿多一个麻烦，便吩咐宫奴："不必放他进来，可把他囚禁起来，当一名奴隶。"

宫奴奉命便把箕子带到奴隶所住的地方，囚禁起来。箕子一见情形，知道纣不肯见他，无法再谏，满心悲愤。再看那些奴隶们，一个个脚拖铜镣，头刺黥文，骨瘦如柴，皮干似纸，真是三分像人，七分像鬼。他们手里却都拿着精美的玉器，正在雕琢细致的花纹，箕子认得这些玉器都是纣筵席上面摆设的杯斝，暗想：纣自己这样奢侈，全没有想到奴隶们的痛苦，还要砍人民的胫骨，剖孕妇的胎儿，这般无道，岂有不亡之理？可怜我祖成汤六百年天下，断送在他的手里。想了又想，心痛如割，索性把头发披散下来，忽歌忽哭，言语颠倒，和疯癫了一般。纣听说箕子疯了，便就不再理他，也不想杀他了。箕子在被幽囚时候，悲伤无可发泄，弹了一个琴曲，名为《箕子操》。正是：刳胎斫胫民难忍，杀谏囚仁国必亡。

第六回

奴隶倒戈　牧野战争覆殷祚
农工浮海　中华文化播东邻

当朝歌满地血腥的时候，也就是周准备出兵的期间。周武王自从盟津回来，时刻派人打听商纣的情形。这一天，探子回来报告说："现在朝歌混乱不堪，执政当权的全是坏人，所有事情都是颠三倒四，没有是非。人民个个怨恨，政治黑暗得乌烟瘴气，真是糟到极点。官吏没有一个不要钱的，人民没有一个不痛骂的。"大家听了都说："这样的腐败，还了得！我们赶快出兵去替人民除害吧！"武王却从容不迫地说："这还没有到灭亡的时候呢，且再等一等吧！"

又过了几时，又一个探子回来了。他报告说："商现在比以前更糟了。所有好的制度全给破坏了。以前敢说话会办事的忠直廉洁的人不是被杀了，就是被囚了，剩下的好人也都逃走了。现在留在朝歌的都是些狐群狗党，没有一个是好人。"大家听了都跳起来说："这是时候了，这样一个国家还能存在吗？我们快快出兵吧，不要再耽延了。"武王仍然镇定地说："且慢，现在还没有到时候，再等一等看看。"

又过了几时，又一个探子回来了。大家问他现在朝歌怎样了，探子回答说："现在吗？倒安静了一些。自从比干那些人死了以后，现在老百姓都不说话了，也没有人骂一句。所以看过去，好像倒安静了一些。"武王听了，连忙说："这是时候了，老百姓到了不敢说话的程度，这就是灭亡的时候。"立刻点起兵马，纠集许多小国，一起出发征商。

这时各国受不了商的搜刮，都愿跟周一起去征商。在周附近的各小国，更是踊跃。周便调动人民，按照老规矩，由农民每家出一个人来参加战争。五家出五个人，叫作一伍。二十个伍就是一百人，叫作一卒。五个卒就是一个旅，五个旅就是一师，五个师就是一个军。每军共计一万二千五百人。这些农民都是义务服务，并不发饷。此外还要按照井田来计算，征收居民的兵车、马匹、兵器等。据传，大约六十四个井田就得出兵车一乘和它所附属的马匹、兵器、兵士等。这种赋役虽然也是对百姓的一种剥削，但是比起商的虐待奴隶，还算好些。因此在那时人民眼中，认为这种制度比较宽大，他们不像奴隶那样丝毫没有自由。一旦到了要打仗要征兵的时候，也就不能不照出人马了。

武王便请太公望做了元帅，这太公望精通军事，他训练士卒各种阵法，端的是变化莫测，神妙无比。后来有一部书，叫作《六韬》，内分天韬、地韬、龙韬、虎韬、豹韬、犬韬，专论用兵方法。有的人说就是太公著的，也有的人说是后人假托太公望的名字。

因为兵士就是农民，所以周每次战争，总是等候秋天收成完毕，到了冬天才征召他们去打仗。这样，既不会影响收入，又可以博得农民好感。这次大规模的出兵，当然也不能例外。当时周武王唤来卜人，卜定出师吉日，选了冬一月癸巳上吉，正式出兵。原来周是以子月做每年的第一个月，所谓子月就是现在农历的十一月，因此属于冬天。

吉日到了，武王穿了戎服，左有周公旦，右有毕公高，亲率全体大军，兵车三百乘，甲士四万五千人。还有最勇敢的虎贲壮士三千人，保卫中军。太公望总统一切，指挥号令。各国诸侯都来麾下听令。周国内政事，都交给太颠、辛甲一班老臣掌管。当时兵车辚辚，戎马萧萧，四五万大军整整齐齐地向东出发。旌旗金鼓，连绵不断。一路上各地小国都陆续前来加入战斗队伍，太公望都命编入军中，随时听调。

这时正是仲冬时候，沿途树木都只剩得枯秃的枝干，一阵阵寒风吹得肌肤起栗。铁甲上面都凝结了一层薄薄的白霜。一路上只听得呼呼的风声和嘚嘚的马蹄声，彼此相和着迤逦向东而去。忽然远远来了两个衣冠楚楚、须发苍苍的人，一直向着中军行来，不多时到了面前，便向军士说要见周侯。军士不敢怠慢，连忙报与武王知道。有认得这两个人的，说："他们俩就是以前孤竹国君的两个儿子伯夷、叔齐。"武王知道这两位是年高德劭的人，从前文王很是尊敬他们，因为他兄弟俩都是耿介高洁的人，不喜欢随便和人来往，所以不能拉他们来帮助管理国政，今天不请自来，一定有什么话说，忙叫人请进来。军士传下命令。伯夷、叔齐一同走进军中，来见武王。这时武王尚在车上，欠身招呼，说："因为军队正在行走，不便耽搁。两位有什么见教，请指示好吗？"伯夷、叔齐正一正颜色说："我们没有别的事情，请问这支军马为什么向东出发？要打哪一个国家？"武王说："原来两位不知。现在商纣无道，暴虐人民。朝歌的老百姓，如同在水火里面一般，痛苦得难以形容。因此我聚会各国，起兵攻打商纣，为人民除害。"伯夷、叔齐一听这般言语，脸上立刻现出十分严肃的神气，说："这样说来，你完全错了。你是商的臣下，商是你的君主。你站在臣下的地位去打君主，这可以算是忠吗？你的父亲还没有埋葬，你便起兵去和人打仗，把自己的事情倒搁了下来，这可以算是孝吗？这样不忠不孝的行为，你还不赶快改过来！"说的时候神色凛然，大有教训武王的态度。

这时候武王左右将士听见伯夷、叔齐说出这般话，都愤愤不平地说："你们这是什么话？我主为了替人民除害，才千里起兵，去打这个人人痛恨的纣。他已经不是天子。他这样暴虐百姓，算不得我们的君。你怎么说这般的话，替这种独夫民贼来动摇军心？这如何容得？"说着，人人摩拳擦掌，都要把伯夷、叔齐痛打一顿。太公望知道伯夷、叔齐是孤竹国君的儿子，并且年纪很大，假如大家真的动起手来，可能马上就打死了他们。现在刚刚出兵，必须表现出宽大，来号召商纣方面被压迫的人民，使战事顺利。便连忙阻止大家动手，说："每个人都有自己的看法。他们的看法虽然和我们不一样，可是对商来说，他们也不失为义士。我们不听他们的就是了，用不着和他们过不去。"

就叫两名兵士把伯夷、叔齐扶着出去。大军继续行进。

走了几天，忽然狂风大起，天色昏暗，尘土飞扬，一霎时黄埃滚滚，对面看不见人。突然“哗啦”一声，中军大纛吹折了半截。左右将士都变了脸色。散宜生吃惊地问道：“这不是什么妖异吧？”武王从容地说：“不是的，这不过是风把它吹落下来。”

这一阵大风足足刮了一整天。好不容易，风刚刚停了，却又下起滂沱大雨来，把军装都淋湿了。太公望只得下令驻扎军队，等雨停再走。谁知一下就下了三天，平地全是大水。散宜生又吃惊地问道：“这恐怕是什么妖异不祥吧？”武王依然从容地说：“不是的，这不过是雨把我们的兵器洗一洗罢了。”

雨止了，大军依然继续进行。武王吩咐把所有走过地方的桥梁都拆了，表示决心，不得到胜利绝不回来。

十二月，到了盟津，各地方的诸侯赶来参加的纷纷不绝。大家不约而同，都愿意拥戴周武王做天子。

这时候，天气更加寒冷，朔风凛冽，瑞雪飘飘。周的军队由西到东，一路走的都是陆地，现在要由盟津渡过黄河，北上到朝歌去。这时黄河上游早已凝冻成了一片坚冰，白皑皑地宛如明镜一般。太公望下令，派了一队勇敢的精兵先行渡过黄河，在对岸摆好阵势，掩护后方渡河的队伍，然后各军按照队伍依次陆续过河。本来周是尚赤的，旗帜、衣服、盔甲、马匹都用的是赤色，和一团火炭相似。这样鲜明红色的队伍，在雪白皎洁的冰河上面走过，红白交映，色彩越发鲜艳，显出壮盛无比的军容。再加军令森严，纪律齐整。只见白茫茫河冰上面，千万个马蹄蹴踏，旗帜飘飘，一排排队伍低头疾走，没有一点喧哗声音，远远看去，就像一片红霞，冉冉而过。

渡过了黄河，已是天黑。次日戊午，武王巡视全军，对大众宣布商纣残害人民的罪状，说：“诸位友邦的国君和各将士听我的话：天地是万物的父母，人是万物里面最灵的，必须聪明才干特别比人强，才能做天子。做了天子就应该和天地一般地做人民的父母，来爱护人民才是。但是现在商王受不遵天的意思，不爱护人民，酗酒暴虐，奢侈无度，还要乱杀忠良，刳剔孕妇的胎儿，幽囚正直的人士，耗竭民力做各种奇巧玩物来供给他们消遣。像这样无道行为一定是要灭亡的。古人说得好：爱护我人民的就算是天子，暴虐我人民的就算是敌人。商受这般暴虐，是我们大家的公敌，大家务必同心来翦灭他。”誓师已毕，全军依然拔队起行。这一次誓师的演讲，叫作《泰誓》，现在还保存在《尚书》里面。因为纣是这般暴虐，所以周师一路前进，真可说是势如破竹，一直闯进商的国境，一步一步向朝歌迈进。

纣自从杀了比干、囚了箕子以后，果然耳根清净，再也没有半个臣子敢来聒噪。他好不快乐，尽管每日醉得天昏地黑。商人本是最怕鬼的，不断地祭祀祖先。纣既然常在醉里，连祭祀都荒废了，其他政事更不必说，一概不管。以致周师过了黄河，左右方才不得不报上给纣知道。

这天纣恰巧还在大醉，左右恐怕惊动，不敢多言。等了一天，纣方才翻身睁眼，呼唤左右扶起，揉了几下眼睛，正要再叫进酒。这时一名宫奴只得冒死报告说：“刚才外面传来消息，周的兵已经渡过了黄河，有进犯朝歌的模样。请天子旨意示下，应当怎样办？”纣忽听这话，出于不意，愣了一愣说：“周什么时候起兵？打什么地方过河？你们为何都不报知？”宫奴停了一停，只得说道：“奴婢也是不知道的，天子要问详细情形，还是召费仲、雷开来问吧！”纣便叫去召费仲、雷开来问。

费仲正在家里打叠细软，打算带了搜刮的民脂民膏逃往别处享福，听得纣来召，没奈何只得进宫。纣问他周兵情形，费仲只得据实说：“已经进入商境，只消二三日便可以打到朝歌。”刚刚说到这里，纣大大吃惊地说：“那可糟了！朝歌附近一带都是平原，没有一点险可守。这如何能行！快，快，快传我的命令，点出全国兵队，打开武库，搬出兵器，配备起来。我得自己上阵督战。”费仲呐呐地说：“现在朝歌兵士不多……”纣顿足说：“兵士不够，你可叫所有奴隶都编成队伍去打仗。我上次打败东夷，俘虏了十几万夷人，充当奴隶，现在把他们全数点来，也就够了。快点，你就传我的命令。”费仲只得连声答应，退了出来。恰巧雷开也来了，纣便叫他从速去召集军队。二人分头派人传知各地，东拼西凑，凑了一批军队。又传令把朝歌做工的人和奴隶都召集来，特别是东夷俘虏，全数都加入队伍，果然数目相当浩大，据说一共合成军队七十五万人。商都所有兵器也都完全拿来装备在这些军队身上，一经打扮，倒也鲜明煊赫。纣亲身巡视了一番，看见甲胄森严，戈矛耀眼，也觉得相当满意，便吩咐犒赏兵士一顿酒食，明天一早出发，派恶来率领精兵，充当先锋。

这天是癸亥，正是周军过河后的第五天。周军一路前进，已经到了距离朝歌不远的牧野（河南省汲县[①]北）地方。探子报说，前面商王亲自带了几十万军队驻扎着，太公望便叫扎下兵马，预备明日交战。

次日甲子，天色微明的时候，各军将士已经预备齐全，武王全身戎装，左手仗着黄钺，右手执着白旄，亲自誓师，依照常例，把纣的罪状说了一番，鼓励大家同心协力。太公望亲奏金鼓，排列阵势，奏了两声金、两声鼓，排成了圆形的天阵，等待商兵。等了一会儿，不见动静。太公望便选了麾下一百名壮士，亲自带了向前挑战。望见前面商军重重叠叠，漫山遍野，兵马一望无际，也不知有多少。一片白茫茫的，白甲、白盔、白旗、白马，好像下了一天大雪。映着闪闪发光的兵器，声势十分浩大。中军一簇银缨宝盖，密密层层，知是纣王亲自临阵，不敢轻敌，他便带领了一百名勇士，一直向中军奔驰前来，在离开一箭的地方，倏地一字分开，整整齐齐排列着，个个拈弓搭箭，直往中军射来。纣看见一小队敌人竟敢公然挑战，不觉勃然大怒，便问左右：“这些是周军的什么人？敢在我面前这般无礼！”左右中有认得吕望的，便答道：

---

① 今卫辉市。

“这一队敌人的首领，便是周的元帅，名叫吕尚。”纣听了更加动气说：“这个无知匹夫，胆敢在我面前耀武扬威，想是他的命该绝了。快快去把他活捉来！”话还未了，吕尚这边早已百箭齐射，到了中军，纣的护卫将士急急举起大盾，挡住箭矢。前面恶来便放辔出去，追赶吕尚。吕尚放了箭，更不耽延，霍地掉转马头，忽喇喇地都放开辔头，像流星一般，跑回本阵去了。纣看见追吕尚不上，喝令左右快快奏起战鼓来，全军立刻向前追击，务要把周军打败，方许回兵。左右奉命，果然大奏战鼓催动全队军马，排山倒海一般向前推进。旌旗飞舞，矛戟森森，喊杀声音，真是天摇地动，七十五万大兵像堆起雪白浪山般重重叠叠地卷了过去。这时吕尚早已跑入阵内，立刻奏动大将金鼓，把阵势一变，变成方形的地阵，中央拥出了一簇精兵，摆成了飞龙阵。张出飞龙的两翼来，恰便像一条火龙，红旗、红甲、红盔、红缨，一片烈焰也似的炽红，正迎着雪浪一般的商纣兵马，霎时间卷成一片，大奋威风，红的红、白的白、错综变化，不可捉摸。好像阳春三月，千万朵红红白白的鲜花竞妍争媚。当双方杀得天翻地覆、弃甲丢盔的时候，又好像狂风过后，落英缤纷，一瓣瓣白白红红，飘零满地。

这一场大战，直杀得烟尘滚滚，杀气腾腾，两军搅作一团，难分难解。商的兵数比周多了好几倍，周连所有各国诸侯的兵也不过只有四千辆兵车。只见汪洋浩瀚的雪白海浪压在一盆烈火上面，眼看寡不敌众，烈火有熄灭的危险。不料战到酣时，周军里忽然金鼓齐鸣，阵势大变，前军翻翻滚滚，火杂杂的红旗像烈焰火舌一般，卷出了两支奇兵，反把白旗军队冲断，包围了进去。这是太公望八阵里面的翔鸟阵。翔鸟的两翼最为厉害，专用突击的方法取得胜利。纣看见恶来前军被围，忙麾军上前援救，正在舍死冲突的时候，只听得周军里又是一阵金鼓，金鼓才息，红旗军队倏地左右分开，阵后却又卷上两支火蛇赤尾，向商军左右包抄前来。原来这顷刻之间，翔鸟阵的后方已经又变了蟠蛇阵。这蟠蛇阵也是黄帝时候流传下来的阵法，是后来常山长蛇阵的祖宗，首尾相应，非常厉害，好比两条赤练蛇一般，紧紧地向商军左右卷了上来。商军不觉慌了手脚，生怕被它们包卷进去，只好往后退走。纣弹压不住，前面一排已经倒退下来。这一退不打紧，把全盘战局全牵动了。后面军队正在往前进攻，前面军队却已倒退，登时队伍大乱，自相践踏起来。周军趁这机会，奋勇进攻。商军站脚不住，纷纷退下，像潮水一般地崩溃下来，有的因为逃命要紧，竟然倒戈向后，打开一条血路逃走。商兵本是拉杂凑成，夹着许多奴隶在内，尤其是大部分东夷俘虏，完全迫于纣的压力，并不愿意打仗，一见前面如此，立刻都纷纷倒戈，好像鸟兽一般，一哄而散。纣被夹在中间，进退不得，眼见自己的军队逃走的逃走、投降的投降，好像红日东升，白雪溶化得无踪无影，只气得揪下自己的头盔，摔在地上，顿足大骂，几乎昏倒在车上。左右亲军拥护着纣，在重围里左冲右突，不能脱身。幸亏恶来由前方败下，撞见纣被围在周军中间，急急奋勇冲开一条血路，救得纣逃出重围，走入朝歌。恶来收拾残军，暂且把守。这一场大战，半天的工夫就完结了，只剩下满地尸骸，汪洋血水。据说所流的血可以漂得起木杵来。后人歌颂这次战争说：

殷商之旅，（殷商的军队，）
其会如林。（会合起来多得像丛林。）
矢于牧野，（陈列在牧野地方，）
维予侯兴。（正给我们以机会，就是得胜。）
上帝临女，（上帝是保佑我们的，）
无贰尔心。（千万不要两意三心。）
牧野洋洋，（牧野广阔得浩浩洋洋，）
檀车煌煌。（檀木的兵车熠熠煌煌。）
驷騵彭彭，（赤骝的驷马又壮健又精强。）
维师尚父，（勇敢的师尚父，）

时维鹰扬。（像山鹰般迅疾飞扬。）

凉彼武王，（辅佐了武王，）

肆伐大商，（很快就打败了殷商，）

会朝清明。（和许多诸侯会盟一堂。）

纣进了鹿台，头昏目眩，神识瞀乱，做梦也想不到自己会有这样一个结局。七十五万大兵一朝溃败，六百年宗庙顷刻危亡，所有一向享受的瑶台琼室、美女歌姬、海味山珍、锦衣绣服都要归别人所有。这简直是一个噩梦，一件不可思议的事情。他昏昏沉沉地伏在床上，糊里糊涂，不知身在何处。

过了一会，纣略略定一定神，抬起头来，只见妲己坐在旁边哭泣。纣叹了一口气说："这真是想不到的事，我会失败到这样地步。现在我也没有别的办法，只有自杀，我不能坐着受周发的屠戮。你去把所有的宝玉都搬来。"说着便坐了起来。他知道自己一向的行为是如何残忍，万一落在人民手里，可能把他对待人民的惨酷刑法也让他自己尝尝，倒不如趁早自杀的好。

怎样自杀呢？留下了尸骸，可能人民也会把他砍作肉醢，煮成肉羹，最好是连尸骸都消灭才好。一个人民的敌人，到了最后，是连尸骸都没有法子安放的。没有别的办法，只有自己烧毁了。他咬了一咬牙，想："好的，我也不能把东西留下给敌人享福，还是统统烧了吧！"便吩咐左右，把所有宝玉都搬到鹿台上面，那历代相传最美丽的天智玉也拿来，在鹿台下面，堆了许多柴薪。纣穿戴齐整，把许多玉围在自己四周，叫左右在台下举起火来，把鹿台烧了。

左右看着纣的末路这般凄惨，也觉得悲伤。但是周兵已经到了城下，恶来已经带了兵逃去东方，城外所有军队都已投降周，眼看周兵顷刻就要进城，替纣想起来，除了自杀之外，实在也没有其他办法。

这时候纣的左右，一部分都趁了乱，偷窃了东西自己逃走了；一部分老实一点的，便依照纣的话，替他前前后后点上了火，才自己逃走。最后，只剩下纣一个人，高坐台上。台下黑烟滚滚，霎时冒出几股红焰，毕毕剥剥地向台上卷去。这时候，朝歌的贪官污吏都忙于自己搜刮逃走，还有谁来管闲事。不多时，热极生风，风催火势，一座金装玉裹、翠绕珠围、费尽千万人民血汗所筑成的鹿台，陷在火海中间。只听得梁栋崩倒的声音，砰訇不绝。一代暴君和他搜刮人民得来的东西，一同化为灰烬。自从商汤建国到了这个时候，一共六百四十四年便灭亡了。

本来商朝留在后世的文物很少，因此后人对于商的事情很模糊，甚至还有人以为商不过是一个神话时代。一直到了前清末年，才在河南省安阳县附近的小屯发掘出许多龟甲兽骨，上面往往刻着密密麻麻的古代文字，当人们在无意中发现了它，感到十分珍奇，就开始收集贩卖。后来有一位刘鹗，就是写过一部《老残游记》的刘铁云，研究了上面的刻字，知道是商朝卜卦用的甲骨，就把它编印出来，写成了一部《铁云藏龟》。渐渐研究的人越来越多，去安阳发掘龟甲的人也不少，也有许多考古专家到安阳大规模地发掘，才把殷商遗址发掘了许多出来。共计前前后后掘出了甲骨十几万片，上面记载着商代帝王祭祀、狩猎、征伐等的卜辞，可以看出那时的生活和社会情形。又掘出了无数青铜器皿，上面都有极精致的花纹，种类极多，大要可以分为爵、卣、尊、彝、鼎、敦、觚、盉、角、斝、甗、匜、壶、鬲、罍、盦、盘、觥等，还有戈、瞿、矛、镞、针、锥、锛、斧、刀、铃、锤、扣等各式各样的青铜器。可见那时社会生活是如何丰富，劳动人民的创造力是如何伟大！许多器具不但十分精致，也有非常巨大的。有一个名叫司母戊鼎①，有四尺来高，重达一千七百五十斤。还有一个商代虎镎，满盛清水，用手触击表面，便会发出宏大的声音，和雷霆一般。这种物理学上的原理，商代已经懂得应用到器物上面去，不能不算是世界上的奇迹。此外还掘出铸造青铜的工场和铜范、铜锅，知

① 现称后母戊鼎。

道商代手工艺术尤其是铸铜技术已经十分高明。又掘出宫殿遗址，在厚厚黄土的殿基上面，铺着精致的铜础，垫着鹅卵石，础上留着木柱的残灰，显出它是曾经被烧毁过的。还掘出了战马、兵车、军器等，证明那时已经有了极精美的车马。在附近还掘出了商王的陵墓，墓中墓外，殉葬的奴隶达到几百几千的庞大数目。

由于地下的丰富遗产，一个伟大而古老的国家被证实了，再也不能说它仅仅是一个神话时代了。这些残毁的殿基上面，曾经建筑起镂凤雕龙的琼楼绮阁，曾经摆设着锦簇花团的玉帐象床，簇聚了妖媚的歌姬舞女，陈列了丰富的美酒佳肴。不但专制帝王过着这般豪华生活，连一般人的生活水准也都比较高。还有巧慧的工匠造出许多精美的艺术品，机灵的商贾往来各地贸易。文化上也有很高的成就，礼仪、音乐、图画、雕刻等的造诣都达到高度精美的水平。当时不但国土非常广大，统治有今天河南、山东、河北、辽宁、山西、陕西、安徽、湖北以及江南一部分的辽阔地域，还有各国不断地进贡珍贵物品。另一方面却也有被压迫的奴隶，受着酷虐的待遇和残暴的屠杀。

那时候大约是公元前一千多年，离现在三千多年。那时，世界上其他比较有文化的国家，只有非洲的埃及和亚洲的巴比伦、印度。而我们中国在当时已有那样先进的文化，所以我们中国是世界上历史最长、文化发达最早的文明古国之一。

且说那时周武王正在朝歌城外接受商军的投降，接到报告说恶来已带了残兵出城逃走。太公望忙派兵堵截恶来，同时催军进攻朝歌，忽见朝歌城内火光冲天，城门大启，知道朝歌内面有变，忙下令派了军队把守四门，按队进城。果然军令如山，各军列成队伍，滔滔涌入，秋毫无犯。人民受了纣多年残虐，看见周军纪律严明，都夹道观看，指指点点。那个告老的商容也夹在人民中间。大家想起纣那般残暴，人民随时都有生命危险，今天除去暴君，都欢欢喜喜的，希望看见未来新君的容貌。

只见一队队红旗迎风招飐，兵车战马肃静无哗地按列行进。中间拥着一位主将，容貌庄严，好像沉思的模样。百姓都窃窃私语说："这个一定是我们的新君了。"商容听见便说："这不是的。"大家说："你怎么知道？"商容说："我由他的神气看出来的，他的样子很威严，又很急促，心里很有戒惧的模样。这是一位可敬的人，但不是新君。"百姓不信他的话，就去问知道的人，果然不是武王，是毕公高。

毕公过后，源源不绝地走过了许多军队，中军拥出了一位相貌英奇的人，庞眉鹤发，两眼含威。大家看了，心中都凛然起敬，说："这位一定是我们的新君了，多么威严啊！"商容仍然说："不是的，不是的。这位将军鹰瞵虎视，威风可以笼盖全军。他可以做一位元帅，但是不像新君。"百姓们便偷偷去问知道的人，才知道是太公望。

太公望过后，又来了一支军队，簇拥着一位主将，雍容安雅，满面春风。人民都欢喜得跳起来说："这个可真是我们的新君了。他一定是一位宽大仁慈的人，不像纣那般暴虐。"商容沉吟了一会说："或许是的，这个人很宽和又欢乐的样子，他的心是只想为人民除害的。假使不是我们的新君，也一定是我们的相。"人民又窃窃地查问，才知道这位是周公旦。

一会，又一大队人马来了。中军簇拥的一位是安静恬默的人，脸上神气一点也看不出是喜是怒。商容说："是了，这位一定是新君了，他看见好的也不显出快乐，看见坏的也不显出生气。他真有天子的度量。"人民因为看得多了，不相信，问了一问，果然是武王。大家都觉得有这样一个新君，比起纣来，一定好得多了。可见，在一个暴虐政治底下的人民，对于新政权寄予了怎样热烈的希望。

这位周武王也的确懂得商民心理，一进城，先命人把鹿台的火扑灭了。可怜一个积玉堆金的高台，已经化成了一片瓦砾，焦臭冲天。在瓦砾中间，寻到了纣的尸体。因为有许多宝玉环绕，阻住了火势，只把周围四千多块玉烧成灰烬，靠纣身边的天智玉五重都还没有烧坏。这个暴君因为恐怕尸体受人屠戮，犯下了最后的罪恶，把人民的血汗脂膏付之一炬。可是他逃不过最后的判决，他的尸体仍然没有化成灰烬，被周武王射了三箭，还用了黄铜的钺把纣的脑袋割下来，挂在大白旗上面，给人民看。

武王又到纣宫里去看，纣的两个美人已经吊死在宫院内，这两个里面是不是有一个是妲己呢？武王不大认得，便把这两个美人的脑袋，也用玄色的铁斧割了下来，挂在小白旗上。因为所挂的是两个脑袋，便引起人民的怀疑说："这究竟是不是妲己呢？还是有一个是妲己呢？"于是就有人传说，妲己并没有吊死，是给周的军队活捉到，献上太公望。太公望因为她罪恶深重，命军士推出她去斩首。不料她妖媚得很，军士都给她迷惑得不忍下手，挨了许多工夫，还没有杀掉。太公望没有办法，只得叫人把妲己的脸蒙了起来，方才把她一刀杀死。

还有那个恶来，逃到半路，被周兵追上包围起来。恶来左冲右突，究竟寡不敌众，许多兵士都纷纷投降，恶来战到力竭，也就被周兵杀死了。

武王把鹿台里面所有纣搜刮百姓得来的金钱财宝，都散给了老百姓。又将巨桥仓里藏的粟完全开放，让贫穷的人民和奴隶们尽量搬取，一时欢声雷动，人民个个提筐携篮，都来分取。南宫适监视着，将老弱男女分成左右两排，按次序配给，人人都能领到应得的分量。这两个地方的财富都是纣对百姓进行了许多年的压榨才积下的。现在不消三天，就散完了。

还有许多人民，被纣囚禁起来，作为奴隶，被强迫做苦工。武王也派了毕公高去把这些无罪的人民都放了出来，让他们去做自由的人民。纣宫里还有许多由各国各地贡来的美女，都发还各地，让她们的父母领回去。宫里由诸侯勒索来的宝玉，也都还给各国。各国都欢喜地说："周连已经有的宝玉美女都发还了我们，难道将来还会再向我们要？这个新君可比纣强多了。"

武王又知道商民对比干、箕子们是十分同情的，便派了闳夭去隆重地祭祀比干的墓，并且把墓修理封筑得高高的，以表示敬意。又查问商容的住址，想请他出来，帮助收拾商纣留下的腐败政治。商容早已藏匿起来，找他不着。武王只得旌表了商容的门，来表扬他的道德。又派了召公奭去把箕子由奴隶里面放了出来，武王亲自去访问他，请教关于治国的大道理。箕子看见商已经灭亡，心中十分悲痛，因为武王再三请教，便把夏禹传下的《洪范九畴》详详细细地告诉给武王听。这《洪范九畴》是一种上古很深奥的哲学。武王听了箕子的话，十分佩服，想留他帮助治理国事。可是箕子是不愿意在周做事的，既然脱了幽囚，得到自由，便离开朝歌，往东而去。许多不愿臣属于周的人也都跟了箕子走。那时，东方一带还保留着商的残余势力，箕子便一直率领殷民走到了东海旁边。

商在相土时候，势力到达东方很远的地方，一直统治到海外，所以商人歌颂他，说："相土烈烈，海外有截。"意思就是说："伟大的相土，统辖到海外的地方。"这个海就是现在的黄海、渤海，所以那时东北沿海一带都和商有着密切关系。尤其在商纣亲身去征讨东夷的时候，商的势力更加深入普遍。那时海滨居民坐了木筏沿着海岸去捕鱼虾的本来不少，看得浮家泛宅的生活，很是平淡无奇。箕子到了海边，登上木筏，在海上漂漂泛泛，和渔翁作伴，鸥鹭为邻，倒也逍遥自在，比起幽囚时候，自然要好得多了。但是一念到故国灭亡，心便像刀割一般，十分痛苦，决心不愿在周统治的地方居住，便沿着海岸，一直向东漂去，打算在海外找一块可以站脚的地方，自谋生活。

恰好那几天海上风平浪静，碧波如镜，一望茫茫，时时有几点雪白海鸥漂浮水面。在远远水天相接的边沿，冉冉地荡漾着几团轻絮般的白云。木筏在海面自在地划着。那些和箕子同行的人民里面，倒也农工各业样样齐备，他们大都携妻带子，在筏上并不寂寞。

走了几天，忽然望见水天一色的中间渐渐露出了一痕黑色，知道前面不远就是一片陆地。大家欢呼起来，更加努力地划着。划了一天，渐渐白日西倾，天色已暮，只得暂时泊下，做饭饱吃了一顿，个个休息。次日，天色微明，便纷纷解缆再走。现在看到了目标，工作起来，格外有劲。不觉又走了一天。到了第二日，木筏进入了一个浩大的江口，箕子便约同大众，在江的北面登陆。登岸的江口就是现在朝鲜的汉江。

上了岸，只见此地山明水秀，树木茂盛，气候温和，和中国不差多少；并且土地肥沃，芳草芊绵，真是一个好地方。遇见了几个当地人，衣服还是兽皮做的，问起话来，咭呱钩磔，一字不懂，可是态度却很温和。原来这个地方，虽然一向和中国有来往，却因距离太远，居住的人民大半仍是属于东夷种族，还没有高度文化。

箕子见当地居民性情和蔼，土地又十分肥沃，就决定在这里住下。原来这里是极东靠海的地方，清晨太阳东升，由海上放射出万丈光芒，灿烂鲜明，闪烁得眼睛都睁不开，所以就把这地方叫作朝鲜。箕子和带来的五千人选定居住的地方，相传就是今天的平壤。他们建筑房屋，划定农田，栽起桑树，男耕女织，把带来的生活用具拿来使用。当地居民看见新来的客人这般文明，十分佩服，便向他们学习各种知识——种田、养蚕、织布、裁衣、烧陶、编竹、造屋、开井，等等；还应用了八种简单的法律，来防止不必要的争执。他们和睦融洽地共同生活。从此，朝鲜人民的生活和中国十分相仿。这是中朝文化最早的关系，在周朝初建时期开始的，也就是约公元前一一二二年的时候。

周武王知道箕子远避东方，便派人到朝鲜封箕子做朝鲜的国君，并邀请箕子回来探望家乡，箕子接受了周的封爵。两年以后，他回到了周的国都朝见周天子，从此中国和朝鲜更加紧密地成了一家。

当箕子走往周都时候，路上必须经过朝歌，那种景象和从前大不相同，以前纣用人民血汗建造的龙楼凤阁，现在都已经夷为平地，一点也没有留下踪影，并且都已划成一块一块田亩，种上了许多麦子和稻谷。和风微微地吹着，浅绿轻黄，荡漾起伏，像碧浪一般，十分美丽。农人戴着草笠正在田里工作着。

一阵悲哀刺痛了箕子的心。他是商的子孙、纣的庶兄，以前在这块地皮上，曾经受过重大的刺激，使得他几乎真个发狂。现在商灭亡了，以前和他同甘共苦的朋友、人民都不知道到哪里去了，以前那般煊赫的商代帝王也都烟消火灭了。他回想一切，怎么能压抑得住心中的悲痛呢？在这种情绪下，他悲吟了一首《麦秀》的歌：

麦秀渐渐兮，禾黍油油。
彼狡童兮，不与我好兮！

“狡童”是指商纣，箕子在无可奈何的情绪里，把亡国的罪状归怨到纣的身上，因为纣不听忠言，以致弄到故宫地方都种了禾麦。他蕴蓄了一包泪水，到了周都，把礼节交代完毕，回到朝鲜。后来《易经》里面有一个卦，名为明夷，卦里称赞箕子能够在国家危难的时候，保持着光明正大的心志，又能发扬中国文明。现在朝鲜平壤城外牡丹峰上面，还有一座箕子墓，是朝鲜有名的古迹。

除了箕子之外，这时候还有两个人也不愿意做周的臣下。这两个人便是伯夷、叔齐。他兄弟俩那天劝谏武王，没有得到结果。后来周灭了商，伯夷、叔齐更加认为不对。他并不是说纣不该灭，而是认为周灭商不过是权位的争夺，一般都对人民没有好处。商是暴虐，周难道就不暴虐？想起以前神农时代那般公平快乐的耕种生活，不能再有了。这样兴师动众去争夺权位的行为，比起唐尧、虞舜揖让帝位的举动，实在差得太远。兄弟俩既然这样看不起周的行为，就不愿意再吃周的粟米。两个一起跑到首阳山（现在山西省永济县[1]南）上采

① 今永济市。

取薇蕨来当饭吃，但是薇蕨是很不耐饱的，他们俩天天半饥半饱地采着。在朝旭初升的时候，山里的樵夫牧子常常可以看见这两位须发苍苍的兄弟，一前一后地翻岭越崖，在荒榛乱草中间寻觅薇蕨，有时还一唱一和地唱着采薇的歌：

登彼西山兮，采其薇矣！

以暴易暴兮，不知其非矣。

神农虞夏忽然殁兮，我安适归矣？

吁嗟徂兮，命之衰矣。

这样的兄唱弟和，往往到了深夜，还听见曼声摇曳的歌唱。首阳一带人民也渐渐知道了他俩的事情，大家觉得不吃饭只吃薇是不会饱的，但是因为他兄弟俩性情古怪，也不愿多管闲事，眼见这一对兄弟一天一天瘦了下去。秋风一起，薇蕨更不容易采到。这天，兄弟俩正在采薇时候，那边山下行地走来一个妇人，手里拿着一把小刀，背上背着一个竹筐，低头拾取野菜，连根剜了起来，放在筐里，看见伯夷、叔齐枯瘠的手，不停地东采西撷，便劝他们说："秋天到了，这种野生的草已经不会生长了。还是吃饭省事，别吃这种吃不饱的薇蕨。"伯夷说："我不吃周的米，宁愿采薇来吃。"妇人不觉笑了，说："米是田里生的，你就说它是周的米，不吃了。那么这薇蕨也是山上生的，也算是周的薇蕨了，你为何又吃呢？既然薇蕨可以吃得，吃点米也不要紧吧！"伯夷听了说："那么，我连薇蕨也不吃了。"就携了叔齐的手，一同下山去了。

果然从此伯夷、叔齐什么也不吃，竟然活活地饿死在首阳山山下。

从箕子和伯夷、叔齐这两件事情看起来，周武王要统治整个商朝统治过的地域，是一件很不容易的工作，这就不得不大费一番心思了。武王灭商之后，就将商的土地分成几个国。封纣的儿子武庚为殷侯，仍在商地，奉祀商的祖先宗庙，派了胞弟管叔鲜、蔡叔度、霍叔虔三个监视武庚的行动，叫作"三监"。

这管（在河南省郑州市）、蔡（在河南省上蔡县）、霍（在山西省霍县[①]）三个国正好包围在殷的旁边。然后把有功的臣下，按照公、侯、伯、子、男五等封爵，封在各地。一方面可以镇压各地方不服的人民，一方面也可以散播中央的文化。从此，封建社会就渐渐代替了奴隶社会。

在许多功臣里，太公望自然是第一名，他是武王的丈人，又是灭商的元帅，武王便封他在齐国（山东省临淄[②]）地方为侯。第二个是周公旦，封在鲁国（在山东省曲阜县[③]）地方为侯。第三个是召公奭，封在燕国（现在的北京）为伯。其余还封了许多，一时冠裳济济。这些人分别领受了所封地方，择吉赴本国就封。各人都想要把自己的国家治理得十全十美。那太公望心目中最佩服的人，要算周公旦了，当时便请教周公旦说："请问你用什么方法去治理鲁国？"周公谦逊了一番说："我也没有别的方法，只是五个字，叫作'亲亲而尊贤'，亲爱自己的亲人，尊重有才有德的贤人。这五个字就是我治理鲁国的标准。"太公听了，点头赞叹，说："真好啊！好一个'亲亲而尊贤'。但只是可惜了。"周公说："怎么可惜？"太公说："按你这样的做法，只怕将来子孙一定会衰弱的。"周公沉吟了一会说："请问你用什么方法来治理齐国呢？"太公说："我吗？也是五个字，叫作'尊贤而尚功'，尊重有才有德的贤人，看重有功劳的臣下。这就是我治理齐国的方略。"周公也点头说："好是好的，只是也可惜了。"太公错愕地说："怎么？也有流弊吗？"周公说："照你这样的做去，将来一定有篡位弑君的臣下。"太公听了，默然不出一言，便拱手作别，各自起身。

武王封了诸侯，自己仍回到丰。这时周已经做了天子，自然不希望再有战

① 今霍州市。
② 今淄博市临淄区。
③ 今曲阜市。

争，便把马匹都放到华山（在陕西省华县[①]）的山阳去，把驾车的牛只都遣散到桃林（在陕西省华阴县[②]）的野外去。又把所有干戈兵器都用虎皮包起来，兵车和甲胄都洗刷干净，涂上了兽血，藏在府库里面，以表不再进行战争的决心。

周既然做了天子，以前的丰又似乎不够做国都了，便搬到镐（陕西省西安市）的地方，建了宗庙，追尊古公为太王，季历为王季，西伯昌为文王。据说灭商时，武王得到了商累代所藏的宝玉亿万块，其他东西当然也不少，因此把镐京建设得很是宏伟。

且说太公望受封齐国为侯，便率了一行人众到齐国去。一路晓行夜宿，渴饮饥食。这时候正是夏初时节，气候清和，绿荫像伞子一般遮着太阳，田里麦子渐渐露出黄色，大家因为是跟了新君走马上任，自然都是喜笑颜开，一路上赏玩风景，谁也没有把道路的远近放在心上。这天，走到下午时候，看看邻近一带并没有什么人家可以寄宿，只是青山隐隐，绿水迢迢，风景十分清幽。大家都走得乏了，就在一带槐树底下坐着休息了一会，喝了一点水，重新上路。转过了树林，忽然看见那边远远有几户人家依山傍水地错落排列，成了一个小小的村落。太公在车上指着道："那边不是有人家吗？我们正好赶到那里，借宿一宵，省得错过了投宿的地方。"众人同声答应，忙寻路向人家走去。走到太阳下山的时候，正好走到人家门口，便由随从人等向各家接洽寄宿的手续，顿时分开几个地方，各自解鞍喂马，造饭烧汤，忙乱了一场，方才吃了晚餐，上床安息。

太公望睡到半夜，一觉醒来。年纪高的人，半夜醒了是再也睡不着的，心里就想起以前种种坎坷不遇，想不到今日居然能够南面为君，不知齐地情形如

---

① 今谓南市华州区。

② 今华阴市。

何，决心要施展一生抱负，把齐国建设起来，成一个伟大国家。正在左思右想的时候，忽然听见隔壁有人窃窃私语的声音，侧耳一听，原来是这家主人父子两个正在谈话。只听得那儿子说："爸爸，你知道吗，今夜到我们家里投宿的一伙客人，原来是要去齐国的。刚才那个马夫和我谈了半天，睡在我们隔壁的那位老头子就是新封的齐国国君，怪不得带了这许多人马。"又听得一个沙哑的声音回答说："不见得吧？我想这个客人不像是要去齐国做国君的。"那儿子说："他马夫和我说的，还会错吗？你打哪里看出他不像国君呢？"太公听到这里，连忙聚起精神仔细听着，只听得那老头沙哑的声音接着答应说："傻儿子，这还看不出吗？你想一想，机会这个东西是多么难得的，又是多么容易失掉的。他要是一个新国的国君，还能这样安心地睡觉吗？你看他一进来就睡，睡到现在，连一个身都没有翻，这还像个要去做国君的人吗？"

太公听到这里，不觉毛骨悚然，出了一身冷汗，连忙推开被窝，下了床，披上衣，就唤醒左右，即刻预备登程。左右不知道什么缘故，只得连忙预备，天还未亮，便出了人家，重新上路。太公吩咐大家，不要怕辛苦，日夜趱程，要提前赶到。众人奉命，果然披星戴月，兼程赶路，不多几日，便到了齐国。刚刚进入国都，正撞着许多百姓携儿抱女，哭哭啼啼地逃来，都说："东边莱夷（在山东省莱阳县①）已经来了一大队人马，要占齐国地方，把许多人民都赶得没处投奔。"太公连忙聚集本地壮丁，由带来的勇将临时教练，率同抵敌。莱夷一见太公已经有了预备，自知来迟了一步，打了几阵，也就退去。太公忙把国事布置清楚，立儿子吕伋做太子，等到国事初定，便又到镐京朝见。

且说武王自从灭商以后，日夜操劳，从前得力的辅佐多半已分封于各国。政事加多，助手减少，更加忙碌，只得把周公旦、召公奭两人留在左右，帮助料理，暂时不去就国。这天，武王为了审视镐京形势，登上很高的山阜，周围

① 今莱阳市。

视察。只见澧水从左边奔流而下，浩浩荡荡，蜿蜒千里，一直接连到前面横亘着一条阔大的渭水，碧浪滔滔，十分壮丽。隔着渭水那边就是一带高原，上面有埋葬着自己父亲文王的陵墓。镐京后面，终南山峰峦起伏，盘旋不断，宛如一座连绵无际的围屏，苍苍郁郁，气象万千，真个是龙盘虎踞，凤舞鸾翔，好一派伟大雄奇的景象。看了一遍，又抬头向东一望，极目茫茫，天低野阔，山川杳霭，云雾迷蒙，心知这就是中原大地。以前商曾经雄踞着这一带地方，统治天下，有着六百多年的煊赫声威，成为天下的共主，但是现在呢？除了武庚在受人监视管制之下，保留了一点很小的地方以外，整个中国的诸侯氏族，谁也不再承认商做他的主宰了。兴亡是这般容易，和做了一场梦一般，何等可怕。现在周不过刚刚得到天下，脚跟还没有站稳。这样广阔的中国，如何能够管理得好？许多地方，许多人民，是不是都真个心服，不生叛乱？他挑得起这副重担吗？想到这里，心里引起了无穷思绪，眼看着山环水抱的锦绣河山，有着一股说不出的怅惘滋味。渐渐红日倾斜，暮烟四起，一阵阵寒鸦飞过，纷纷投入树林。武王也就带着无可奈何的心情回到自己的宫里。

这一夜，他翻来覆去，心绪像滚汤翻腾一般，一波才去，一波又来，无论怎样也睡不着。想起自己身体一日一日衰弱，年龄也已经老迈，儿子诵虽然还算聪明，只是年纪还小，不会管理国政。将来这一肩重担，托付何人？想到了箕子、伯夷、叔齐、武庚，甚至和太公争国的莱夷，越想越多，觉得这样一个新创的局面，危机四伏，实在可虑得很。左思右想，不觉一夜无眠，一直辗转到天色发白的时候，头昏脑涨，连连咳嗽。左右看见武王今天没有起来，知道又是病了，连忙去报知周公旦。

周公听说武王病了，吃了一惊，连忙入宫看视。只见武王面容憔悴，倚枕喘息。周公上前问候，动问为何一夜都睡不着。武王叹了一口气说：“你想，我怎么能睡得着？像殷商那样坚强长久的伟大国家，一失了民心，便弄到这等下场。现在我周一个僻远在西边的新兴小国，前途会是怎样的艰难？我怎么能睡得着？”说到这里，又叹了一口气说：“你也替我想一想，我身体这样不好，怎样能够负担起这般重任？”说着眼眶一红，显出十分伤心的样子，周公也不觉一阵心酸，泪珠扑簌簌地掉下。武王继续说道：“我只怕祖宗艰难创造的基业，一旦也和商一般没有下梢。我看许多兄弟里面，只有你最有才能，将来我打算把国家交托给你，你替我管理好了。”周公听见武王要把国家委托他，心里更加难受，拱着两只手连连逊谢，眼泪流了满面，说：“父亲文王活了九十多岁，现在你的年纪还不算太老，且不要这样地想。”武王说：“我的儿子诵实在太小，我想他是不会管理偌大中国的，还是你来担任好一点。”周公一定不肯，说：“要是因为商的地方太大，周的镐京僻在西方，不好管理，我们可以想个办法，在东方选择一个适中的地方，建设起来，将来也许可以作为一个国都，就比较容易管理中国。”商量了一会，武王便决定在黄河附近、洛水旁边，建立一个都邑，便派周公去相看地势，打算把殷商朝歌地方的人民搬到洛水旁边来，以免他们将来叛变。

过了几时，武王身体总不见康健，便立长子诵为世子。恰巧太公望前来朝见，报告东边一带粗粗平定，武王便把太公也留下，和周公、召公一同料理国事。

这时候，周的声教也已远播各处，就有许多很远的小国都来朝贡。东边的肃慎氏（大约现在吉林省地方）来贡一种楛木做的箭，用砮石做了箭镞，有一尺八寸长。西边的旅国（大约现在新疆地方）来贡一种高有四尺的大犬，名叫獒。其他各地进贡的土产，不计其数。这在各地向来受商纣压迫惯了的国家，认为进贡是应该的，只要不过分需索，就算满意。可是在周方面收到这许多贡品，一半自然是高兴，一半却平添了不少忧虑。

高兴的是什么呢？像肃慎氏的石砮楛矢贡到的时候，武王觉得能够有这么远的地方来进贡，是不可以不留个纪念的，就在箭上刻了“肃慎氏贡矢”五个字，藏在府库里，留给子孙看。

忧虑的是什么呢？像旅国大獒贡到的时候，召公奭就害怕将来周王会因为这异种名犬引起了好奇贪多的野心，或是向各国需索什么特别土产、珍禽奇兽，以致弄到给远方的人民添了许多麻烦，兴许还把好好的属地搞翻了。便作了一篇《旅獒》来教训武王，劝他千万不要宝贵这种无用的奇异物品。

且说周公看了洛邑的形势，回到镐京和武王商议。还没有商量好建筑的地点，武王却又病了。这次的病和以前几次不同，病势越来越重，饮食不进，王后邑姜和世子诵日夜侍奉，派了许多巫祝到处求告山川，祷祀鬼神，总不见轻减。周人虽不像商那般迷信得厉害，但有事情也是求神告天的。大家思想既然都差不多，有知识的人自然也不能例外。太公、召公两个人便商量着要叫卜人卜一个卦，看看武王的病是不是还可以痊愈。周公却阻止说：“且让我先卜一卜再说。”

原来周公心中另存着一种打算，他认为商刚刚灭亡两年，周的国里一切都没有布置安排清楚，武王是万万不能死的。但是有什么办法可以不死呢？那只有恳求祖先保佑。如果武王的命该绝，也求祖先把武王留下替周办事，周公自己情愿代替武王去死。这种思想在现在看来是很迷信可笑的，但是那时候的思想的确认为一个人的生死都是由天管着，只要天允许他不死，便可以不至于死。

周公有了这种心，便叫工匠筑起坛来。周公沐浴斋戒，穿了礼服，手秉玉圭，恭敬祷祝太王、王季、文王，恳求将自己的性命去换武王的性命，只求武王早日痊愈。祷告完毕，便叫卜人卜了三个卦，完全都是上上吉卦。周公看了，心里稍为宽松一点，说：“看这个情形，大约王的病还不要紧，这太好了。”便把祷祝的竹策放在一个金縢的匮里，收藏起来。

那时候还没有纸，所有文字最普通的是用漆汁写在竹片上面，叫作“竹策”。要是文字很长，一片竹策写不了，便写在许多竹策上面，在竹策上端穿了一个孔，用皮条穿过，系了起来，就叫作一册。“册”字的模样就是表示一根带子穿着许多竹片。祷祝的时候，要把祷辞写在竹策上，预备给祖先观看。

祭完了，就放在一个匮里面，用金属的东西把它缄封起来，就像现在的铜铰或是铁锁，以免被人开启来看。这种匮子就叫作“金縢”。

第二天，刚巧武王的病稍微好了一点，大家都十分高兴。过了几天，武王渐渐可以起坐，便又勉强地料理国政，不料身体太亏，一经操心，又复病倒。这样病了几次，终于无法医治，撒手而去。

封建社会的统治者，生活是十分豪华的，尤其在死亡时候，要明显地表示出他是属于另一个阶级，和人民不同。这种奢华铺张在周时候就已经隆重地执行着。一个王的丧礼非常繁重，繁重到不是现在的人所能想象得到。

当时左右侍臣一见武王病危，忙替武王换上衣服，一面拿了一片薄薄蚕丝，放在武王口和鼻的上面，察看还有呼吸没有，这种手续叫作“属纩”。等了一会，知道已经气绝，世子诵便和群臣大声举哀号哭，一面由十二个小臣个个拿了武王常穿的冕服，分头爬上各处屋顶上面，面向北方大声地叫唤：“天子回来啊！天子回来啊！”一连叫了三声，又连忙下了屋顶，拿了冕服跑回来，把冕服盖在武王身上，希望武王的魂魄可以跟了衣服一同回来。这种手续叫作“复”。除了表示慎重外，还夹杂着迷信的成分。

复了一会儿，并不见武王醒转来，大家知道是没有希望了，便急急张罗丧事。先抬上一张几，将日常吃的酒醴肴馔排设上面，扶上世子主祭，祭奠完毕，挂上帷幕，然后敲起大鼓，一层一层地传报出去。登时鼓声动地，各处臣工纷纷奔走，三公六卿和留在镐京的诸侯们都飞速穿戴齐整，入宫奔丧，参加举哀。掌管衣服的司服预备送殡用的襚服，掌管玉器的典瑞预备逝者含在口中的含玉，掌冰的凌人预备寒冰，掌酒的鬯人预备香鬯。虎贲卫士执戈提刀保卫王宫，防备有什么意外发生。其他一切官司，个个都上紧地忙碌着自己的职务。

宫里执事小臣急急抬进一个极大的盘来，盘里满满放着寒冷的冰块，这个盘约有八尺宽，丈二长，三尺深。满屋子登时寒气扑人，好像冰窖一般。原来周的制度，天子要七天才能大殓，所以必须用许多冰。大家便将武王尸体连同所睡的床放在冰盘中间。以后就开始预备浴尸。

浴尸时候，大家都暂时退出，只留下贴身服侍的十几个小臣，把被衾举起来，用清水替武王浴身，又用煮过的洗米水来洗头发。沐浴干净了，拭干。鬯人捧上香鬯，把全身涂抹过，剪去指甲，修好须发，换上干净的新衣，共计十二套，上面盖了新的被单，然后请世子进来，跪在尸体前面。祝人捧米和珠的饭珠，世子将饭珠放在逝者的嘴里。祝人又捧上含玉，世子也把含玉放在逝者的嘴里，填得满满的。祝人覆上了面巾。这时候，全宫的人都男东女西地分列左右，大声地举哀恸哭。大家都用麻缕结了头发，脱下半边袖子，袒着臂膊，用手捶着胸口，连连跳脚地大声哭着，这边执事的臣下便把小敛用的衣服陈列出来。等到许多人都到齐了，许多物品都预备好了，就开始小敛。

小敛前，又举行了一次祭奠，然后替逝者穿上十九套的冕服和常服。礼节完毕，世子又在尸体前面哭踊了许多次，才由小臣把尸体移到正堂。每夜都点着烛，照到天亮。司服陈列了一百二十套衣服，预备大殓。各处诸侯都纷纷送来赠逝者的衣服，宫廷里满满地排列着许多东西。世子们三天内是不喝水不吃饭只管哭的。三天之后，才可以喝一点稀稀的粥。到了第七天，又举行了庄重典礼，把一百二十套衣服一套一套地替逝者穿上。这些衣服都是绘绣五彩的衮衣之类，十分华丽。又戴上冕旒，把玉圭插在带上，一切都装备得尽善尽美，然后入棺。天子的棺木共计五重，最里面的是用水牛皮三寸，兕牛皮三寸合做一个厚六寸的棺。第二重是椸木做的棺，厚四寸。第三重是梓木做的棺，厚六寸。第四重是大棺，也是梓木做的，厚八寸。最后一重是用柏木做的椁，厚一尺。每重棺木都不用钉子钉，只用皮条捆扎结实，漆好了，再放入第二重棺内。五重漆好，需要许多日子，所以天子必须七个月才能埋葬。

在这隆重的丧礼期间，世子、王子们只能睡在草苫上面，用土块做枕头，穿着麻衣，下襟是撕裂没有缝纫的，身上也没有纽扣，这种衣服叫作“斩衰”。住在茅草搭的庐舍里面，吃着稀粥和蔬菜，早晚不停地哭泣，便是夏天也不能沐浴。三个月以后，才许吃饭吃菜果；一年以后，才可以吃肉；三年期满，才可以喝酒，才可以穿丝织品。

这样繁重的丧礼，在那时却认为是非常重要的事。宁可把别的重要事情搁下，也要全心全意办理丧事，充分说明了那时的君权至上和父权至上。有的儿子吃不消这般折磨，最后病倒甚至病死的都有。所以新天子谅阴三年，把政事交给宰相去管理，一半也是因为丧礼太吃力的缘故。

当时世子诵才十三岁，这样隆重的丧礼已经够他忙了。许多国家大事，当然只好由周公代理。那时周公任冢宰的职位，和后来的宰相差不多，一切政事都是他一人该管。谅阴时代，按老例应该摄政的，自然而然就经管了整个天下政务。

周公生在统治阶级的家庭里，自小受到的教育都是忠君爱国的一套，养成了他十分牢固的家族观念。他亲眼看见父亲文王怎样刻苦创下了周家天下，使他觉得应该辅佐武王，巩固这既得的果实。想不到武王突然死了，许多兄弟又都分封在外，只有他一个人留在镐京。这时商灭亡刚刚两年，一切事情都没有布置稳妥。世子诵又仅十三岁，什么也不懂，还得好好教育他。这一肩担子实在不轻。但是有着强烈家族观念的周公，决心运用他的才智来巩固这一姓的统治权，完成他父亲文王未竟的事业。

首先，他摄行了天子的职务，扶立世子诵成为名义上的周王，是为周成王。又把他自己儿子伯禽叫来陪伴成王，施行教育。遇着成王有了过失，周公便把伯禽痛打一顿。这样，成王虽然没有受到责打，却比责打还难受，就不得不勉力学习，成了一个恭谨勤俭的天子。

政事方面，周公更加积极布置，不因为武王死去而停滞。他极力利用原有的里社制度，组织民众，把人民五家五家地组织起来。每五个家叫作一比，五个比叫作一闾，四个闾叫作一族，共计一百家。五个族叫作一党，五个党叫作一州，五个州叫作一乡。每乡有一个乡大夫，其他如州、党……都有一个长，由居民推举出来。他们的资格是年高有德、得到群众拥护的，他们的责任是要了解各家的实在情形，帮助解决困难，办理公共的事业，如教育、争讼等。还要随时传达政府法令，督促办理，响应政府一切号召，选拔各家优秀的子弟，荐给上一层的机关去学习。国家需要什么，只消命令乡大夫一声，马上一层一层地传达下去，就立刻办得清清楚楚。这种制度看起来似乎是民主的，但是它是站在统治阶级的立场，一切是为统治阶级服务的，无形中就成为帮助统治阶级剥削人民的组织了。

这种严密的自治组织，也推行到了农村各地，使得农民的生活有了秩序。春天到了，农人开始耕种田地。这时大多数都是两个人合用一个犁，叫作“耦耕”。在杨柳依依的明媚春光里，农人辛苦地工作着。到了中午，家家都由女人或是小孩子送来香喷喷的饭，给农人充饥。年轻的女子便成群结队地采取桑叶，放在筐里，去饲养春蚕。夏天到了，各种蔬菜瓜果陆续成熟，农家的喜乐也就开始了。妇女便绩麻、织丝，染成各种彩色布帛，男人便割麦、摘豆。秋风一起，金黄色的波浪布满了田亩，农人们都兴冲冲地把种菜的地筑得结实了，割下稻来，就放在这个场地上来晒。晒干了，收进仓库里去。妇女们就用新米来酿造春酒。秋收完了，全家都搬到邑里去住。邑是大家冬天居住的地方，每九个井的人民合住一个邑，一邑大约有八十家的光景。一排一排地盖起房子，两头各有一个邑门，叫作“闾”。每家一到冬天，都急急忙忙地把自家房子修理好了，用泥土把门户涂得严严密密，不让寒风吹进，在这温暖的家庭里度过严酷的寒冬。

每个邑的人民都会推举两个老人管理邑里公共的事情。早上天色微微发亮的时候，这两个老人便起来开了邑门，坐在门旁的房子里，监督着陆续出去工作的人。他们有的出去打猎，有的出去采伐木薪。三三两两结伴同走，一路上彼此互相照应着，走到附近山野地方，丁丁的斧头声与山歌应答着。一部分打猎的人便蛇行鹭伏地到处钉下兔网雉罗，预备捕捉野兽。还带了弓箭，伏在崖旁树上各种隐避地方，侦察鹿豕的踪迹。一经发现，便众箭齐发，欢呼追逐，赶到兽窝里，把大大小小的一起捉来。到了天晚，依然陆续回去邑里，带了一天的收获，高高兴兴地进了邑门。手上没有带回东西的，和早上出去太晚的，都要受到老人的盘问，恐怕他是偷懒不肯劳动。那些带得很少的人应该帮助别个带得多的人分拿一点。上了年纪头发花白的人，手里有东西，大家都抢着替他拿着，让他安逸一点。

男人出去的时候，妇女们就在家纺绩，机声轧轧，前后相和，一位老人随时巡行各家，催促她们上紧工作。那些天真活泼的小孩子，便都走到邑的中心一间很大的校室里，由另一位老人教给他们礼节、音乐、射箭、御车、写字、算数六种常识。到了夜里，女人们为了节省灯烛起见，经常合并在一间房子里纺织，往往织到半夜方才停止。

严冬时候，男人们还常常去敲取冰块贮藏起来，预备夏天时候用。女人们便缝制皮裘来御寒。这样忙忙碌碌地整年劳动着。一到过年，大家宰羊杀猪，喝着自己酿制的春酒，弹琴击鼓，祭神作乐，来安慰自己一年的辛苦。他们也和都市里一般有民众组织，只是名称不同。五家称为一邻，五邻称为一里。四里称为一酂，共计一百家。五酂称为一鄙，五鄙称为一县，五县称为一遂。遂大夫的职务和乡大夫一样。

周是以农立国的，这种生活由公刘时候就已开始。西方地旷人稀，人民有了足够的田地，每年交纳收成的果实，大约十分之一。后来渐渐地需索得多了，农民所得的劳动果实，都得把大的、好的献给政府，自己只能留下小的。织的布帛也都得献上去。猎的狐狸也要剥了皮，做好皮裘，奉献上去。原有的社会组织，现在渐渐成了压迫百姓的机构，帮助统治阶级随时征求各种东西，派人民去筑城起屋，偶然有对外的战争，还得贡献兵器马匹、粮食刍秣。多打几次仗，农田就荒芜了，影响到全年的收成。万一不幸打仗阵亡了，也只是白白送死，并不能得到政府什么照顾。所以农民最怕的就是打仗。不过和以前商纣统治下的暴虐政治来比较，周还算是宽大的。

可是在东方一带地方，还残留着商代统治下的各种势力。周为了巩固统治权，便不得不加紧地把周的势力推广到每一个角落去。推广势力的唯一方法，就是封建。所以周一得到天下，便开始封建同姓的兄弟们和异姓的功臣们做小国诸侯，让他们带了一部分人民去开发新地方，把周的文化散布出去，吸引附近的落后民族，使得附近的人民都受到周的文化影响，渐渐被同化，成为周的势力范围。这好比在围棋盘上，下了许多错落的棋子，又像在一块土地上，撒下几把种子，自然会慢慢生长起来。以我们现代眼光看去，封建是落伍的；但是依据社会发展的观点来看，封建制度在提高生产、推广文化、加强政权组织、巩固阶级统治等种种方面，都比奴隶制度进步了。据说，那时候周所封的诸侯有七十多国，姬姓的就占了五十多国。诸侯受封时候，周赐给他人民土地，以后每年就应该向周进贡物品。这些物品都是向人民一层一层剥削来的。周要打仗，诸侯就得征派人民，服从周的指挥，去打莫名其妙的仗。

这些诸侯的封建，是随便封的吗？不，周公也是有计划、有组织的。他看见商人传位多是兄终弟及，好的兄弟固然不要紧，不好的就要闹出事来。所以商在祖甲以后，大乱七世。无非因为君主的位没有固定传授方法，以致彼此争夺。好在商末后几个君主已经定了传子不传弟的先例。周公认为这是免除争夺的好法子，大可采用。他便规定了王位应该传给最长的嫡子，次子和庶子都不能争夺，但是可以受封为诸侯。诸侯死了，也是要传位给最长的嫡子；次子和庶子只可以在国内做大夫。这样就不致有争夺情事。

天子既然是嫡长子，算是大宗。诸侯是庶子，对天子说来，算是小宗；可是对大夫说来，又是大宗了。所以大夫是由诸侯分出来的，诸侯是由天子分出来的。好比一棵树，由树干分出树枝，由树枝分出叶子。这样骨肉相连，就不怕诸侯反叛天子了。这种封建和大宗、小宗的宗法制度是由上而下的严密组织，乡遂制度是由下而上的严密组织，这两种组织交互着像藤蔓一般，盘绕了周的统治根基。这样，使周代成为中国历史上最长的朝代。

周的统治权安稳了，可是周公自己却不安稳起来。原来召公奭本是武王庶弟，一向帮助武王治国理政，现在看见周公公然摄行天子的职务，南面称尊起来，他想人心难测，周的季历、武王都是以弟弟身份代替哥哥接受父亲的君位，现在成王这般幼小，周公也许要学商人办法，接受武王的王位。看周公那般积极办理政事，召公心里更加犯疑，觉得周公这样抢了成王位置，有点对武王不住，未免露出不高兴神气。周公何等聪明，当然会感觉到的。正要想法解释，忽然召公来访周公，说要回去燕国，不愿在镐京耽搁。周公听了十分诧异，便极力挽留。召公只是不允。周公再三盘问，究竟是为了什么缘故，在这般吃紧的时候，合力齐心还怕保不住周的天下，怎么可以抛开不管？召公才淡淡地说："因为外面流言太多，我不愿意插在里面，所以想离开这里。"周公诧异说："外面有什么流言？我怎么没听见？"召公说："你怎么没听见？现在外面已经沸沸扬扬，都说你不久便要真个做起天子，把新王一脚踢开，这些话差不多人人皆知，你怎么还没有听见？"周公听了，只觉得头顶上轰的一声，顿时目瞪口呆，半晌说："哪有这样的事！哪有这样的事！"正是：已苦邦家犹末固，谁知骨肉又生疑。

第七回

咏鸱鸮周公诛管叔
戏桐叶史佚戒成王

且说周公当日听了召公一番言语，恰似疾雷轰顶一般，不觉目瞪口呆，暗想，当日武王在世时候，原曾要把天下传给我去管理。按着商朝习惯，和以前太伯、王季的故事，我如果真要做起天子，也并不是没有借口。只因自己和武王兄弟感情十分融洽，不愿为了王位引起许多争执麻烦，所以情愿以身作则，立下了大宗嫡长继位的规矩，辅佐侄儿世子诵继立为王。因为他年龄太小，所以不得不替他管理一切。想不到外面竟然有这般谣言，不察我的内心。今天连召公都怀疑起来，别人更不必说，恐怕连小小的新天子也以为我将对他不利。这便如何是好？他想了一会，决定无论如何，必须先把召公留住。自己既已身处嫌疑，迟早必须想法离开这里，召公再要回燕国，朝廷岂不是空虚了？便倾心吐胆地对召公诉说自己绝没有野心，请召公要顾到时局的艰难，千万不要抛弃不管，说得十分恳切，几乎声泪俱下。召公给他这篇诚恳言词感动了，也不觉拉了周公的手，紧紧地握住，相对无言地沉默了一会。

经过这次谈话，召公对周公的误会是冰释了。只是外面的流言却越来越多，周公弄得实在站立不住，只得和太公、召公商议说：“现在外面议论纷纷，好像我要对王有什么不利的行为。这实在太离奇了。大家既然这样不了解我，我实在不应该仍然住在镐京。但是天下新定不久，我也不能抛开一切不管。现在东方一带，商的势力还很大，随时有反叛的可能。武王在的时候，原和我说过，最好在洛邑地方建设一个新的都邑，作为东边的国都，以便镇压各处反叛势力。洛邑是全中国的中心，足可控制四面八方。不幸刚刚开始筹划，就碰着武王崩逝的事情，以致我走不开镐京，又把洛邑搁下。现在不如我去洛邑居住，由你们两位管理朝廷政事。好在现在三年谅阴已经完毕，一切政事，由你们两位帮王执行。我在洛邑，一则可以规划洛邑的建设，二则可以镇压各方，三则可以避开嫌疑。这样比较稳当一点。”

二公听了周公一番话，都劝周公不必离开镐京。但是周公为了避嫌，执意求去，只得由他。

成王十五岁的时候，周公便替他行了冠礼。

古时男子长到二十岁必须行冠礼，女子到十五岁必须行笄礼。行了冠礼和笄礼以后，才算成人，才可以嫁娶。没有冠笄的，只算没有成人的童子，许多权利都不能享受。天子和诸侯因为要管理国事，也可以提早行了冠礼，最早的大约十二岁就可以行冠礼了。

冠礼是一种庄重的典礼。由童子的父兄做主，请一位贵宾，替童子戴上一顶成人戴的帽子，共计三次，戴过三种不同的帽——第一次是缁布冠，第二次是皮弁，第三次是爵弁。要是天子的话，最后一次就是戴天子应戴的衮冕。戴过三次，然后行了许多礼节，就算冠礼完毕。行过冠礼的人，就可担任一切成人的工作。因为普通男子都是二十岁才行冠礼，所以把二十岁称为弱冠。

周公替成王行了冠礼，命一个祝史名雍的做一篇颂，来祝贺成王成人。周公说：“你只要说得明白，不要啰里啰唆的。”祝雍说：“愿王和老百姓亲近，和谗佞的人疏远，对于时间要吝惜，对于钱财要宽惠，亲近贤德的人，任用才能的人。”这样的祝词，可算十分明白简单了。

成王既然行过冠礼，伯禽便也代替周公去鲁国就封，称为鲁公。周公对于伯禽平素管教得十分严紧，伯禽除了常常替成王挨打之外，自己也是常常挨打。周公最小的弟弟名封，称为康叔封，有时和伯禽一同去见周公，见了一次，伯禽就受到一次责打。一直责打了三次，封实在看不过了，便和伯禽商议说：“我们去见了王，也去见了周公，都是十分小心的，一点也不敢乱说乱动，为什么每次还要挨打？要怎样才可以不打？这真把我闹糊涂了。”伯禽苦笑着说："我已经被打惯了。是我的错也打，不是我的错也打，我真不知怎么办才好。又是自己的父亲，躲也躲不开。"封说："我听说，这里有一位贤人，名唤商子，很有道德学问。我们不如去请教请教他，也许他会指教我们。"伯禽恍然大悟，说："你所说的商子是不是就是那位商高，我父亲常常和他讲论算学的一位算学大家？他能用勾股开方的方法算出天有多高和日月怎样运行，叫作周髀算法。"封摇摇头说："这倒不晓得。我只知道商子住的地方离这里不远。既然他的学问这样好，我们去问问他，大约不会有错。"当下两人商议定了，便一同备了贽见的礼物，去拜访商子。原来那时的习惯，要去见一个人必须带了礼物去，称为"贽"。这礼物并不太重，夏天是一束肉脯，冬天是一头雉鸡，大夫是一头雁鸟，卿是一只羔羊，完全看本人等级而定。主人受了贽礼，等到客人走的时候，仍然把贽礼还他。只有臣下献给国君的贽礼，卑幼献给尊长的贽礼，是不还的。当时康叔封和伯禽一同乘车去见商子。那时候乘车是站在车上的。为了防止倾跌，车的前面安了一根横的木板，作为扶手，名为"轼"。路上设使遇到应该致敬的人或物，便用两手扶在轼上，低一低头，表示敬礼，称为"式"。

他们到了商家，叩一叩门，有个童子出来，问知来意，便请他们回自己家里，说："商子不敢当两位来见。请两位回到家中，商子应当上门拜访。"这种客气话是当时的一种礼节，对于初次见面的人必须来这一套的，叫作"礼辞"。

康叔封和伯禽当然熟悉这种礼节，便也依礼回答说："我们不敢劳商子枉顾的，请许我们进去拜见。"童子依然回答说："商子不敢当这般重礼，一定请两位回到家里，商子就登门拜见。"这种第二次辞让，叫作"固辞"，也是一种礼节，并不是真的不肯见。

康叔封和伯禽也依礼回答了一次，童子进去回报又出来说："既然固辞了，不蒙两位允许，敬当出来相见。听说两位带了贽来，这是不敢当的，请辞。”康叔封和伯禽说：“我们没有贽是不敢来见的。”童子又固辞了一次，康叔封和伯禽也依礼固请了一次。到了第三次，童子出来说：“既然固辞了，不蒙两位允许，敬当出来相见。”说毕，一位须发斑白的老者就来到门外相迎。宾主对拜了两拜，主人就请康叔封和伯禽进门，也逊让了三次，方才进门。那时堂下是有东西两个阶的，主人走东边的阶，叫作“阼阶”，客人走西边的阶。商子到了阶下，就请康叔、伯禽上堂。康叔和伯禽逊让了一会。商子登了一层阶级，康叔、伯禽也登了一层阶级。到了堂上，已经布了两张席在地上，东西相向地铺着。商子让他们俩坐在西边的客位，自己坐在东边席上。那时坐的方法是把两腿向后弯着，好像跪的样子，端正地坐在自己的两脚脚跟上，叫作“危坐”。

坐定了，康叔便说了一些敬仰的话，然后把自己求教的意思说出，请问有什么方法可以使伯禽免受责打。商子听了，沉吟了一会，看了伯禽一眼。只见他头戴玄冠，上服缁衣，下服素裳，容貌端肃，态度庄重，坐在席上，如同玉山一般，十分正直。商子暗暗点头，明白内中道理，回想了片晌，觉得不便明说，便向他两人说：“量我一个老朽，有何才能，两位这般虚心请问，我实在不知道应当怎么说才好。我是退闲田野的人，别无所知，只是常在山间林下，领略天然美景，见过不少嘉木名花。在这边南山上面靠近山阳的地方，有一棵大树，名叫作乔。我想先请两位前去观赏一番如何？”康叔、伯禽见商子对他们请问的事并不回答，却说出这般没要紧的话，不知是何意思。欲待推辞不去，又怕他藏有什么玄机，只得诺诺连声。商子说：“两位观看过了，仍请来到这里谈谈。”两人听了，更加摸不着头脑，只得答应说：“我们应当来请教的。”说完又请问商子关于伯禽的事，商子只是不说，却再三请他们去看乔树。两个人没有办法，只得辞了出来。商子早已命童子把他们的贽还了他们，两人也依礼辞了三次，然后收回贽礼。上了车，伯禽唯恐被打，就向康叔商量，天色还早，率性就到南山去看乔树，看看究竟这里面有什么道理。康叔也给这哑谜闷在心里，巴不得早点打破才好，便立刻叫御车的人往南山出发。一路都是农田，稻子像黄金一般，迎风荡漾。树木参差，沟渠交错。许多农人都在田里一面工作，一面唱着农歌。两人到了山下，便下了车，步行上山，由小路向着山南走去。起先倒不觉得难走，后来越走路越不平。怪石嵯峨，树木茂盛，却不知哪一棵是商子所说的乔。转过山径，一道小溪流出清澈的水。水里有许多小小游鱼，十分活泼。溪上一棵大树，树身大得两只手抱不过来。树皮又粗又老。枝柯都十分粗大，向上伸出，好像一个巨人向天伸出手臂一般。上面长满了青翠的叶子，还结了许多种子。伯禽不觉失声夸赞道："好一棵魁梧的大树！"康叔说："这不知道是不是乔，能找一个人来问才好。"伯禽指道："那不是人来了？"康叔顺着方向一瞧，果然一个童子，挑着两捆枯柴，正由那边走来，连忙唤住了他，借问这棵树是什么名字。童子说："这棵有名的大树就是乔树。这一带许多树，就算它最大。"说毕，仍然挑着柴走了。

康叔、伯禽一听童子说这就是商子所说的乔，便睁大了眼睛仔细地前前后后观察一番。这树很像柏树，雄伟地矗立着。庞大又臃肿的树身，向上伸展着坚强的枝干，好像在骄傲地仰面冷笑。他们俩看了一会，想不出什么道理。康叔说："我看这树十分雄健魁梧，别的却看不出什么。你有什么意见吗？"伯禽摇摇头说："我也看不出什么，还是去问商子吧！"他们便寻路下山，仍然到了商子家里求见。商子迎接他们进来，动问见过乔树没有。两人同声应说："见是见了，但是不知看了这树，有什么道理，请解释明白。"商子听了，微微一笑，说："两位既然已经看过乔了，请你们明天再到南山山阴去看有一种名叫梓的树木。看了之后，我们再慢慢讨论。"

两人听了，真不知商子的葫芦里卖的是什么药，只得告辞出来。回到家里，天色已晚，胡乱地过了一夜。刚刚天亮，伯禽就来找康叔，一同乘车去南山寻觅梓树。

走了许多路，才到山下。御车的人指道："前面那棵树就是梓了。"原来古时认为梓木是百木之王，所有建筑，大半都是用梓。种梓特别多。因此山阴有许多梓树。当时康叔、伯禽一听前面就是梓树，连忙展开眼睛细细观看。只见梓树叶子像桐叶一般，树身半俯着，枝条很软，有点下垂的模样。看了一会，也想不出什么道理，便回车去拜访商子。不多一会，到了商家，仍然进内求见。商子接了进来，便问两位既已见了梓树，有何高见。两人回答说："我们资质愚钝，虽然已经看了两种树木，还不明白其中道理，仍请指教明白。"商子说："这两棵树是可以代表两种人。乔木枝干上扬，仰面望天，可以代表一个为父的态度。梓木树身俯着，枝条垂下，非常谦抑的样子，可以代表一个为子的态度。你若是能把这两种树木的样子，仔细地比较一番，就可以懂得为子的道理了。"两人听了，恍然大悟。连忙再拜，谢商子的教训。那时的坐既然是危坐，所说的再拜，也不过把身子向前连俯两俯，和现在的鞠躬差不多。

次日一早，伯禽照例朝见父亲周公，一进门来，就低下头来，不敢仰视，很快走上堂来，恭恭敬敬地朝着周公跪下。那种谦退降抑的样子，好像自己渺小得很。周公看见他和平日那种平坦的态度，大不相同，知道一定受了什么人的指教，便摸摸他的头说："你见过了哪一位君子吧？"伯禽恭敬地回答说："见过了商子。"周公点点头说："商子真是一个君子。"

这个故事流传下来，后人就用"乔梓"两字来称人家的父子。这种乔仰梓俯、父尊子卑的观念就是封建时代最标准的家族道德思想。

伯禽既然受过这般教育，现在就封鲁国，自然一切遵依周公命令。周公恐怕他一旦为君，骄傲起来，便在他要走的时候告诉他说："我是文王的儿子，武王的弟弟，现在王的叔父，算起来身份不贱了吧？但是我洗一次头，总得三次停洗，把头发匆匆地握在手中，先去办要办的事。我吃一顿饭，也常常三次把含在口里还没有咽下的饭吐了出来，先去接见要见我的人。我这样地尽心接待天下的贤才，还怕贤才不肯到我这里来。你这次到了鲁国，千万不要自高自大地以为自己是贵人了，就骄傲起来。"伯禽顿首受教，就起身到鲁国去了。

周公把一切事情办好，便辞别了成王和太公、召公，起身赴东边的洛邑居住。他仍然忙碌地料理许多政事，又把《周易》拿来研究。根据汉代人传说，《周易》自从文王作了六十四卦的卦辞以后，已经很完备了。只是每卦都有六个爻，各爻的意义不同。周公便在每爻下面逐一加上几句解释，叫作“爻辞”，使得《易》的义理更加明白。因为卦辞是文王作，爻辞是周公作，他父子俩都是周的人，所以这部书称为《周易》。

这时候，周公不利于成王的谣言非但没有止息，而且日益加炽。这谣言究竟从哪里来的呢？原来不是别人编造，却是周公自己嫡亲哥哥管叔造的。周公的长兄伯邑考，因为去救父亲文王，给纣杀了；次兄就是武王；第三就是管叔鲜了。管叔才干很好，常常帮同父兄做事。在文王时候，就已经参加政务。因为他能干，所以武王派他去监视武庚，把东边重任完全托付给他。镐京偏在西边，许多地方管理不到。武王自己又多病，只得把最相信的弟弟周公旦留在身边，帮助料理。在武王心中，认为弟弟们都是一家人，各人担任些工作，共同把天下搞好，就是正理。但是因为周公多才多艺，仁厚宽和，武王觉得将来能够把整个天下弄得太平安乐的，只有周公一人，可以担负这种重任，所以把辅佐成王的事情交给他。周公也因为成王太小，不得不接受这个重担。可是管叔心中就不这样想了。他觉得伯邑考死了，王位落到武王身上。现在武王死了，王位也应该轮到自己。要是武王传给成王也就罢了，偏偏又由周公摄政。管叔是个哥哥，反得听弟弟的命令。而且周公究竟是不是真心辅佐成王呢？也许弄假成真，就这样地公然做起王来，那岂不是太不公平吗？他心里存了这样思想，就觉得周公处处都是借了成王为名，来压制自己，心里越想越不服气。偏偏蔡叔度是周公的第四个哥哥，对于周公摄政，也和管叔心思一般，认为周公有意撺掇武工把他们两个预先派出外边，以便周公自己留在镐京，好篡王位，心里好生气闷。不过他胆小一点，还不敢有什么表示。这时候，武庚受封殷地（河南省汤阴县）为侯，虽然仍然祭奉商王的宗庙，却受三监的监视，一点不能自由。想起当年全盛时代，何等赫奕威风，现在却落得这般下场。他巴不得周有了什么内乱，才好恢复商家基业。好容易盼到武王死了，又碰着成王年小，正是一个绝好机会。一班商家老臣，便到处想法，勾结邻近各国，图谋兴复。无奈周公摄政，一切都办理得井井有条，太公、召公同心辅佐，并无一隙可乘。忽然打听得管、蔡二叔怏怏不平的消息，连忙设法极力挑拨。管叔、蔡叔更加愤怒，相信周公内心确实是要篡位的，完全为了抵制管、蔡，才抬出成王来做一个幌子。越想越不甘愿，便决心把周公的秘密揭破，让大家都知道周公存心不良。这样一来，镐京就沸沸扬扬地传说了许多流言，渐渐也传到了成王的耳朵里。成王心里也不免有点动疑，不敢相信周公真的没有贪图王位的心，却又不好说出口来。现在周公主动离开镐京，正合成王的心思。

却说周公抱着满心委屈到了洛邑，渐渐查出这种流言乃是由管、蔡两国传布出来。这时候周公心里十分难过，想自己一胞兄弟，反受了外人利用，造作流言，天下如何还能太平？便派了使者去见管叔、蔡叔，请他们到洛邑相会，以便剖明心迹。不想管、蔡二人一见周公到了洛邑，便暗暗怀疑他是存心要和管、蔡两国过不去的。一听周公来请，更加大吃一惊，知道周公一定已经晓得他们造作流言，要是到了洛邑，恐怕凶多吉少。这时候两人势成骑虎，进退两难。恰好武庚派了使者来见管叔，管叔只得召见。使者叩头说道：“殷侯派小臣前来报告秘密消息。闻得周公离了镐京，来到洛邑，是要惩办造作流言、不服命令的诸侯。殷侯自从受封以来，日夜小心，不敢有分毫过错，一切行动都在各位眼中。不幸现在有许多小人造作谣言，使得周公动怒，要加殷侯重罪。因此前来叩求做主。若得无事，必当重谢。”

管叔听了，更加一重心事，便问使者说：“你怎么知道周公要加你主重罪？”使者说：“这次周公来到洛邑，就是要严刑大诛不服的人。昨天有个消息，要叫殷侯去洛邑朝见。殷侯不敢不去，又不敢就去。生怕到了洛邑要被杀害，所以来求左右做主。”

管叔听了这一翻话，证实了周公对他有不利的计划，忽然报说蔡叔来了。管叔连忙接他进来，一同商议。那蔡叔也是心中忐忑，又听了武庚挑拨，特来找管叔商量。两人商议结果，还是不要轻入虎穴，只各守国内，叫武庚也不去洛邑，谅周公奈何不了我们。一面派人通知霍叔，不要去见周公，免得受罪。霍叔接到通知，莫名其妙，不知他们兄弟是何缘故不和。既然双方都是哥哥，也不便多管闲事，便真的不去洛邑朝见周公。武庚一见管、蔡中计，心中暗暗欢喜，便联络了徐戎（在安徽省泗县）、淮夷（在淮水①一带）、奄（在山东省曲阜县②）等，预备同时举事。

周公见管、蔡不来洛邑，知道他们已经别有心肠。又探得东方许多国家都蠢蠢欲动，到处危机四伏，随时可能爆发战争。只得尽力布置一切，训练兵马，预备削平叛乱。管、蔡探得周公厉兵秣马的情形，准知是要对自己示威，也只得准备军马，收拾弓刀。双方剑拔弩张，都在积极预备。武庚方面自然也结合了许多商的残余势力，来帮助管、蔡，希望乘机得一点便宜。

这时候周公的处境困难极了，内面成王对自己不了解，外面管、蔡是自己胞兄，也对自己不了解。假使打起仗来，天下人也不一定懂得自己的心。要撒手不管，周的天下一定要崩溃的。可是周公一整顿军队，成王心里更加疑忌起来，觉得周公这般尽力扩充势力，岂不是存心要篡夺天下？这样越弄越糟，周公更加无法辩白。他苦心焦思，总得把成王搞明白了才能安心对外，否则也许当他竭力和外人相持的时候，成王却在里面弄什么花样，那不糟了！便做了一篇《鸱鸮》的诗，差人送与成王，希望成王明白自己的心。它说：

鸱鸮鸱鸮，（鸱鸮啊！鸱鸮啊！）

---

① 今淮河。

② 今曲阜市。

既取我子，（你已经把我的小鸟儿取去了，）
无毁我室，（不要再毁坏我的巢吧！）
恩斯勤斯，（我满心恩爱是为了它，我勤劳地工作也为了它。）
鬻子之闵斯！（因为这巢里还有必须抚养和怜爱的幼鸟儿啊！）

迨天之未阴雨，（趁天气还没有阴晦下雨的时候，）
彻彼桑土，（赶快去制取桑根的皮，）
绸缪牖户。（来包裹缠绕我巢上的隙洞。）
今女下民，（现在树下的人，）
或敢侮予？（还有敢欺侮我的吗？）

予手拮据，（我的手不停地工作，）
予所捋荼，（我尽力去获得野草，）
予所蓄租。（我把它储蓄起来。）
予口卒瘏，（我的嘴都啄破了，）
曰予未有室家。（因为我还没有弄好我的巢。）

予羽谯谯，（我的羽毛都落了，）
予尾翛翛。（我的尾巴毛都稀了。）
予室翘翘，（我的巢还是没有弄好，）
风雨所飘摇，（风风雨雨吹打得飘摇不定。）
予维音哓哓。（我只有迫切地悲哀地叫着。）

这是借了一只鸟的嘴来说时局，把武庚比作鸱鸮，把管、蔡比作亲爱的小鸟，给鸱鸮捉去了。把周的国家比作鸟巢。

成王接到这篇诗，读了以后，知道周公是说明他不能不理这番祸变，希望成王了解。他心里很受感动，但是对于周公究竟有没有篡位的意思，还是不敢十分确定。

秋天到了，镐京一带，农田遍野，稻子一穗穗像黄金一般丰满地垂着，农夫农妇个个都是兴高采烈的，专等收成。周是最看重农业的，现在《诗经》里面还保存着许多为了收成丰富而祭祀祖先的诗歌。有一篇名叫《良耜》的，近人郭沫若把它译成白话文，它说：

畟畟良耜，（坚利的好犁头啊！）
俶载南亩；（今天开始耕上向阳的田，）
播厥百谷，（准备播种百谷。）
实函斯活。（耕得真是深而且阔啊！）
或来瞻女，（有人来看望你们，）
载筐及筥。（背起篼子，提起篮子，）
其饟伊黍，（送来的是小米饭，）
其笠伊纠；（戴的笠子多别致啊！）
其镈斯赵，（男子们的锄头加劲赵起来，）
以薅荼蓼。（加劲地在薅杂草了。）
荼蓼朽止，（杂草肥了田，）
黍稷茂止。（庄稼茂盛了。）
获之挃挃，（割起来嘁嘁嚓嚓地响，）
积之栗栗；（堆起来密密栗栗地高。）
其崇如墉，（高得像城墙，）
其比如栉，（排起来像梳子的齿，）
以开百室。（成百间的仓库都打开了。）

百室盈止，（成百间的仓库都堆满了，）
妇子宁止。（大大小小的眷属都没有可担心的了。）
杀时犉牡，（把这黑嘴唇的大牯牛杀掉吧，）
有捄其角。（它的角是那么弯弯的。）
以似以续，（好拿来祭祖先，）
续古之人。（祈求福泽绵延。）

还有一篇叫作《载芟》的，它说：

载芟载柞，（除草根，拔树根，）
其耕泽泽；（耕地的声音泽泽地响。）
千耦其耘，（有一千对人在薅草呵！）
徂隰徂畛，（薅向平地，薅向坡坎，）
侯主侯伯，（国王也在，公卿也在，）
侯亚侯旅，（大夫也在，强的弱的，）
侯彊侯以。（老的少的，一切都在。）
有嗿其馌，（送饭的娘子真是多呵！）
思媚其妇；（打扮得多漂亮啊！）
有依其士，（男子们好高兴呵！）
有略其耜，（犁头是风快的呵！）
俶载南亩，（今天开首耕上向阳的田！）
播厥百谷，（准备播种百谷，）
实函斯活。（耕得真是深而且阔呵！）
驿驿其达，（呵！陆续的射出禾苗来了，）
有厌其杰，（先出土的冲得多么高呵！）

厌厌其苗，（苗条真是聪骏可爱呵！）
绵绵其麃。（不断地还在往上标呵！）
载获济济，（收获开始了，好多的呵！）
有实其积；（好丰盛的收成呵！）
万亿及秭。（积成整千整万整十万石的粮。）
为酒为醴，（拿来煮烧酒，拿来煮甜酒，）
烝畀祖妣，（奉祀先祖代代，）
以洽百礼。（使春夏秋冬的祭典没有尽头。）
有饳其香，（饭是那样的香，）
邦家之光。（酒是那样的香，）
有椒其馨，（真是国家的祥瑞呵！）
胡考之宁。（人人的寿命都要延长。）
匪且有且，（不但是现在才这样，）
匪今斯今，（不但是今天才这样，）
振古如兹。（从古以来一直都是这样呵！）

由这些诗篇里面，可以看出农人对于收成丰盛是多么地热烈期望。今年稻子这样好，是多少年来所没有的，当然更加高兴了。这些农人眼看着不多几天就可以割到满仓满屋的稻，个个都是笑嘻嘻的，连成王和公卿大夫也都十分欢喜。

忽然天上起了一片淡淡的阴云，把太阳盖没了。大家还都不以为意。不多工夫，一大片黑云露出来了。它变幻着很快地由西边蔓延到东边，好像大队黑色的船在天上驶着，冉冉地穿过了许多地方。同时旁边灰色、白色的云也都变幻着各种式样。这时候惊动了几个老年的农人，根据他们已往的经验，大声嚷了出来："糟糕，天要变了，要刮风了！"一霎时，黑云布满了天，狂风大起，呼呼地刮着。接着就是一声震天撼地的雷霆，雨点像瀑布般倾泻了下来。一阵阵狂风，把雨吹得扑进屋子窗户里去。树木都东颠西倒地颤抖着。吓得许多农民叫苦连天，眼看满田满路积雨像河水一般，田里的稻谷都给风打得倒在田里，淹在水中。一年的心血登时化为乌有，白白地空欢喜了一场。许多妇女们都忍不住哭了起来。但是那狂风暴雨毫不留情，仍然大逞威风，猛挥迅扫地不停刮着。只听得不断的哗啦哗啦的声音，一棵一棵的大树都连根地拔了起来。雨水像喷泉一般，一阵阵狂飞乱泼。那些不坚固的房子，也都墙倒瓦飞，满屋漏水。农民除了抱头哭泣、唉声叹气之外，还有什么办法呢!

这时候周成王和太公、召公以及许多大夫，都吓得手足无措，不知道用什么方法来挽救这人力难施的天灾。大家都聚在一处商议，相信这一定是上天震怒的缘故，但是不知是什么事情做错了，会使天这般动气。只有叫卜人来卜一卦，看看是什么缘故。大家商议定了，便由成王带头，全体公卿穿戴礼服，衣冠济济，到了存放卜辞的最神圣的屋子里，开启以前的匮子，查看从前所卜所做的事情，有没有违反上天的意思，以致天怒。开了金縢一看，里面各种卜辞，并没有什么特别，只有周公请求替武王死的竹策，是大家都不曾知道的东西。

成王拿起竹策，读了一遍，诧异得很，便交给太公、召公去看。二公看了一会，也觉得十分奇异。因为周公以前只说替武王卜卦，并没有说到替死，这件事大家全没有听过。彼此面面相觑，不知这事情从何而来。呆了一会，便召唤掌管卜卦的卜人、掌管金縢竹策的祝史，以及一切有关的执事人员。成王正色地问他们：这竹策从何而来？里面所说的话是真是假？诸人同声回答说：“这是那年武王病重时候的事情，完全是真的。”便将那年周公如何如何祈求替死的事情，从头到尾述说一遍。说完，大家又都不约而同地叹着气说：“这件事我们本不该说出的，因为当时周公是千叮万嘱地叫我们不要说。今天王亲自来问，我们才不得已说出来。”

成王听到这里，不觉眼泪簌簌地掉下，拿着竹策哭泣了起来，说：“不用再卜了！不用再卜了！这就是今天老天爷动怒的原因了。当初周公为了国家，受尽千辛万苦，勤劳王事。我年龄幼小，不能明白清楚。现在老天大动威怒，来表扬周公的道德。我只有立刻去迎接周公回来，以赎我以前糊涂之过。”说着哽咽不止，便把竹策收起，即刻备车，冒了大雨，亲自去迎接周公。据说那时成王出了镐京，风势便转了方向，把已经吹倒的稻扶起了。雨也渐渐停止。太公、召公忙命国人把倒下的大木扶起，筑得结实。一霎时云收雨止，天色放晴。禾稼仍然毫无损坏，大获丰收。农民个个都破涕为笑。

本来狂风暴雨都不过一两天的，风势一顺一逆地吹，也是常见的事，这都不是什么稀奇的事情。不过事情碰得凑巧，那时又是迷信神权的时代，就认为真是老天的意思了。古时君臣之间，很是难以相处。周公借了金縢的事情，得到成王信任，就成为一段后人羡慕的佳话。后来魏曹植有一首《怨歌行》，专咏这件故事。它说：

为君既不易，为臣良独难。忠信事不显，乃有见疑患。周公佐成王，金縢功不刊。推心辅王室，二叔反流言。待罪居东国，泣涕常流连。皇灵大动变，震雷风且寒。拔树偃秋稼，天威不可干。素服开金縢，感悟求其端。公旦事既显，成王乃哀叹。吾欲竟此曲，此曲悲且长。今日乐相乐，别后莫相忘。

成王觉悟来接周公的消息，早有人飞报周公知道。周公听了，又悲又喜，连忙乘了车赶快回到镐京。一路上车驰马奔，如飞地望西直走。走到半路，恰好迎着成王来接的车驾。两人一见面，都激动得说不出话来，只是互相紧紧地抱着流眼泪。从此两个人的内心，再也没有一点隔膜。成王和周公一同回到镐京，仍然请周公管理国政。

这种消息传到管叔耳朵里，不免大大恐慌起来。他这个时候已经和周公立在敌对地位，无法和解。周公一回到镐京，便可以用天子的旨意来支配他，岂不是十分危险？他到了这时候，无路可走，只有和武庚联合着抵抗周公的势力了。这在武庚方面，自然正称心怀。蔡叔、霍叔也因为没有去见周公，心里惴惴不安，都和武庚接近起来。

周公一到镐京，便把管、蔡和武庚的行为报告给成王知道。管、蔡要是没有和武庚结合的话，那不过是他们和周公兄弟之间闹意见，这还容易解决，大家也不一定就帮着周公。无奈他们棋差一着，无故地投入了武庚方面，以致变成商、周的存亡生死问题，成王和太公、召公以及周的臣下人民都不得不站在周公方面。大家都主张要立刻迅速地去讨伐，别让他们养成势力。便由周公用了周王名义，向各国诸侯和公卿大夫、百官人民发布了一篇讨伐殷的告示，说明必须东征的理由。这篇演讲名为《大诰》，诰里只说殷的残余势力图谋蠢动，却不提到管、蔡。因为管、蔡究竟是自己一家兄弟，总希望他们可以改过。发表《大诰》以后，周公便带了一支军马，仍到洛邑，相机进剿。

这时候，武庚的党羽徐戎、淮夷、奄都纷纷响应武庚，还有熊盈族（在长江一带）十七小国也和武庚联合，声势很是浩大。管叔、蔡叔虽和武庚联络，不过是惧怕周公加害他们，并没有叛周的思想。武庚也知道他们本是兄弟，要他们弃亲投疏，背周向殷，是很不容易的，便想了一法，派遣了一个能言会语的使者来见管叔。管叔召入。使者即见礼毕，便对管叔说：“听得周公已经回到镐京，重新执政。君侯的祸一定不远了。”管叔假装不明白的样子说：“为什么我会有祸？我们是兄弟，没有什么关系。”使者说：“上次周公来到洛邑，曾经召见君侯。如果要按兄弟来说，周公是弟，君侯是兄，周公为何不来见哥哥，反要君侯前去见弟弟？其中必有道理，只瞒了君侯一人，没有知道罢了。周公要篡王位的话传遍了镐京，许多人都说是由君侯这里传去的，难道周公听不见？他听见了就不怀恨君侯吗？既然怀恨，召见君侯，又召不来，他就算了吗？他如果没有篡位的心，新王也不算小，公卿很多，为什么还要他摄位？就算需要人摄位，也是君侯最长，理合由君侯摄位才是，为什么会轮到他？以他现在的势力，尽可干脆自立为王。所以不敢自立，就是怕君侯在外主持正义的缘故。因此不得不假意拥立新王，借了幼小天子的幌子，来锄灭和他有碍的人物。等到他所忌的人完全锄灭以后，连新王也要受他的除灭了。现在君侯就是他第一个畏忌的人，他一定要想法来对付君侯的。殷侯因为不忍看见君侯这样仁厚友爱的人上了周公的当，所以特地派下臣来，请君侯留心。”

管叔听了这使者的花言巧语，句句都说到自己心坎上，觉得很是有理，便问他说：“殷侯究竟是什么意思，何妨明说。”使者说：“殷侯自问无罪，蒙武王大仁大德，赐封殷地，一向并无过失。现在周公因为君侯是监视殷侯的人，要想借了殷侯不忠为名来加害殷侯，好连带把君侯和蔡侯、霍侯一网打尽，以便他安稳篡位。殷侯不能坐受诛戮，也不忍看见武王的儿子新王受周公的迫害，决定联合各国，自卫国土。也许周公看见风头不对，不敢图谋篡位。即使他有何举动，我们也可以互相救援，不致受他屠割。不知君侯意下如何？”

管叔听了，觉得所说十分有理，自己若能拥有一部分势力，足可和周公抗衡，也许周公害怕，不敢篡位，总比束手任凭宰割强得多了。想了一会，便答应和武庚合作。使者回复了武庚，武庚大喜，连忙亲自来见管叔，并且约了蔡叔同来。武庚对他们再三解说，必须整顿兵马，力图自卫。自己安全，周王也可以安全，不致受害，这样才是报答武王恩德之道。万一周公出兵来攻，大家必须合力抵御，并且向镐京宣布周公谋篡的罪状，把周公打下台来。那时再由管叔、蔡叔双方夹辅周王，各国才有平安日子。

管叔、蔡叔听得武庚所说的话，句句有理。蔡叔胆小，只图自保没事，还没有说什么。管叔本来就自负才干，不肯屈居周公之下，登时拍着胸脯，一口担承，将来若是在周执政，决不加害各国，必须使人人都享安宁，各无祸患，才是父亲文王、哥哥武王的本意，绝不像周公这般包藏祸心。大家订约已毕，管叔便派人去通知霍叔，叫他预备兵马，一同起兵。霍叔的胆子比蔡叔更小，他又闹不清管叔为何和周公过不去，觉得两边都是哥哥，帮谁也不好，还是不要得罪吧，便含糊答应，却不动兵。

武庚是一个十分聪明的人，所封的殷又是商的本土，人民受商统治了几百年，脑筋里都种下了愚忠的思想，又见武庚本是王子，现在只落得小国为侯，还得受周监视，不能自由，大家都动了同情的心。每逢武庚出游，大家都围着观看，指指点点说："这就是商王王子。要不是因为他父亲做错了事，也是一个天子，何至弄到这般！"个个叹息地谈论着。武庚抓住这一点人心，益发做出十分小心谨慎的样子。一面散布谣言，说周公存心要灭亡殷商，正在寻找武庚的事。这样就把战争的责任完全推在周公身上，使得人民对他更加怜悯。看着时机成熟，武庚便卜了吉日，举行禘祭。那禘祭是一种天子祭天的典礼，祭天的同时也将最尊的祖先配了来祭，是许多祭礼里面最盛大庄严的。商的臣子个个按照原来职位，前来助祭。笾豆一排排陈列着。牺牲玉帛，一切齐备。威仪济济，钟鼓喤喤，仍然按照当年全盛时代的礼节隆重举行。许多老臣官吏一到了这种威严庄重的地方，个个心里都产生一种难以形容的感触。一时祭礼开始，乐队唱起颂诗来，颂扬商先祖功德巍巍，怎样开疆辟土，建成了伟大国家，怎样爱护人民，怎样受到各国的爱戴。这在先前不过是一种歌功颂德的赞美诗歌，现在听起来，却感到事过境迁，不堪回首。这时商的子孙臣下参加祭祀的人，没有一个不觉得刺心一般地难过。一个个都黯然垂下头来，眼睛里一阵辣辣的，勉强支撑着行完祭礼，大家都凄然不乐。武庚便趁这机会，留住大众，且慢散去。一同来到聚会的地方，由武庚涕泣诉说："周公已经出兵，想要进攻殷商，把商彻底灭绝。想商代建国几百年间，从来没有什么大罪大恶。我父王虽然有许多不好，以前由契到成汤、武丁许多君主，也曾尽心替人民做事，难道丝毫都没有好处？你们祖先父兄都是商的臣下，怎忍袖手旁观，坐看商家宗庙毁坏，子孙灭绝？便说我个人，就有过失，也还不到灭族亡国的重罪。今天还能祭祀祖先，将来怎样，就很难说了。”说着就放声大哭起来。商的臣子人民，一听这般言语，大家都动了悲愤，众口同声地大叫起来，说：“我们都是商的子民，如果周要灭亡殷商，除非把我们完全杀死才行。周公敢派兵来，我们情愿誓死抵抗，肝脑涂地，在所不辞。”登时一倡百和，大家纷纷议定，拥戴武庚起兵，恢复商家天下。一面分头去各国运动联络，一齐动手。那时东方本来残留很多商的势力，尤其蜚廉所带的象队，一向镇守东夷，并未撤退，更是猛悍。为了要给儿子恶来报仇，当然首先响应武庚。

且说周公统领了周的军队，由镐京出发东征，到了洛邑和各处军队会合。探子报知殷、管、蔡、奄各国已经公然起事。其中奄国最是强悍，和从前纣的猛将蜚廉结合，攻击鲁国。周公听了，还没有答话。又一个探子来报，徐戎、淮夷和南方的熊盈也都蠢蠢欲动，恐怕要加入战事。原来周公儿子伯禽所封的鲁正夹在奄和徐戎中间，现在奄、徐戎同时叛乱，鲁可能受到攻击。周公连忙派人飞报伯禽，迅速准备。又怕伯禽不是徐、奄敌手，便又飞报召公速催太公回国，纠集了齐国兵马，和伯禽互相呼应。并且由召公做主，发出特许的命令，许太公可以攻伐不服的五侯九伯各国诸侯。东方布置好了，周公自己便专心来对付武庚、管、蔡。

果然不出周公所料，奄国和徐戎同时并举，全力猛扑鲁国。鲁国城门紧闭，危急十分。鲁公伯禽督促人民，共同守御，极力支持。那时伯禽所封的鲁，因为是周公的封国，所以有统辖附近七百里各小国的权力，各小国也都出兵前来帮助伯禽抵抗徐、奄。伯禽便在费地约束军队，合力反攻，成了相持的局面。

这边周公迅速进兵，先来进攻武庚。武庚手下军队虽然不多，却都是死心塌地不顾性命的。战了几次，丝毫不得便宜。管叔和蔡叔又都接济了许多军器粮食，更加难以取胜。看着相持了几个月，双方死伤不计其数，战事还是一进一退，一胜一败，没有决定的局面，周公心里十分着急。不觉秋尽冬来，天气渐渐寒冷。周公一面派人回到镐都，催促输送寒衣，以免军士受冷。一面传令整顿兵马，进攻殷都。

原来商人有饮酒的习惯，家家都爱把酒当作汤水来喝。那时还不知道饮茶，日常只是喝水。既然以酒当水，自然常常喝醉。到了天气一冷，更喜欢饮酒取暖。这种风俗已经流传多年，周公深知情形，所以就冒冷进攻。果然武庚军队战了一场，不论胜败，总是大喝特喝，直至大醉方止。这时候周公继续进军，商兵士都在醉乡，不能抵抗，就大败了一阵，只得逃进城去。周公督率军队，奋勇攻城，商兵也尽力守御。无奈他们好酒成癖，一有空暇，便端起酒来狂喝。夜里守城，更要喝酒御寒。一经入口，便喝个不休，把军机大事统统放在脑后，还要狂呼大喊，或哭或笑地撒起酒风来。这种习惯，不但军士，连领导的人也都免不了。不多几日，就给周公找到机会，攻破了城。武庚带了亲信臣下逃出城去，向北方远走高飞，走到半路，被周兵追上杀死。

周公破了武庚，安民已毕，立刻移兵去打管、蔡，一面派人去叫管叔、蔡叔前来。这时管叔、蔡叔正巧接到武庚败逃的消息，两人大吃一惊，忽又听说周公派人来叫，管叔恨恨地说："他这时候叫我绝没有好意，我不能对他认罪服输。我国里还有一些兵马，我情愿和他再打一仗，见个输赢。"蔡叔说："我们精锐的兵马已经都派去帮助武庚，国内剩下不多，恐怕打不过了。还是认个晦气吧！谅周公旦总是我们兄弟，也不好把我们真个怎样。"管叔听见蔡叔已经软了下来，心里更加动气，忽又报霍叔差人下书，忙唤入细问。使者叩头说道："寡君霍侯派小臣前来告知，以前因为受了殷侯的欺骗，不听天子命令，不到洛邑朝见，也不出兵跟随周王军队征讨各国，以致得罪天子。现在寡君自己知道罪重，已经亲到周公军前领罪。蒙周公念兄弟之亲，不加诛戮，现在已经回国待罪。请两位君侯，趁早回头，不要执迷不悟。周公宽宏大量，必定不讨从前的事。君侯务必三思。"说毕又复再拜。蔡叔听了，看着管叔不发一言。管叔听说霍叔已经前往认罪，直气得怒发冲冠，又看见蔡叔这般情形，知道他已经心动，不觉长叹一声，半晌默然。等了一会，对蔡叔说："你既然愿意投降，这是各人的事，我不便勉强，你也不必管我好了。"说毕，拂袖而入。

蔡叔看见管叔这般情形，知道他心高气傲，不肯认输，自己又不敢跟他一般行动，真是左右为难。只得先把霍叔使者打发走了，自己想了一会，委决不下。忽报前方军队已经大败回来，蔡国已被周公军队围困，就要打入国都，蔡叔更加惊慌无措，忙进去和管叔辞别，打算回国投降。谁知管叔早已悬梁自尽，宫内哭成了一片，惨不忍闻。蔡叔也不觉号啕大哭，哭了一会，勉强劝止众人，预备棺殓。忽然又报周公军队已经到了城下，把蔡叔弄得手忙脚乱，不知如何是好，只得连忙率了臣下和管叔的儿子一同到周公军中投降，泣诉管叔已死，把事情都推在武庚身上。周公听说管叔身死，念及兄弟之情，不免也流下眼泪。便把蔡叔留在军中，叫管叔儿子回去，棺殓管叔，好好埋葬。人既然死了，一切都不必再说。一面进城安民已毕，另派人员暂时看守地方，把管叔的妻儿送回镐京，做个平民。蔡叔也流放到郭邻地方，管制他的行动，只许他有七辆车，其余一概没收。霍叔被革去国君的职位，做个平民；三年之后，没有过失，才许他回国仍做霍侯。管、蔡两个国，由周另派人管理。一切处分完毕，休兵三天，重行往东攻伐淮夷、熊盈。

且说成王在镐京，有召公佐理国政，倒也安闲无事。一日，成王的同母弟弟，名虞，进宫朝见。虞是邑姜最小的儿子，也是成王最小的弟弟，成王十分怜爱，常常一块儿游戏。朝见完毕，就在院子里散步谈心。这时候正是天高气爽的时节，院子里乘凉说话，很是适意。小弟弟年纪固然很小，成王却也不过十几岁。平素做着天子十分拘束，难得有天真自在的游玩时候。当时谈了一会，忽然一阵微风，簌簌地掉下许多梧桐叶子。成王微微点点头说："秋风到了。我记得以前伯禽在这里的时候，也常常和我捡桐叶玩。现在，他在前方打仗，不知道这几天打得怎样。”

小弟弟听见说到伯禽就笑了，说：“他现在不玩梧桐叶子了，他现在玩刀玩枪了。不，即使他不打仗，他手里也是拿着玉圭，也不拿梧桐叶子了。”

成王也笑了，说：“乖弟弟，你羡慕玩刀玩枪吗？你羡慕玉圭吗？好的！”说着就低头捡起一片梧桐叶子说：“这就是玉圭。你看，它多么翠绿可爱啊！碧油油的，还没有变黄，最温润的翠玉也不过这样。这是天然的绿玉圭。我现在赐给你，你也拿在手上，算是我封给你的。”说罢，笑着把梧桐叶子塞在小弟弟手上。

小弟弟果然学着秉圭的样子，用双手把梧桐叶子当胸拿着，和成王嘻嘻哈哈地笑了一阵，便拿了叶子笑着走了。

成王看见弟弟走了，一个人坐着无聊，想要回到宫内休息。刚刚走进宫内，宫侍报说史佚来请朝见，成王忙命召进。史佚端整衣冠，趋到阶下，再拜称贺说：“臣闻今天我王封王弟虞为诸侯，臣的职务是专管记事的，请求宣示今天封的是哪一个国名，臣好记上竹策。”成王听了不觉脸上发红，连忙说：“今天我和小弟弟玩，偶然捡个梧桐叶子，说句笑话，并没有封他做诸侯的事情，你弄错了。”史佚说：“我王身为天子，出言就是圣旨，史官就把它记在竹策上面。一切礼节都要按着王的话来定，一切乐歌都要依着王的话来唱，所以天子是没有一句戏言的。我王既然说过封小弟弟的话，就应该真封他。”成王听了，只得弄假成真地封弟弟虞做唐侯，后人称他为唐叔虞。

唐叔虞受封之后，真个做起国君来。却巧唐地（山西省翼城县）那年五谷丰登，田禾大熟，其中有一棵奇异的禾，两个禾本，合成一个禾穗，好像连理一般。农人都觉得十分奇怪，便把它掘来，献给国君唐叔虞。叔虞收了这棵嘉禾，也觉得非常奇异，便又把它献给成王。成王收到嘉禾，想起那年风雷的事情，一个大熟的年，几乎弄到颗粒无存，现在唐地又复大熟，这种嘉禾出现，可算一种祥瑞。但是想到一向受屈的周公，现在还在辛苦地征战，心里很不过意，便叫唐叔把这禾送到前线，赠给周公，算是上天赐给周公的祥瑞，一半也算问候周公安好。唐叔奉命，果然把嘉禾老远地送去。周公一见成王派了最亲爱的小弟弟千里迢迢地送来一棵嘉禾，这真是礼轻意重，不知含有多少爱心。而且这棵嘉禾里面，包含着无限寓意。他真感到便是再辛苦一点，也是值得。

这时候，太公正帮着伯禽和蜚廉大战。蜚廉原是以跑得快出名的，可是打仗的时候，一个人跑得快并没有多大用处。蜚廉所靠的不过他的象队，在刚练好的时候，曾经帮他打平东夷，但是现在隔了好几年了，那些象死的死了，老的老了，已经没有以前厉害了。太公又是老将，韬略非凡。打了多时，蜚廉竟然没有得到一点便宜。还亏奄国实力很强，还可勉强招架。不想周公攻灭武庚，军威大振，全师移封东方，和齐、鲁两国夹攻。奄慌了手脚，只得分头迎敌。伯禽趁势从后面掩杀过来，把奄国地盘占了，蜚廉也给周公的伏兵杀败，群象陷入伏兵中间，不是被打死打伤，便是被捉。蜚廉只得往北逃走，不料逃到半路，伏兵四起，把蜚廉包围在东海旁边，连带领的一些兵士都完全被杀。

蜚廉既然死了，残余的象队也就被消灭了。奄国失了这支强兵，无力再战，国土又被伯禽占去，只得率众投降。周公回师讨伐徐戎、淮夷和熊盈等十七小国。这些国家的兵力都远不如武庚、奄国，一见武庚、奄都已失败，怎敢抵抗？都纷纷纳款投降。周公便分别依照他们罪状的大小，一一给他们适当的处分。那些平日虐待人民的国君都被依法办罪，另将国土改封给有功的人为君。这次东征共计费了三年光阴，灭了许多国，也封建了许多国，使封建的制度向前推进了一步。只是商国遗民很多，难保将来不再起事。周公再三筹划，便将殷地的人民悉数搬到洛邑去住，剩下不能搬移的农民，派了最可靠、最亲信的胞弟康叔封去管理，改国名为卫，封康叔为卫侯。又访知商的后代子孙间，微子启算是最贤的。他本是帝乙长子，纣的胞兄。当初帝乙曾经要想立他为太子，只因他是庶出，太史苦谏，才立了纣，以致弄到亡国。微子和比干、箕子都因苦谏的缘故，或死或囚。微子逃回本国，不问国外事情，商民至今还在纪念他的贤德。周公为了遵依商人民的愿望，便把商丘地方封给微子，国名为宋，爵为上公。许他仍用商代天子的礼乐来祭商的先祖；来朝周的时候，周当他作贵客看待，不算臣子，这样可以使商人的心有所寄托。一面又再三嘱咐康叔务必将商地酗酒的习惯彻底改掉，再有犯的，严厉办罪。

这样煞费苦心地一一筹划好了，周公方才奏凯回到镐京，成王、召公们欢迎和高兴自不消说。周公觉得这次出征之所以能够成功，完全是士卒大众的艰苦奋斗得来的，他们这样劳苦功高，应该特别表扬才是，便作了《东山》这首诗，来慰劳他们。它说：

我徂东山，（我去东方打仗，）
慆慆不归。（许多日子都没有回来。）
我来自东，（我由东方回家，）
零雨其濛。（一路上又冲着蒙蒙的细雨。）
我东曰归，（当我在东方时候，一提到回家，）
我心西悲。（我的心就悲伤极了。）
制彼裳衣，（我虽然穿了军队的服装，）
勿士行枚。（但是我从此不再做打仗的准备了。）
蜎蜎者蠋，（蠕蠕的野蚕，）
烝在桑野。（在野外的桑树上面爬着，）
敦彼独宿，（好像孤孤单单的我，）
亦在车下。（在车的下面睡着。）

我徂东山，（我去东方打仗，）
慆慆不归。（许多日子都没有回来。）
我来自东，（我由东方回家，）

零雨其濛。（一路上又冲着蒙蒙的细雨。）

果蠃之实，（栝楼结的瓜实，）

亦施于宇。（盘旋在我的房子上面。）

伊威在室，（小蠹虫爬满了我的屋子，）

蟏蛸在户。（小蜘蛛网满了我的窗户。）

町畽鹿场，（我屋子旁边的空地，踏满了野鹿的足印。）

熠耀宵行。（萤火虫也闪烁地飞着。）

亦可畏也，（这样荒凉的景象太可怕了，）

伊可怀也。（可也是很可思念的地方呵！）

我徂东山，（我去东方打仗，）

慆慆不归。（许多日子都没有回来。）

我来自东，（我由东方回家，）

零雨其濛。（一路上又冲着蒙蒙的细雨。）

鹳鸣于垤，（水鸟在蚁穴上面叫着，［因为它知道要下雨了，有蚂蚁可吃了。］）

妇叹于室。（我妻子在房里叹气着。［她想到天阴雨了，路上更要辛苦了。］）

洒扫穹室，（她就把屋子打扫清净，把鼠穴塞得严密。）

我征聿至。（预备着等我回来。）

有敦瓜苦，（累累的苦瓜，）

烝在栗薪。（蟠结在栗树枝上。）

自我不见，（我没有看见它，）

于今三年。（已经足足三年了。）

我徂东山，（我去东方打仗，）
慆慆不归。（许多日子都没有回来。）
我来自东，（我由东方回家，）
零雨其濛。（一路上又冲着蒙蒙的细雨。）
仓庚于飞，（仓庚迅捷地飞着，）
熠耀其羽。（它的羽毛是何等地光耀呵！）
之子于归，（爱人嫁来了，）
皇驳其马。（驾着花驳的马呵！）
亲结其缡，（她妈妈替她结上美丽的手巾，）
九十其仪。（经过了许多隆重地仪式。）
其新孔嘉，（新婚是这样地美满，）
其旧如之阿？（那已经结婚的，久别重逢应该怎样地高兴呢？）

这诗慰劳得胜凯旋的军士，可算很能体贴人情，描写出出征军士热烈渴望回家的心理，所以成为名作。

周公回到镐京，把朝廷大事规划清楚，又选择了日期，在岐山山阳地方，由成王会集各国诸侯，隆重地举行了大览的典礼，把所有甲兵车马仔细地检阅过，然后耀武扬威地操练一番。这是周初一个极盛的大会，也是成王亲自行使天子职权的第一次大会。

但是岐山究竟偏在西方，对于东方各地还嫌过远。周公为了巩固政权的长久打算，又计划在洛邑营建东都，先派召公去查看上次周公所看的地方是不是合宜。看好了，再由周公问卜决定了两个地方，还画了图给成王观看，这个图恐怕是最古的地图了。

计划决定以后，才建设起来。一个是在涧水的东边、瀍水的西边，名叫王城，作为朝会用的。一个是在涧水和瀍水的东边，名为下都，是给殷的遗民住的。两个地方相离不过四十里，合起来名叫成周。

周公一向苦心焦思，就是要想使周家基业巩固。商代的根基很坚，人民受商统治许多年，一旦叫他们服从周的统治，很不容易。周又是僻在西方的一个小国，管理中原偌大地方，交通十分不便。因此，周公先极力封建同姓兄弟和有功的臣子做诸侯，把他们分布在东西南北各处，把周的文化思想慢慢浸渍到各个地方，吸收和同化许多落后民族，使之成为一休。一面又把商的原有势力分散，陆续把各族殷民分配到各国居住，也搬了大部分到洛邑来，住在下都地方，集中管理。所剩的贫寒农民，又派康叔严密地管理。这样，商的势力便从根本上被铲除，周的王业也渐趋巩固。再把成周建设起来，成为东都，这是全国的中心，各地方前来朝贡，道里平均，没有路程太远的弊病，周控制天下的力量也容易达到各方。这就是武王和周公要建设洛邑的本意。

洛邑既然是周控制天下的中心，当然要建设一个完美的各国朝会的会场。于是便建设了一个宏大宽敞的明堂，专供朝见各国诸侯之用。这明堂中间有五个大室，四面有四个宽大的堂，可以容得许多人众。建设下都、王城、明堂等，都是叫殷民去工作的。这些被搬来的殷民，有许多本来不是奴隶，甚至他们一向是不肯服从周的，现在却要他替周建设，心里都十分不愿意。周人虽然百般督促，他们却总是有气无力地劳动着。急得连周公都将他们叫作“顽民”，并且还屡次地诰诫他们，再三说明是殷自取灭亡，并不是周敢占夺殷的天下。这些言论有许多都还保留在《尚书》里面，像《洛诰》《多士》《多方》等都是。

成周建设完毕，周公的心方才放下，便将政事交还成王自理，并且定期在成周大会各国诸侯。成王再三辞让，要周公再代理下去，但是周公认为成王已经长大，理应自已掌管国事，坚持还政。最后决定由成王在成周大会诸侯。会毕，留周公在成周管理东方各国的事，成王回到镐京，由召公帮助成王管理西方的事。从此，周公、召公一东一西分治，就成为周代的习惯。

这时候，蔡叔看见周公真个把国政交还成王，并没有篡位的心。想到自己当初和管叔无故多心，惹出许多祸来，不觉又愧又悔，渐渐得病。他的儿子蔡仲，很是明白事理，周公因为蔡叔有罪，不便宽赦，心中当然也很难过，便把蔡仲叫去，在周公自己的采邑里做个卿士。

原来周的制度，天子自己所管辖的地，叫作“王畿”。王畿以外的地方，封给诸侯，个个建立国家，有大有小。王畿以内的地，由王封给王的公卿大夫，每人一块小地方，叫作“采邑”。采邑以内的农民纳租，就算是这个大夫的薪水；采邑以外的农租才直接归给天子，作为全国用度。这种制度，是因为那时钱币流通不多，还没有用作官吏的俸给，只能每人给他农田，让他自己去管。周公自己在文王时候已经在周受封采邑，这个采邑的地名也叫作周，所以他被称为周公。现在虽然长子伯禽已经封在鲁国，但是周公本人还在周做三公，仍然享有采邑的收入，所以周公命蔡仲在周邑里面做自己的卿士。做了一时，周公观察他的行动十分谨慎小心，忠于职守，想他本可继袭蔡侯地位，因为父亲蔡叔一念之差，弄到这般地步。兄弟之情，不免觉得怜悯。不觉过了几年，蔡叔病殁，周公便把蔡仲性情行动告诉成王知道，带他来见了成王，仍封他做蔡侯，命他回国去把国事料理清楚，也来参加成周大会。

大会的日期还没有到，远处南方却有个越裳氏已前来朝贡。据他自说是经过了许多曲折，才能达到中国。他的言语和中国人不相同，风俗习惯也不一样。有的人说，在以前尧的时候，越裳氏也曾来过中国。他来献的东西是白色雉鸡。周公听说这么远的地方前来进贡，便说：“我们恩德没有加到的地方，不应当享受人家的贡品；我们没有力量去帮人家的忙，就不应该拿人家的东西。”叫有司们把白雉还给越裳氏使者。越裳氏使者看见远远地送来，周却不肯收受，不免大失所望，便由翻译转达说：“我国离中国极远，还隔了一个海。在这三年内，海水平静无波，风调雨顺，五谷丰登。我们国里年纪高有见识的人都说：这般的光景是许多年没有过的，恐怕是中国出了什么圣人吧！

所以才派了我们不远千里地来到这里，并不是有什么希望，只不过观看中国的伟大壮丽，好回报国王就是。”周公听了他这般说话，只好把白雉收下，烹煮了来祭祖先。那时把东西来祭祖，就是贵重它的意思，并且表示这是祖先的功劳，才得到远人归服。同时厚赐使者。但是使者因为路太远了，已经认不清怎么走回去。周公便造了指南车，派人送他回去。据古书里面说：他们一直走到扶南林邑（今越南占城①）地方，靠海边又走了差不多一年，才到他自己的国。送的人回到中国，所坐的车原用铁来做轮，一来一去，铁完全磨完了。这种传说究竟靠得住靠不住，没有人能够知道，越裳氏的真正地点也没有人晓得。有的人说就是现在越南地方。史学家张星说：它是古时亚述国，那时亚述人所穿衣服都长得出奇，下垂到地，所以中国人称他为“越裳”。要打越南出发，走到亚述大约也得一年的光阴。总而言之，越裳是一个极远的国家。

越裳氏之外，也还有无数很远的国家前来朝贡的。不多时，成周大会的日期已经到了，各国诸侯都纷纷由各地启程来参加盛会。周天子也驾了玉路，鸾铃锵锵，护卫如云地由镐京启驾，到了成周。各官司预先布置，指定各国在明堂排列的地点。这时候中国文物已经十分优美，礼乐文物更不是一千年前大禹涂山大会可比。所以这次大会更加盛大得多。据说开会时候，坛上张着赤色的帘幕，羽旄护拥，周成王站在南面正中，冕服端正，左边有唐叔、周公等，右边有太公等，都站在成王旁边。堂下的左边，站着商的后代宋公，就是微子启，和夏的后代夏公；堂下右边，站着唐尧的后代唐公和虞舜的后代虞公。阼阶南边，预备了诸侯临时患病中暑需要医药治疗的地方。以外，就环列着各国诸侯，按照爵位的高低、地方的远近，一一排列。台外，张了许多赤色帐幕，作为诸侯休息的地方。当时各近地诸侯都按着周的制度，穿戴冕服；那僻远的地方，服装就色彩各异，所贡的东西也都是十分特别。如，义渠的贡品是一种

① 古国名，在今越南中南部。

动物，名叫兹白，形状很像白马，可是会吃虎豹，厉害得很。央林是贡另外一种动物，名叫酋耳，形状很像虎豹，尾长三尺，也会吃虎豹。还有西申是贡凤鸟，犬戎是贡文马，青丘是贡九尾狐，仓吾是贡翡翠。还有许多奇怪的国名和奇怪的贡品，说也说不完。究竟是真有许多国家呢，还是越传越多呢，现在我们也无法查考了。就是所贡之物，有些过于神奇也难叫人相信。我们只能说一句，那时成周大会的确显出了周朝的极盛国威，是非常伟大的盛会。正是：化行封建三千国，运启文明八百年。

第八回

莽莽周原狐鼪寻故寝
滔滔汉水鱼鳖葬雄师

周成王在成周大会诸侯，是周初一件极大的典礼。在这个会上，把各国诸侯按着公、侯、伯、子、男五等的封爵，依照次序排列。爵位越高的诸侯，天子封给他的地方也越大，他进贡的东西也越多，自然这国的国君所穿的和所吃的一切东西也都更加奢华。以下的卿、大夫、士、平民，也都分成无数不同的等级。任何等级对于在他上面的等级都该服从，天子就踞着最高的地位，统治着整个天下。这就是封建制度下等级社会的情形。

周公总结了许多年流传下来的繁碎礼节，来维持统治阶级的尊严。一切衣服器具、交际往来都有极细极密的礼仪制度，所以那时有一句话说：“礼仪三百，威仪三千。”可见礼制仪节之多了。统治阶级脱离了劳动，把精力和时间用在这般繁碎的礼节上；那从事生产的农、工们却又没有工夫去研究礼节，而且还在实际生活中受了礼节的限制和损害。因此，封建社会的礼是完全脱离了群众的、为统治阶级所利用的工具和装饰品。

当时成周大会已毕，成王把夏禹所铸的九鼎搬到洛邑来，自己仍回到镐京，留下周公在洛邑管理一切。周公恐怕成王年少不免偷懒爱舒服，便作了一篇《无逸》，教训成王。叫他要知道农民的艰难辛苦，要学习以前商代几个贤王和周的文王那般克勤克俭不贪安逸，懂得怎样爱护人民，才可以长久享受王位；不劳动爱享受的王，永远不会有好结果的。又作了一篇《七月》的诗，述说从前公刘住在豳地方，怎样耕种农田，怎样辛苦缔造国家，让成王知道这样伟大的事业是由农民劳动得来的，要十分勤劳，才配保守祖先的基业。这《无逸》和《七月》都是周公作品里面最精彩的，它表现出周公对民间疾苦的了解和纯朴真实的文风。

周公又帮成王制定了周的官制。最大的官是太师、太傅、太保，叫作“三公”，是专门辅佐天子讲论国家政策的；以下是少师、少傅、少保，叫作“三孤”；再下来就是“六卿”：冢宰管人事，可以进退百官；司徒管地方行政；宗伯管礼乐；司马管兵马；司寇管刑法；司空管工程建设。这六卿各有许多属下的官吏。现在有一部书叫作《周礼》，记载周的各官十分详细。有人说这部书就是周公写的，有的人说不是。

这时候通货的需用也多了，太公望便制定了九府圜法。“九府”是管理钱财的九个机关，“圜”是圆形方孔的钱。自从九府圜法施行以后，贝壳便渐渐被废止，只用布帛金钱来做交易的媒介了。那时因为布类是人民喜爱的日用品，常常做交易的媒介，所以把钱的名字也叫作“布”。有的铸成刀子的模样，也叫作“刀”。现在还有许多周时候用的布和刀遗留下来。

周到了这个时候，真是如日初升，十分兴旺。充满了家族观念的周公，可算十分圆满地达成了他的愿望。他尽了平生的能力推行封建制度，一步一步地巩固了周的统治权。到了晚年，回到丰的地方，周公得了病，病势渐渐沉重，将要死的时候，告诉他的几个儿子说：“我要是死了，你们一定要把我埋葬在成周地方，表示我不敢离开王的旁边。”说完这最后的嘱咐，便咽了气。

成王接到周公去世的报告，回想起周公以前种种功劳，十分悲伤。的确，在武王去世的时候，商刚刚灭亡不久，三监、武庚、徐、奄各国都在蠢蠢欲动，成王又不过是十几岁的小孩子，懂得什么？亏得周公仗着他的政治才能和谋国忠勤，扑灭了许多敌人；用了封建制度，把姬姓诸侯散布天下，作为骨干；用了宗法制度，把各国和他的子孙紧紧地连在一块，像骨干上附着筋肉；再用乡遂制度，把民众组织起来，像细胞一般，包着筋骨；最后，还有礼法像血液般流遍全身，使各方面都受它的支配。周天子就像脑神经一般地在镐京指挥一切；洛邑更好比心脏，踞在身体的中央，来统辖各地的贡献和朝见。这样严密的封建制度，使姬姓一家享有八百年天下，成为我国历史上最长久的朝代，保存和发扬了人民所创造的灿烂辉煌的文化。这在姬姓家族方面来说，周公的确是一位忠臣孝子，何况他还把这样完美的天下双手送还成王呢！成王在周公去世时候，当然要竭力想法来报答他了。

当时成王含悲对群臣说："周公功劳这般大，又是我的亲叔父，我怎么敢当周公是我的臣下？应该把他埋葬在我祖父文王的墓边才对。他是文王的儿子呀！他完成了文王、武王的伟大事业，应该葬在文王、武王旁边。"说着回想到当初自己轻信流言，以为周公想要篡夺王位，感到无限内疚。其实周公那时就真个做了周王，也不算什么，现在早证实了他当初并没有这心，自己反而觉得十二分惭愧，十二分地对不起周公。想起他居东的时候，想起他给自己送来《鸱鸮》诗的时候，心里真是又酸楚，又悔恨，决心要用最隆重甚至是天子的礼来报答他，便把周公也谥作"文"，称为周文公，并用了最隆重的典礼把他埋葬在毕原地方周文王的墓旁。

原来周代有一种礼，叫作"谥"。在上古时候，无论帝王都只有名字生前死后都用同一名字。到了后来，便觉得称呼已死的王不大方便。祭的时候直叫他名字，似乎不太客气了。所以商的时候，就用每个王的死日的天干来称呼他，不再叫他的名，表示恭敬。自从上甲微以后，一直这样地称呼着。如果都是甲日死，就改变甲上的一个字来分别，像上甲、孔甲、祖甲等。到了周时候，更加严格地分出了等级，件件事情都要增加礼貌和文彩，觉得天子的名字也得加上好听的饰词才好。所以周公就做了谥法，在每个天子死后就给他一个代名，这代名是根据他生前为人的好坏来定的。譬如武王，因为他有灭商的武功，在他死后，谥他为武，后人就不叫他为周王发，而叫他作周武王了。文王因为发扬文化，谥他为文，后人就不叫他周姬昌，而叫他作周文王了。现在成王因为周公对于文化也有莫大的贡献，所以也谥他为文。后来谥法渐渐推广，各国诸侯也都有了谥，甚至大夫也有谥。这种谥法一直流传应用了几千年，成了特殊阶级的记号。到了辛亥革命，才跟着清朝一同消灭。

至于周公所埋葬的地方，就是现在陕西省西安市西北的咸阳原，这地方就是周时候的毕原，是一个宽阔平坦而又干燥的高原，东西长二百多里，南北宽十几里。过去这上面是一片茫茫黄土，满目荒凉。无数狐狸鼯鼪跳踉出没在长得和人一般高的蓬蒿乱草中间。一个人影也没有，只有黯然无光的日色照在累累荒冢上面。其中有一座不大规则的长方形土堆，大约三丈高，前面一个巨大石碑，刻着“周文王陵”四个大字。陵后是周武王陵，再后一点往东北就是周公的墓，大小也差不多，墓前也有一个石碑，刻着“元圣周公之墓”六个大字，是后人立的。邻近还有周成王和他子孙许多王的陵墓。

且说成王隆重地埋葬了周公以后，忆念他替周家创造基业的功劳，便在每年夏天六月的时候，用了祭天子的礼在太庙祭祀文王的同时也祭祀周公，称为配享；并且准许鲁国用祭天子的礼节和音乐，来祭周公的庙。周公长子伯禽世世子孙袭位做了鲁侯。周公的第二个儿子君陈也做了周的卿士，管理东都成周的事情。以后君陈子孙世世留在周，永远做周的卿士，享受周公的采邑，也称为周公。又封周公其余六个儿子，做六个小国的国君，以报答周公的功劳。封建时代的统治者，就是以这种世世受封、永远袭职的方法来奖励有功的臣下。

太公望不久也死了。只有召公帮着成王，在兴盛安定的时代里做了三十多年的天子，一切依照周公定好的规则去做。召公也竭力劝诫成王要勤政重农，倒也太平无事。

一天，正值盛夏时候，天气晴朗，成王久居宫中也觉烦热，偶然动了游兴，便和召公一同到野外游玩。一行车马出了热闹都城，心目便清爽了许多，渐渐绿树四合，蝉声断续地高唱着。前面一个很高的陵阿，芳草纷披，野花乱发，成王便下了车驾，步登陵上，居高临下，眼界十分宽敞。只见四围都是连绵不断的青翠树林，桑麻遍野，一望青青，不觉烦热全消，遍身凉爽。陵阿旁边生了许多不知名字的香草，也有正在开花，也有已经结实，绿叶参差，翠条婀娜，一颗颗紫的红的草实，像珍珠一般，错落掩映。清风徐来，五色交颤，有趣得很。赏玩了一会，信步徐行，走到一处拐弯地方，正是这陵的屈曲所在，恰巧对面吹来一阵南风，凉飕飕地由曲折的地方回旋宛转着吹来，拂过了陵阿一带的蘅芷香草，杂着一丝丝芳馨的气味，似兰似麝，别有一股说不出的清香，吹得个个肌凉神爽。成王不觉赞道："好风！好风！这样一个好所在，真该作一首诗才好。"这位召公奭诗才敏捷，思想清灵，登时便作了一首《卷阿》的诗，朗诵了出来，音调和谐，美到不能形容，词句又十分壮丽，并且在歌颂里面含着规诫的意思。成王和许多从游的公卿屏息凝听了一番，个个都赞不绝口，倾心佩服。召公是这般一位有才有德的人，所以他能够在周公死后帮助成王，把周王的地位弄得安如泰山。

过了几年，成王抱病，垂危的时候，自己知道即将不起，便勉强扶病召见了召公、毕公们，嘱咐他们要好好地辅佐世子钊，遵依文王、武王遗留下的教训，勤俭爱民。这篇言语由史官记载下来，名为《顾命》。后世把帝王临终嘱咐的话称为"顾命"，就是这个缘故。

成王嘱咐了顾命以后，第二天就死了。召公因为周公摄政时候受到管、蔡的猜疑，自己便不愿依例摄政，马上迎接世子钊即位，是为周康王，公卿大臣都按礼朝见。从此，天子谅阴三年由冢宰摄政的制度就废止了。

召公又辅佐了康王许多年，方才病死。他的寿年很高，所以古代彝器铭文里每有"召公寿"一类的祝词。康王也赐他谥为召康公，也由长子世世袭封为燕国的国君。次子留在周，世世做周的卿士，也称为召公。和周公后代一般，永远地辅佐周天子，管理周的政事。

康王时代也是周十分兴旺的时候，据说那时刑法差不多都不必用，因为没有犯罪的人。这样的太平时代由成王到康王，大约有四十年光景，后人称它为"成康之治"。它是封建社会所最崇拜、最歌颂的"黄金时代"。

康王死后，儿子昭王瑕即位。他是一位聪明秀美的少年，又当周全盛时代，八方献贡，万国来朝，正是封建极盛的时候。他便整顿武力，发扬文化，把周的势力一步一步地往外发展。特别是南方一带，还有不少蛮族，不曾服从周的命令。昭王命将出征，先后讨平许多小国，自己也常常御驾亲征。那时南方小国都是地小人寡，怎当得周的兵力？自然所到成功，兵威大振。一连讨平了大大小小共计二十六国之多，武功煊赫，彪炳一时。四方各国无不震恐，可算得十分志得意满。

周到了这时候，真是兴旺到了极点，也就是说封建的制度达到成功巅峰。但是这种制度是由剥削人民来达到巩固上层统治的目的。当它初起代替奴隶社会的时候，因为它是比较进步的，所以受到人民欢迎，等到它自己剥削面目暴露以后，也就要走上没落的道路。

且说鲁国自从伯禽受封以来，因为是周公后代，周天子恩礼极隆，比起其他国家，都显得风光体面。又蒙赐用天子礼乐来祭周公，而且周天子身边第一位亲信的卿士就是周公次子的后代，骨肉相连，亲密无比，历代鲁侯都十分安富尊荣。周昭王时代，鲁国正是幽公在位。幽公有个弟弟名叫公子沸，在鲁国做了一个大夫。

封建社会里等级区分是十分严密的，大夫享用穿戴和诸侯大不相同，一点也不能通融，就和诸侯对于天子一般，丝毫不能含混。公子沸和幽公虽是同胞兄弟，自小同坐同行，一到幽公做了太子，一切衣服礼节就比公子沸高贵许多。这位公子沸赋性刚强，心中常常不平，但是上有父母，只好敢怒不敢言。后来幽公做了鲁君，更加相差得远。每次朝见，和群臣一起行礼，他心中怏怏不乐，便生了篡位的念头。

幽公即位不久，便到镐京朝见周王。公子沸要求跟同前往，幽公允许了。一路上各国听见鲁侯来到，个个礼敬有加。到了镐京，周天子接见赐享，礼节十分隆重。公子沸看见幽公这般体面，自己如同跟班仆人一般，又羡慕，又气恨，决计要把哥哥地位抢来。从此以后，公子沸不惜重金结交勇士，只等机会到来。

过了许多年，果然被公子沸找到一个机会，暗暗派了勇士把幽公刺死，自己立为鲁侯，假说幽公是得了暴病身死，来瞒哄众人。周昭王虽然也听到一点闲话，却因为公子沸已经立作鲁侯，不愿戳穿他的内幕，也就含糊过去。从此，周朝封建的面具被揭破，礼教再也不能阻止人们的争权夺利。先前以为分清等级可以阻止野心，现在却变成诱惑人们去实行抢夺的美饵。

昭王在位多年，各国进贡的珍奇宝物，自然不少。单说有个很远的国，进贡了两名美人，一名延娟，一名延娱，都生得窈窕纤柔，能歌善舞。昭王十分宠爱，常常使她俩在身旁轮流挥扇，左右服侍。那时周天子春秋已经很高，国事都是周公、召公帮同料理。各国倒也循规蹈矩，依例朝贡，只有南方楚国都在丹阳（湖北省秭归县），倚恃路远，常常不到。昭王便下令克期出兵，讨伐楚国。

那楚国原是鬻熊的子孙，在南方也算强国，邻近各小国都很怕他。自从昭王灭了南方许多小国，陆续把地方封给姬姓，做了诸侯。楚的党羽越来越少，心中本就不十分高兴。那时，诸侯中间，习惯是以姬姓为贵，一切礼节都得先让姬姓。楚是姓芈的，算来和周异姓。许多姬姓国家，按照习惯，自然都看不起楚。楚更加怀恨，因此便不愿来周朝贡。

昭王刚刚决定出兵，周公和召公便来谏阻说：“楚国路远民贫，所贡不过一点土产，无甚用处，不值得轻动大兵，远涉汉水去攻伐它。望王收回用兵的命令，先派使者前去晓谕楚国。若能使楚国知道它的罪，不是省许多事吗？”

原来周封建的制度，越近的诸侯，地位越高，贡献的东西也越多。越远的诸侯，地位越低，贡献也越少。楚既然是南方很远地方，所以只封他做子爵，是五等爵里面的第四等。他进贡的东西不过是一种三角形的茅草，名唤菁茅，出产在长江淮水一带，算是楚国土产。不过表示一点进贡的意思，并没有什么价值。周收到了菁茅，既不能吃又不能穿，毫无用处。但是封建时代，对于祖宗祭礼，十分重视，各国进来贡品都得献上祖庙，表示敬意。凡是祭祀用得着的东西，就算是有价值。菁茅既是远方贡品，好歹要派它一个用场。因此，便规定祭祀用的酒醴，必须用菁茅滤清酒渣，使它清澈。这样，菁茅一经派上用途，便成了祭礼上的物品，身价登时增了十倍。但是说穿了，实在是可有可无的东西，所以周、召二公不愿为了它兴兵动众。

昭王听了二公的话，想了一番，便说："我出兵原不为菁茅小物。想我周自从文、武开基，成、康继位以来，万国来朝，八方进贡，封建子弟遍及远近各地。历代用兵都是去征服不顺我周命令的国家，并不为图谋它的进贡物品。现在楚虽然是一个很小很小的国，所贡的菁茅也并没有什么了不起的价值，可是楚的祖先鬻熊是文王时候的贤者，传到鬻熊的后代熊绎，受了成王封爵，和我周关系不浅，要是楚还敢违抗我周的命令，周就不用想叫南方其他国家服从了。况且我屡次征讨南方，灭了许多小国，建了许多姬姓的国。地方初定，也应该常常巡狩，大振兵威，使得南方各国畏威怀德，各姬姓国家也好放手做事。"

周、召二公听见昭王的话，觉得也有道理，不敢再谏。昭王便命二公管理国事，另派祭公、辛伯和一干文武跟了御驾一同出征楚国。那祭公乃是周公的后代子孙，辛伯名唤余靡，武勇多力，身材魁梧，长臂善射，甚得昭王的宠信。延娟、延娱两个美人和几名侍女也随从左右服侍。

到了吉期，昭王乘了戎辂，虎贲勇士前后簇拥。六军将士都顶盔挂甲，队伍分明。金鼓喧天，旌旗蔽日，浩浩荡荡地离了镐京。周、召二公率领百官送得昭王出发，便回京代理政务，不在话下。

且说昭王离了镐京，往南进发，登山渡水，晓行夜宿，不觉到了汉水附近，早有各小国前来迎接，个个进上服用饮食的贡品。昭王召见各国诸侯，查问南方情形，各诸侯对答的话大都差不多，都是说南方种族复杂，各族的风俗习惯多不相同，那个楚国自恃强盛，国虽不大，却自尊自大，看不起邻近各国，也不甘和各国来往。近来听说居然在国内私自称起王来，各国不明情形，怕他蛮横，不敢明白责问。昭王听毕，便命人去召楚子来朝，一面整备军容，涉过汉水，往楚国行进。

那时汉水一带，树木茂盛，人迹很少。一路上乱石崎岖，蛇虺出没，蓬蓬的茅蒿高到膝盖以上，军队前进十分困难。因为那里都是未经开辟的荒废山地，所以很难耕种，也没有人居住。军队寻觅路径，找了半天，毫无道路，只得砍倒丛木，刈去蓬蒿，一步一步地开辟进去。幸亏人多手众，还勉强地开出一条路来。走了一天，不过十几里路，看看天色将黑，祭公便指挥军士砍木扎营，就在荒地上搭起篷幕，暂过一宵。

昭王在帐里闷闷不乐，延娱点起烛来，左右侍婢个个执起一支，照得帐中明如白日，延娟抱琴弹了一会。昭王勉强启颜，吃过晚膳，便即安寝。这一夜，昭王翻来覆去不能入睡。刚刚合眼，忽然听得前面好像有什么骚扰喧哗的声音，又复惊醒。只见延娟、延娱都在旁边陪侍，听了一会，声音又似乎渐渐平息，便又蒙眬睡去。

次日天明，昭王查问昨夜为何喧扰。左右奏说："昨夜三更时候，不知什么野兽在黑暗中冲进来，把军士咬死几个，以致全军惊起，追逐了一会，野兽逃入树林里面去了。"昭王听了，心里更加不乐，只得吩咐再行前进。前军兵士轮流在前面开路，一步一步地走。今天一路上树木更加繁密，枝柯交错，虬结不解，好像一望无际的青翠帐幕，仰面看不见天，有时由树叶缝隙漏下一二丝的日影，照见模糊的路，简直和走在山洞里一般。

走了一会，前面军士忽然大喊起来，昭王急急查问是何原因。原来前面树上蟠结着一条大蛇，斑斓五色，鳞甲闪闪发光，吐着红焰般的舌头，阻着前进的路。军士们从来没有见过这般大蛇，不敢前进。昭王只得命将戎辂停下，暂缓前进，命辛伯上前观看，究竟是怎么一回事。

辛余靡奉命走到前面，抬头一看，果然前面远远有一条大蛇，头如笆斗，身似铜柱，伸出一丈左右的前身，晃头播脑地向空中伸缩振荡，好像正在找寻食物。后半身蟠在树上，不知有多少丈长。那种凶恶模样，果然十分可怕。辛余靡沉吟一会，便吩咐军士暂缓进前，便到昭王驾前详细启奏，并且说：“以臣看来，这一带地方，低湿阴郁，蛇虫太多，实在不便进军。这般毒虫所住，瘴疠一定厉害，我王不宜轻履险地，还是另外觅路前行为宜。臣已经命令前军暂时停止前进，等候旨意定夺。”昭王摇摇头说：“你的话固然也有道理。但是我们既然已经发现了这个大蛇，自应把它除去，你可命军士奋勇向前，为民除害。杀死大蛇的，重重有赏。”

辛余靡领了旨意，调齐弓弩手，万箭齐发，如飞蝗一般，往前面射去。可怪那蛇并不逃避，箭到时候方才把蛇头一缩，又猛力向前一蹿，只听得一片稀里哗啦的声音，树枝树叶纷纷乱坠，一眨眼间，早已不知那蛇窜到哪里去了。

辛余靡看见大蛇已走，只得回去复旨。昭王觉得没有多大意思，使命多派军士哨探前面有没有平坦的路，一面仍然前进。

走过了一片密密的树林，前面稍稍开旷一点，却又崎岖不平，十分难走。昭王戎辂很不容易通过。辛余靡跳下车来，双手推着车轮，慢慢地前进。正在用力的时候，忽然前面军队又喊起来。辛余靡恐怕遇见埋伏，忙把昭王戎辂推到一个比较平坦地方，左右虎贲簇拥着保护，一面查问前面碰着什么事故。

原来前面军队正在进行时候，突然由山石后边蹿出一群野兕来。那群野兕头上的角锐利无比，身上皮革比钢铁还要坚固，并且力大如虎，毫不畏人。一冲出来，就向军队乱冲乱撞，那只锐角和利刃一般，把军士撞得肚破肠流，死伤无数。许多军士忙忙绰枪抡斧和野兕打成一片，所以喧噪起来。

昭王闻得前面又碰着野兽，好不烦恼。辛余靡便自告奋勇，再到前面观看，果然看见那群野兕正在狼奔豕突地狂冲乱撞，军士们的箭矢射在它们身上，立刻便落在地下，分毫不能伤损它们，冷不防给它们撞了过来，却撞翻了许多人，都给兕角撞得血肉纷飞，脑浆迸出，好不悲惨。并且后面又源源不绝地奔来无数野兕，漫山遍野，滔滔不绝。辛余靡一看这般情形，知道事情重大，忙约退军士，站齐脚步，吩咐大家准备利斧，一起向前乱砍，只消把为首的野兕砍倒，就有办法。自己也抡起利斧，直望为首的野兕砍去。原来这种野兕是群居的，一向出外都是最大的野兕带头，同行同止，绝不反顾。这天那带头的老兕和军队冲突起来，后面野兕不能前进，都昂头怒吼，声音十分凄厉，陵谷回声，隆隆不绝。那老兕益发拼命往前撞去，恰好辛余靡一利斧砍了下来，正中老兕头上。兕皮本是坚强如铁，急切砍不进去，饶是辛余靡天生神力，也只把头皮砍裂。可是斧头下来时候，有千钧之重，震得老兕头昏脑痛，踉跄倒退，两只前脚按在地下，口中发出极凄厉的呻吟声音。辛余靡更不耽搁，连忙举起利斧尽生平力量再向老兕砍去，登时应手打倒，头骨粉碎，死在地下。后面野兕立刻涌了上来，军士纷纷举起利斧乱砍一阵，又打死了许多。无奈后面野兕丝毫不怕，仍然拼命向前撞来，死了一个，又来一个。还亏它们是按着次序上前，山路又窄，无法同时冲来，否则军士更要吃亏。这样奋勇地争斗了许多时间，野兕砍死了不少，军士受伤的也有许多。那野兕身躯庞大，倒在地上隆起像一个小山，把双方争斗的地方隔了起来。那些野兕只在那边狂叫乱吼，却不再往前面冲进。这边军士也只在喘着气看望，把守住不让野兕前进。这样相持了一会，看看天色已晚。辛余靡看这样情形，要想前进，大约无望，便回去启奏昭王，暂且在附近寻个平坦地方，驻驾一宵，明天再说。

昭王沿途遇到许多不如意的事，心中满怀不乐，偏偏所驻的地方正是乱山中间，丛林密莽，蔽日参天。一到夜间，猿啼虎啸，四处都是怪声，觉得周围阴森森的，冷清得可怕。虽然带有许多军马，警备得十分森严，还是提心吊胆。他不由暗暗懊悔，不该贪取近路，一意孤行，由这条僻静没有走过的路前进。现在进退不得，如何是好？到了天明，军士来报昨夜那群野兕已经不知走到哪里去了，只剩下已死和重伤的野兕，堆在前面路上。昭王便命将野兕开膛剥皮，预备作甲，兕肉煮熟来犒赏将士。正在开剥时候，探路军士回来，报告说："楚子已经派有使者前来，说是楚子本人因为抱病，不能前来接驾，贡品菁茅即日便送上，请周王赦罪。"祭公趁这机会劝昭王班师回去，昭王也就允许，仍由汉水渡过，巡狩了几个国家，便回到镐京。周、召二公接驾，昭王进入王宫，休息了几天，依然重理国政。因为辛余靡武力过人，授他车右之职。

昭王这次出兵，并未成功，心中闷闷不乐，只是不好明说，满想楚子来朝也就罢了。不料楚子不但不曾入朝，连区区菁茅也不贡来。昭王更加动怒，想再去征伐，又因上次得到教训，只得忍住。过了两年，楚的朝贡依然如同石沉大海，杳无消息。昭王实在不能再忍，便又召集公卿，商议起兵伐楚。

周、召二公极口劝谏。昭王只说上次因为贪抄近路，以致崎岖难行，这次进兵应该仍由历年巡狩大路，便不至像上次那样。群臣谏了一番，昭王只是不听。仍命周、召辅佐太子满留守国都，管理政事。祭公、辛伯照旧从行。到了出征的日期，昭王又率了亲征军队，带了延娟、延娱起行。走到汉水，昭王命前军拘集船只过渡。全军渡毕，昭王便命将船只尽数凿沉，说："此次南征，不得全胜，决不回来。你等看这船只，可以知道我的决心。"左右众军一齐高呼"万岁"！簇拥了昭王，依然浩浩荡荡地向南进发，直向楚国而来。

楚子一听昭王又兴了六军来到，知道这番可不好惹，连忙派人送上许多翠羽、明珠、象牙、鹿角，卑辞厚礼，请求赦罪。昭王便移军向南进行，一面命楚子亲来朝见。楚子只得到了昭王军中，叩头认罪，愿意替昭王做向导，到南方巡狩，以赎罪愆。昭王准他请求，便带了楚子、随侯（随国在湖北省随县）和南方诸侯，一同到云梦泽中，大猎一番。

那云梦乃是长江中段一个极大的泽薮，包括地方甚多。当周时候，全泽大约有千里大小。后来渐渐淤浅，人民在湖泽的周围种起田来，选择越缩越小。现在洞庭湖就是当年云梦泽的一部分，可想当初云梦之大了。那时地旷人稀，云梦泽里奇禽异兽，无所不有，树木连绵不断，怪石乱草，野卉仙葩，都是不知名字的，实在是一个绝好的猎场。当时昭王亲率六军，在云梦追禽逐兽，大蒐一场，一半是搜采野味，犒赏六军，一半是宣示兵威，夸强耀武。楚子和各诸侯都陪奉昭王，观看盛会。猎完了，捉获的野味堆积如山，昭王便分赏将士和各诸侯。休兵三日，重新沿着云梦往南巡狩。南方本来只知楚是强国，现在看见楚子尚且毕恭毕敬地执戈前导，又且军容壮盛，盔甲鲜华，不由又惊又羡，都纷纷前来进贡朝贺，一路络绎不绝，好不风光。这样威武煊赫，巡行了许多地方，说不尽胜水名山，蛮花犵鸟，景物新奇，岩泉幽怪。昭王这才心胸开畅，踌躇满志，觉得这番巡狩真是不虚。

看看巡到云梦南端，湘水流域，晴波潋滟，一碧无际，丛丛葭苇，瑟瑟随风。湘水旁边有一座高山，风景十分幽秀，岩谷灵奇，壁立万仞，峭险无比。山上绿苔如绣，斑剥成文，滑不容手。山旁一条瀑布，像银河倒挂一般泻了下去，喷玉飞珠，声如雷吼，泻到山下，分成了数十道细瀑，锹锹铮铮，清脆可听，真如八音交奏，十分悦耳。一直流到山旁不远的地方，汇成一个方圆百亩的清潭，碧沉沉的，一望无底。有时微风一吹，水面漾起一阵阵微微皱纹，好像鱼鳞闪闪，金光灿烂，耀眼生缬。昭王率同各诸侯上山赏玩了一番，查问土人，知道这潭乃是湘水最深的地方，自古相传是没有底的。昭王十分称赏，说："这地方景致这般地好，我真是不虚此行。够了，就再有美景也未必比它更好了，我就由此地回驾吧！"群臣奉旨，在山上歇了一宵，便回师返驾。

后人因为这山是周昭王到过的，便取名昭山，这潭便也取名昭潭。它既然是湘水最深的所在，后人便把这地方叫作湘潭，就是现在湖南省的湘潭。

且说昭王由昭山返驾回北，各诸侯送了一程，便分头辞别回国。昭王依然取路由汉水回都。到了汉水一看，静荡荡的，一只船也没有，这才记起上次已经把船只尽数凿沉。但是现在是不能不渡，便派了军士去上下游搜捉船只。军士去了一会，空手回来，报说汉水附近并无船只，只有一些贫民在水边居住。

祭公便命召来贫民，问他们船只停泊的地方。贫民们回答说："我们不晓得，只知道船只已经都凿沉了。你们要船只，你们自己去造吧！"祭公听了，不觉大怒，说："这是王的命令，你们都是王的臣民，怎敢如此无礼！这样说来，可见你们不是没有船，都是存心把船藏匿起来了。现在限你们三天，速速招集沿江船只，渡王过江，重重有赏。要是胆敢违命，哼！有你们好看！"

那些贫民彼此互相看了一看，什么话也不说。祭公一见他们神气，更加相信他们是有船不借，便命军士押下他们，叫他们带路去搜船只，搜不到船，便着落在他们身上，非搜到不可。贫民听见，狠狠地对祭公瞪了一眼，依然一言不发，跟着军士走了。

过了三天，军士报上祭公，船只已经寻到。祭公便奏上昭王，全军上船渡江。昭王这次回来，心中畅快，对着清波如镜的汉水，觉得胸次开廓，便和延娟、延娱倚窗赏玩。一会进上晚膳，两个美人轮流敬酒。望着水天一色的远远地方，微微露出一轮皓月，渐渐上升。回看南岸，也已杳茫不见，只有无数大小船只，首尾相衔，在中流容与缓行，旌旗闪闪，如同蛟龙戏水一般。正在欣赏军容的时候，忽然听见一声惊呼，接着是喧哗骚扰的声音，从前前后后各船里纷乱地发出，那整整齐齐的船只也立刻晃荡不定，快慢参差起来。昭王不知是什么缘故，正要传旨查问。突然一阵狂呼乱嚷，全船鼎沸，只听得一片嘈杂，夹着"船漏了，船漏了！"的声音。宫奴侍婢，个个惊惶失色。延娟、延娱也都抖颤着上前启奏："船漏水了，请我王换一条船避水。"昭王还未站起，早听得"砰訇"一声，舱里突然涌进大量的水来，大家都站不住脚。转眼间，船底裂开，船便往水底沉下。正在这个时候，辛余靡由后面船上一跃而过，连忙向船中奔进，口中大叫："我王在哪里？"昭王刚说一声"在这里……"一语未终，船板早已欹下，只听扑咚咚的声音，连续不绝，全船人众和昭王、辛余靡都跌下水去。

这时候，各船不约而同，船板都先先后后散开，水涌进去，祭公和许多兵马也都完全落到江中。原来汉水旁边的人民愤恨昭王屡次拘用他们的船只，船只又被凿坏沉江，所以这次故意用了胶水黏合船板，不用钉子。船只走到半路，胶水受了江水泡浸渐渐溶解，船便自然散开。以致六军将士完全被水淹没，只有一部分抱住船板，漂流遇救，或是懂得水性的，逃得性命。

却说延娟、延娱两个美人，一见情形不妙，便急急上前扶住昭王，一面竭力呼喊。无奈船已下沉，她两个纤柔弱质，能有多大力气，只能拼命拉着昭王。延娟伸手抓住船舷，张开樱口狂呼："王在这里，快来……"一言未毕，一浪涌来，登时打昏过去。延娱被水波一扫，也拉不住手，载沉载浮地漂去了。只有辛余靡究竟力大，虽然翻落江中，仍然挣扎着向昭王泅来。这时候，各船纷纷沉下，落水的将士不计其数，满江沉的沉、浮的浮，都是半死不活挣扎求生的人。波浪冲击，重重叠叠，还夹着旌旗、军器、马匹、器具，盖满了水面。辛余靡拨开一个，又是一个，眼看昭王就在前面落水，却只是泅不过去，等到泅到昭王落水的地方，早已不见昭王踪迹。辛余靡知道一定是给波浪冲去，便拼命游泳寻找。幸得昭王衣服是天子服装，容易辨认。泅了一会，毕竟给他发现。便急急一把捞住，一面拼命游到一块船板旁边，一手抓住船板。喘了喘气，把昭王放在船板上面。这时昭王早已一瞑不视，气绝身死。辛余靡看着茫茫江水，死尸蔽江而下，自己虽然力气不小，但是要想带着昭王游到岸上，实在也没有把握。只得再鼓起气力，一手扶住昭王，竭力往前游去。这时明月当空，夜景十分凄凉。当日如虎如貔英雄盖世的军队，顷刻之间只落得无声无息地充了鱼鳖的食物。汉水滔滔，好像替他们呜咽啜泣似的。

辛余靡游了一会，觉得气力不佳，夜气渐渐寒冷，肚子也饿了，勉强拼命挣扎着向前游去，一只手推着上面躺着昭王的船板，抗拒着一阵阵浪头。好容易才游到一块沙滩上面，又经许多时间，才慢慢挨到了岸边。天色已经渐渐发白，岸边陆续爬上了几个幸逃生命的人，有的给波浪冲上岸，有的靠着抓住浮木，零零落落爬上岸来。大家都是遍体淋漓，缺衣少履。辛余靡上了岸，忙招集诸人，草草把昭王盛殓起来，运送回镐，一面派人先行飞报周、召二公知道。

周、召接到昭王沉江的消息，宛如晴天霹雳，惊得手足无措。两人商议，这件事太重大了，要是张扬出去，未免震动人心，并且对于周天子的颜面也太过不去。只得嘱咐报信的人，切不可走漏消息。一面由召公辅佐太子满镇守镐京，周公带了一群人众去迎接昭王灵柩，一路只说是昭王得病身死，把沉江的事只字不提，也不向各国报告。一直等到回了镐京，方才由太子满举哀嗣位为王，是为周穆王。对外把昭王淹死的事瞒得铁桶一般，不让诸侯知道，自然也无法查究胶船的人。但是随行将士泅水得脱的，总不免会把这件事漏了出来，因此也渐渐被人知道。至于祭公，早已和大多数军士一同淹死，连尸首也没有找着。

穆王嗣位时候，已经五十岁了。因为辛余靡有功，重重赏赐以报他的劳苦，祭公的职位也由他儿子谋父承袭。这时候，昭王虽然沉江身死，但是周的表面架子还是不曾坍台，诸侯也依然尊奉穆王命令，所以穆王仍是很有声势的天子。虽然昭王的事情使穆王得到一点教训，无奈他自小所见所闻都是兴隆旺盛的气象，看惯父亲那般气盖天下的雄豪威武举动，以为做了天子都是应该这样，自己将来登位，一定要继续父亲的事业，把整个天下都运在自己掌中，才不负心中志愿。这种思想已经根深蒂固，现在五十岁了，如何能轻易改得过来？不但不能改，并且还觉得自己这般老大年龄刚刚得到王位，人生几何，要不趁早轰轰烈烈地建立一番事业，岂不白白做了一朝天子？因此他打定主意，要巡行所有地方，一则扩展势力，二则玩水游山，必须普天下都走遍，才趁了心。

这时候，他先把内政整顿一番，任命君牙做大司徒，又任命伯冏做太仆正。各种政事都很用心地管理，到了内政已经很安定的时候，他就开始打算巡狩天下。刚巧那时有个北唐地方（山西省太原市）进贡了一匹名马，日行千里，穆王大为高兴，夸羡不止。自然就有许多会献媚讨好的臣下，纷纷搜寻名马来献。不多时，便得了八匹最好的骏马，都是追风逐电，天下无比的名驹，一名赤骥，一名飞黄，一名白义，一名华骝，一名騄耳，一名騧騟，一名渠黄，一名盗骊，穆王用这八匹骏马驾车，渡水登山，如履平地。那时有个造父，是蜚廉的六世孙子，生来勇力过人，极会驾驭马匹，无论怎样顽劣的马，到他手中，都能驾驭得十分服帖，因此大受穆王的宠爱，命他御车，驾了八骏，游历各处。周都镐京本来偏在西边，由镐京到东边各地，路程相当地远，穆王巡狩时候，自然还算称心。只是由镐京到西边地方就不过一些戎族，向来也不知道有多少远近。穆王便想要向西发展，也要巡狩几千里，把镐京造成全国的中心，向周围扩大，才满足心意。

那时有一个戎族，居住在周的西边。因为过去常常骚扰周的边地，周人对他们十分厌恶，便给他们加上一个难听的名字，叫作“犬戎”。穆王既然有心西征，便想借着犬戎不来朝贡的名义，去征讨他们。主意已定，次日登朝，便和公卿说道：“叵耐犬戎胆敢久不进贡，目无天子，非得大大征讨不可，我的意思欲亲率六军，出征西方，宣示周的兵力，让西方各地畏惧服从，诸卿以为如何？”

穆王说毕，早有一位卿士出班启奏道：“不可，不可，我王要征讨犬戎，实在不合从前的习惯。以臣所见，不可出兵。”穆王一看，原来是祭公谋父。他父亲祭公跟随了昭王南征，沉在汉水，谋父袭封了祭公之爵，现在朝廷任职。穆王因为他父亲为了国事丧命，对于谋父很是优待。当时穆王听见谋父出言劝止，便问道：“犬戎氏不来朝贡，罪有应得，为何不合征伐？”祭公谋父叩头奏道：“先王封建各国，各有应守的本职。接近我周的周围诸侯，便应该按月来贡。远一点的，只应该按年来贡。犬戎氏是最远的国，只需一代一次朝贡。上次犬戎国君接位时候，已经按礼前来朝贡过了，现在忽然要他再来朝贡，岂不是我们无理了吗？先王的制度，远人不至，不过用文字告语，让他们自己明白有罪，自然会来。要是告语他以后，他还是不来，就得我们自己检点检点，有什么不对的地方，增修自己的道德，不要让人民去很远的地方打仗。

现在我王要征讨犬戎，臣以为不合先王的法度。”

穆王听了，心中十分不悦，但是祭公的话光明正大，无言可驳，便默然不应，散朝回宫。次日，依然命令整备军马，卜定吉日，亲征犬戎。不多时，到了出征的日期，穆王亲御戎装，率领六师，向西出发。犬戎闻得穆王御驾亲征，慌忙聚集戎众，商量迎敌方法。那时戎人的首长都称作王，大大小小有许多戎王，都是勇力出众，性情强悍。只是军装武器没有周的精美，也没有考究射箭舞刀的技术和行军布阵的韬略，完全倚恃蛮力。当时大家分散，各备刀枪，等到周军一到，便跳跃向前，奋力砍戳一阵。不想周的军队乃是用车居前，车上的人比犬戎徒步的兵高了许多。远远一见犬戎，便射出一阵利箭，射倒许多戎兵，然后放马追赶。马快车轻，一会便追上了，把戎人包围起来，奋勇厮杀。周人虽然力气不如犬戎，舞刀抡枪的解数却十分灵巧。戎人措手不及，杀得大败亏输，被周军捉去了五个戎王和无数戎人。这时候，犬戎君无奈，只得派人求和，献上四头白鹿、四头白狼，请求罢战。原来狼鹿白色的很少，所以白鹿、白狼都算是贵重的东西。

穆王准他求和，便把犬戎全族搬到太原（山西省太原县①）地方，以免他盘踞旧地，骚扰不宁，然后奏凯回京。一路鞭敲金镫，人唱凯歌，正在十分得意时候，忽然流星探马，报告紧急消息：东方的徐国（在安徽省泗县）率领了东方的九夷前来攻周，已经兵到河上。

原来徐国本来姓嬴，在泗水旁边立国，地方五百里，是个很大的国家。穆王西征的时候，徐子趁了这机会自称为偃王，率领了九夷前来攻周。穆王接到消息，深恐敌人深入内地，忙命造父驾了八骏急急回京。造父奉命，施展驾驭妙技，御了穆王长驱回国。果然八骏脚不沾尘，风驰电掣一般，只见两旁树木纷纷倒退，耳旁呼呼风响，宛如腾云驾雾，迅速无比。次日便已到达镐京，立刻点起

① 今太原市。

兵马，往东和徐交战。一面派人去南方楚国，命楚子即刻出兵，去袭徐国后路。

楚子接到穆王旨意，正合心怀。他本来就羡慕东方饶富，只恐出兵争夺，有犯周的规矩，现在周王命他出兵，好不快乐，立刻倾全国兵马，亲自率军往东进发，直捣徐国国都。徐子正和九夷出征，国内空虚，怎当得如狼似虎的楚兵？登时纷纷溃退，往北逃走。徐子在前方闻得消息，无心恋战，也就慌忙撤兵回来。周兵在后追逐不舍，楚兵也奋勇夹攻。结果，这位梦想统治天下的徐偃王，只落得国亡身死。他以为是因为他的武力不够，所以失败。在他将要被杀的时候，还叹了口气说："我只倚赖文德，而不讲究武力，所以弄到今天的地步。"

穆王讨平徐国的结果，东方得到了一时安宁，却把楚养成一个更强的国家。因为造父有功，穆王便把赵城（山西省洪洞县）封给了他，从此造父的子孙就姓了赵。

穆王休息一时，雄心未已，仍想再往西方巡狩。那时有个盛国献来一个美人盛姬，容貌十分美丽，穆王非常宠爱，为她筑了一座华美的台，名唤"重璧之台"。穆王巡幸各处，也都带了盛姬同去游玩。这时候各国进贡的奇珍异宝不可胜数，奇巧的工匠也有许多。单说其中有一个工人名唤偃师，是远方一个小国献来的。穆王召见他，问他有什么奇能。偃师说："臣所会的千变万化，完全由王的意思，要做什么，就做什么。现在臣已经造了一点东西，请王先看一看。"穆王说："那么，你明天带来我看。"偃师领旨退下。到了第二天，偃师果然又来朝见，穆王召他进来。只见偃师带了一个年轻人一同进来，朝见穆王。叩见礼毕，穆王问偃师道："这人是谁？你带他来干吗？"偃师叩头奏道："这个就是臣造的能歌善舞的人。"穆王听了大为诧异，仔细一看，这人走进来的时候，一同行走，一同跪拜，一同行礼，竟是个活生生的人，哪里是假？左右宫女也都睁着眼睛，直瞪瞪地看着，莫名其妙。只见偃师又奏道："这人歌舞很有可观，臣请命他献呈一番。"说毕，走到这人旁边，伸手在他脸下嘴边摸了两下，这人便应声唱起歌来，婉转清脆，如同黄莺弄舌一般，呖呖嘤嘤，十分悦耳。抑扬柔曼，缭绕不断，比起平日歌姬所唱还要好听。穆王不觉拊掌称善，便唤盛姬和几个美人一同前来听他歌唱。唱了一会，偃师又把他的手拉了一下。这人便举起袖子，舞了起来，翻身转步，回面折腰，非常灵巧活泼，如同杨柳迎风，落花回雪。那身段和姿势变化万方，美妙无比。穆王和美人们都看得呆了。正看得高兴的时候，那人忽然向着盛姬送了一个媚眼，又偷偷用手招了一下。穆王见了这般模样，不禁大发雷霆，立刻叱令左右，把偃师拿下，问他为何胆敢带这般无礼的人到来宫里，将他碎尸万段也不足抵偿欺君之罪。左右同声领旨，便向前来捉偃师。偃师吓得魂不附体，连忙一手揪住这人，来不及开口分辩，便用另一只手把那人衣服扯下。身体分散，登时狼藉满地，并不见分毫鲜血，却原来都是木头、皮革、白粉、胶漆造成的。

这时候，大家更惊呆了，诧怪得好像做梦一般。穆王迷惑着叫偃师把这些东西拿过来仔细观看，又叫他一一拼接起来，再细细地看。这些东西都是一件不能少的，少了一件，不是脚不能走，就是嘴不能动。必须统统拼合起来，才能和活的人一般无二。穆王这才笑了起来，说："真是太巧了，你竟然会造出这般巧的东西。"就留下偃师来，重用了他。

这个故事似乎很不可靠，在那么早的时候不可能就有这样完备的机器人。这不过是一种寓言，表示统治阶级是怎样地多疑善妒，替他们服务，是毫无安全保障的。

且说盛姬窈窕多姿，得到穆王眷爱。不料美人薄命，有一天，穆王带她到一个大泽里射猎游玩，遇见了许多野兽，各将士奋勇追逐，不觉天晚，穆王便留在泽中过夜。到了夜深，气候寒冷，盛姬体质娇弱，便感冒风寒，得了疾病。穆王十分怜惜，虽已在半路，只得载她回去，刚刚到了重璧之台，盛姬已经香消玉殒。穆王因为宠爱她的缘故，把她的丧礼办得十分丰备，和王后一般。想到她的时候，还常常伤心流泪。

过了几时，穆王毕竟践行了他的志愿，做了一次中国历史传说中有名的西征。这个有名的故事，说穆王由造父为御，驾了八骏，带了七萃之士，向西启行。那七萃之士是穆王选拔的七队勇士，个个都是英勇出众武艺过人的。还带了许多金宝，预备沿途赏赐之用。走了不多几日，到了漳水（在河南省安阳县）。渡过了漳水，再向北一直到了钘山（现在太行山）。这钘山自南至北，蜿蜒不断，奇峰插天，险怪万状。穆王和七萃勇士到了山下，仰望山势这般嵯峨，商量该怎样走过。正在疑难时候，忽然彤云密布，雨雪纷纷，山岭布满了皓皓的雪花，好像白玉琢成，冷峭凄清，行人断绝。穆王对大众说："这般雪景，实在可算奇绝。既然到了这里，不可不欣赏一番。你们都是武力超群的人，这山这样险峭，野兽一定很多。趁这雪景，行猎一回，岂不一举两得。"七萃勇士齐声欢呼："愿从天子行猎。"穆王便驱车在山陂寻觅野兽，七萃勇士前后奔走，兜捕一番，果然赶出不少野狐山獐之类，捉获了许多美味。这还不算，最可喜的在追赶野兽时候，无意地闯进了一条山谷，虽然崎岖不平，却能走出钘山，不须由山顶去爬。大家都欢喜得高呼"万岁"，便由这条路横越了钘山。这条路是什么？就是现在的井陉。

穆王过了井陉，往北依了滹沱河一直向西北走去。这时候气候寒冷，草木凋萎，滹沱河上已经结了一层薄薄的冰，蜿蜒一线，如同玉带一般。穆王率了七萃勇士，犯着凛冽的朔风，长征千里。旌旗在北风里面猎猎地吹着，和嘚嘚的马蹄声音互相应和，成了自然的进行曲。

走了几天，便到了太原地方。犬戎前来迎接，预备了美酒为穆王洗尘。这地方野兽更多，休息了一天，便由犬戎引导，让七萃勇士在当地大猎了一番。北方的兽都是长毛的，丰厚暖和，做起皮裘来，十分温软。猎了一天，天色又阴暗下来，犬戎知道又要下雪了，便罢猎回去。果然一夜北风大起，平明，雪花成片地纷飞满天，把世界妆成烂银一片，分不出高低山水。穆王虽然穿得很是温厚，也觉寒气逼人，不便起行，便吩咐随从人众，更番休息，烤火取暖。

这一歇便歇了有一个月光景，渐渐地雪霁天青，眼见天气好转，这地方也玩腻了，方才再向西北行进。一直到了西隃（山西省雁门关），只见两面山峰对立，峭拔万仞，真是雁飞不到，只有当中一条路，盘旋曲折，崎岖难走。造父控着八骏，缓辔前进，七萃勇士前后簇拥，徐徐地出了西隃。这边的风景和太原又不相同，茫茫一片，都是黄沙白草，好像无边无际，分不出南北东西。但是穆王长征的雄心并不为它所阻，仍然纵辔向西，走了几天便到了河套地方。一路上虽然人烟稀少，却也有几处不怕寒冷的勇敢人民住在这里，以他们百折不回的意志，和大自然斗争。现在忽然看见穆王这一队探险人马，千乘万骑来到这般冷僻地方，他们自然十分欢迎，都把他们最好的财产如豹皮良马之类，拿出来送礼。穆王当然笑纳，看见他们有这般美好的皮，便知道这里的野兽一定丰美。一路上食物正在缺少，趁这机会，又率同七萃勇士大猎一场，果然得到许多贵重野兽，还有白狐玄貉，都是中原地方难得的东西。穆王十分高兴，吩咐把许多野兽的皮剥下，做了皮衣御寒。肉都拿来腊干了，作为一路粮食。又把那玄貉白狐的肉煮熟来祭河神，表示感谢的意思。穆王便在河边大犒众人，大家都吃得十分醉饱。歇了两天，又开始西征，到了阳纡山（大约是大青山）。这是河套附近一座大山，蜿蜒不断，山高河阔，气势十分宏大。穆王看到这般庄严伟丽的锦绣河山，感到中国委实太大了，便在阳纡山附近的燕然山上召集附近各国，举行了朝会的典礼。之后又亲自举行了祭河的礼，把白璧和牛马猪羊都沉在河里，作为祭礼。

祭过了河，穆王便又西行，越过了河套，一直向西进发。一路上经过了许多的崇山峻岭，跟着河流到了西北的积石山（在青海省），再过去便是昆仑山了。这积石山乃是在黄河的河源附近，高峻无比，半山以上都是极大石块叠积成的，所以名为“积石”。山顶终年积着白皑皑的冰雪，亘古不化。气候寒冷，便是穿着很厚衣裘也挡不住冷气。穆王到了这个地方，看见层层岩岭，越走越高，好像置身半天，高寒清旷，隔绝尘寰，不觉内心感动，叹口气说：

“这般峻拔的地方，实在不容易走到的。我对于人民并没有什么功德，却这般游玩取乐。为了自己一时高兴，到这样远的地方来，后世的人一定要数说我的过失吧！”七萃勇士里面有个会说话的便答应说：“天子何必这样谦逊呢？只要天下人人都有饭吃，都有衣穿，百官执事，个个都能尽了本分，不求快乐，自然快乐。这是和老百姓一同快乐，有什么要紧呢！”穆王听了，觉得这人说的话十分中听，不禁大喜，便由身上解下左边佩的一块玉来赐给这个勇士。

积石山是这样的高，又没有泥土树木，只是磊磊大石，好像要滚下来，险得可怕。穆王便不想登上山顶，只在山边黄河源头附近地方玩了一回。居民看见穆王来到，便献上一百壶的美酒，御御寒气。穆王和勇士们都饮了酒，仍然向昆仑山进发。

昆仑山乃是一座极高的山。据古人相传，以前黄帝曾经到过这山，山上还有黄帝住过的宫室。大禹治水，也曾由昆仑山、积石山疏导过黄河河源。这时候穆王当然不肯放过这有名的古迹，所以宁可不上积石山，却不能不登昆仑山。好在八骏神健无比，窜岭越崖，不怕蹉跌。便卜了吉日，专诚上山，游览黄帝的宫室，还备齐牺牲来祭昆仑山的山神。

昆仑山和积石山一般，十分险峻，山顶全是极大的石块累积着，没有什么树林草木，只有清澈莹明的冰雪和冰川留下的遗迹，好像堆琼琢玉一般，一望晶莹洁白。可是离了昆仑不远的地方，却有一个珠泽，大约三十里方圆，碧冽清澄，周围长满了许多蒲苇蒹葭，随风披拂，参差可爱。水里还有无数大大小小游鱼，唼喋往来。穆王祭罢昆仑山，下到珠泽附近，赏玩风景，看见游鱼这般地多，一时兴发，命取钓具来，就在珠泽上面钓鱼作乐。泽边原有土人居住，一见穆王带领许多人马，服饰鲜华，声势煊赫，询知是周天子御驾出游，忙由首领前来朝见，献上白玉十方、美酒十坛、牛羊三千头、马三百匹。穆王问他这里地方情形。土人奏说：“这个泽向来出有明珠，圆莹鲜洁，所以名为“珠泽”。这座昆仑山一带附近地方都出极好美玉，一直到达春山，所出的宝玉天下无比。白的赛过羊脂，红的胜如鲜血，黄的像蒸熟的栗子，绿的如鲜润的树叶，小的不过几寸大小，大的有千斤重量，真个是人间宝库，世上仙都。春山的气候，温和润泽，草木十分茂盛，珍禽奇兽，不计其数。不但是物产丰富的地方，也是天下有名的最高的山。”穆王听了，高兴起来，说：“我久闻昆仑出玉，只因路远，未曾来玩，想不到物产还这般丰富。我必须再往西走，到极西的地方看看。”便把昆仑山下大约一百里地方封给这个土人的首领做一个小国君，命他看守黄帝的宫室，并且看守春山的宝物，赐他金环朱带和黄牛许多头，然后又向春山前进。

春山就是现在的葱岭[①]地方，是中国各山脉的发源地，山上郁郁葱葱，生了许多的葱，所以名为“葱岭”，上古时候唤作春山。上面奇花异草，馥郁芳香，都是中国少见的珍贵植物。气候果然温和无风，无数五彩珍禽，翩翩飞舞，或啄花籽，或衔果实，都逍遥自得地在山上遨游。还有毛片斑斓的奇兽，不知名字，也栖息山上，自饮自食。因为这山很少人到，所以鸟兽都想不到有人来捕捉它们。它们看见人来，也不懂得逃走，仍然很随便地游玩。穆王看见这些鸟兽如此驯良，心里十分爱惜，便嘱咐随从人众不要加害它们。只一路赏玩山景，注意细看各种鸟兽行动。只见形形色色的怪兽奇禽都自然鸣叫着各种声音，随便饮啄着清泉佳果。满山长着瑶草琼花，婀娜随风，芬芳沁肺。红紫争妍，黄白斗艳，五彩纷披，和锦绣一般，铺满了每个角落。穆王命造父按辔徐徐行走，恣意赏鉴这美妙的仙景。走了许多时间，才登到春山的顶上，冰雪凝积得和白玉一般，山石却又洁白得和冰雪一样。穆王到了这种境界，真不知道自己是在天上，还是人间，是个神仙，还是凡人！举目四望，只见群峰堆玉，万岭罨云，白茫茫一片似蒸气氤氲，辨不出东西南北。在这搓棉堆絮当中，迷迷糊糊地隐约看出几个雪团似的山尖围绕在前后左右。这才相信春山真

① 今帕米尔高原一带。

是个万山之王，高峻出众。赏玩了一会，因为地势太高了，不宜久留，便仍回下山去。一路上收取了许多奇花宝树的种子，打算带回去种。只是许多珍禽异兽，无法带走。有跟来的土人知道的说："这地方名叫县圃，是百鸟百兽居住的地方。许多鸟兽，有的固然驯良，有的却也厉害，不可小看了它们。"穆王便命勇士留心防护，注意看去，果然熊罴豺狼、白虎赤豹、野马山羊、野牛野豕，样样俱全。还有许多不知名字的动物，也都十分活泼。正在看的时候，忽然觉得一阵风声，来得十分紧急。抬头一看，半空飞来一只极大的黑鸟，两翅张开来，好像要把天遮去半边似的，眨眨眼之间，早已呼的一声伸下一只大爪，就地上抓起一头鹿来，腾空去了。穆王和许多勇士都措手不及，目瞪口呆。直到这鸟飞出一段路程，才看清原来是一头极大的青雕，要想用箭去射，已经来不及了。土人说："这是很平常的事。像这样的青雕，这里很多。还有白色的叫作白鸟，也是嘴尖得像铁钩一般，爪锐得像白刃一样。野兽碰着它，就不用想活，不管猪羊都要吃的。野兽里面也有会吃虎豹的，模样却一点也不凶狠。"穆王说："这样地方太奇妙了，我应当留下一点纪念。"便命巧匠刻了一块石铭，记载了这次来游的事迹，留在县圃上面，作为纪念。

铭刻好了，穆王便又继续西征，还要去看许多奇奇怪怪的东西，决心要走到极西为止。正是：欲将车辙周天下，先逞雄心到海西。

第九回

宴瑶池王母小留骖
围金阙农民大起义

周穆王离了春山，向西前进。走了三天，到了一个地方，名叫赤乌。那里人烟稠密，树木茂盛，宛然是一个乐土。赤乌的人看见穆王到来，都夹道欢呼，由首领前来迎接。这时候祭公谋父也跟了穆王西征，穆王便派他接见赤乌的首领。祭公看见赤乌首领彬彬有礼，举动文明，和沿途土人大不相同，不由暗暗敬重，便问起赤乌地方风俗物产的情形。赤乌首领恭敬回答说："我赤乌氏原是周的后裔。当初古公亶父时候，有个臣子名唤季绰，执事勤劳，极得古公的信任，后来把古公最长的女儿嫁给他，封他在春山旁边。因为这一带地方出了许多美玉，季绰便管理周的璧玉。这就是赤乌氏的祖先。这一带地方十分腴美，穄麦极多，草木丰硕茂盛，马牛羊遍野都是。还有一座玉山，出产宝玉，温润无比。地方既然这般好，人民自然也都健康美丽，特别是妙龄的女子，个个都生得如花似玉、妩媚温柔。所以赤乌氏的地方远近驰名，来寻求美人和宝玉的人络绎不绝。现在得知天子来游，预备了美酒千斛，吃用的马九百匹，牛羊三千头，穄麦一百车，献上天子，供给随从人等食用，伏乞转奏天子。"祭公听了，便奏上穆王，穆王闻说赤乌氏本是周的女婿，高兴得很，说："我一路经过许多地方，只有这里出产禾麦。这里地方太好了，我要在这里休息几天再走。"便命祭公把赤乌氏所献东西统统收下，另外赐给赤乌氏黄金四十镒，大夫用的黑色的车四辆，嵌着贝壳的腰带五十条，明珠三百包。赤乌氏拜受了，便说："这里名胜最好的所在就是玉山，请去游览一番。"祭公随了穆王，由赤乌氏带路，一直到了玉山下面，果然绿树成林，清泉似带，和一路上所看见的光秃山石不同，山上生的禾麦都十分肥美，比在中原所见的，还要长大许多。穆王看了，心中大喜，说："这种禾麦为什么这般巨大？大约是特别好的种，难得在此处遇见。这比名花异草还要实用得多，必须把它们的种子带回中国去播种，让中原地方也能享受这样的大禾大麦。"便命祭公将每样种子拣选肥好的，带了一车，留做种子用。一面在山下游览，只见风景和中原相似，一样也有丘有壑，岩谷争奇，松柏交翠，山花似绣，野草如茵。穆王想不到极西地方也有这般美丽境界，心里十分畅快，便命带来的乐人，在山下奏起乐来。乐人奉命，便把带来的衣装乐器完全拿出，大家打扮好了，就在玉山山下歌舞起来。登时轰动许多赤乌人民，都来观看，密密围着山下，就像围屏一般。大家都伸着脖子，赏鉴这向来未曾听过见过的清歌妙舞。穆王因为这地方物产这般丰富，比起中原毫无逊色，便想用文化来夸示他们，特地命乐人将场面最伟大的广乐演奏一番，吹笙鼓瑟，秉籥舞羽，十分热闹繁华。这些乐器服装都是当地人不曾见过的，大家惊奇得很，样样都显得新鲜有趣。穆王看见土人这般情形，也觉得十分得意。赤乌氏又凑趣送来美女两名，献给穆王。穆王自从盛姬亡故，就不曾有过称心的妃嫔，听说赤乌地多美人，因为过路，不便向赤乌索要。现在赤乌氏自己送来，岂有不收之理？这两个美女自然是经过千挑百选才送来的，登时就得到穆王的爱宠。穆王在这令人心满意足的好地方逗留了五日，听了许多关于西方的情形。据说再往西不远就是群玉之山，那山整个是玉堆成的，各色各种的玉，样样都有，莹洁透明，又且温润光泽，要方要圆，随意削取，都是宝光灿烂的上好美玉，只要拿得动，千百斤整块的都有。穆王听了十分羡慕，问明群玉山的方向，便就重新向西进发。现在有了赤乌所献的牛羊穄麦，一路上粮食也不愁了。

这个出宝玉又出美人的赤乌氏地方，有人说就是现在的新疆和阗县[①]。那个地方产玉是有名的。不但产玉，并且还产最美丽的蚕丝和丰硕肥大的五谷。

---

① 今和田市。

现在那里有三座山，统名作“礤子玉山”。山上出产礤子玉，满山都是。玉的颜色有青有白，可是最美的玉却产在河里，不在山上。蚕丝的绣织品十分富丽精致，据那地方的传说，这蚕种是中国一位嫁到和阗的公主传去的。和阗本来没有蚕丝，可是当时中国不肯把蚕种传给和阗。他们千方百计都无法得到。后来和阗国君派人请求娶中国的公主为妻，中国答应了，和阗国君又叫使者偷偷告诉公主说：“我们这里是没有蚕丝的，你要自己带蚕种来，才好做衣服穿。”公主果然把蚕种藏在帽中，戴在头上，带出中国。到了和阗，便大量养起蚕来，教得人民家家都会。这就是和阗蚕丝的起源。后来和阗人感念这位公主，画她的像，祀为蚕神。这个传说里面的公主是不是就是嫁给季绰的古公女儿呢？谁也说不清了。可是中国历史上并没有第二个出嫁给和阗国君的公主，或许就是那时候传去的也说不定。不过中国文化是向来任人流布的，这传说里所说的中国不肯传给蚕种，以致要藏在公主帽子里的话，大约是和阗人爱好蚕丝，为显得传来的艰难编造出来的，不见得是真实的事。

且说穆王离了赤乌，又走了几天，经过了许多地方，一路上受了很多的贡献和招待，不觉走到了黑水。因为这条水的颜色看去黝黑，所以名它为“黑水”，有人说，就是现在的新疆叶尔羌河。沿着黑水，又走了许多天，远远望见了一座高山，光彩斑斓、晶莹闪灼地矗立在那里，好像一架玉屏风，只是高大得很，这就是有名的群玉山。

当时望着这座山走去，越走得近，越看得清楚。原来这山一点也不像别的山那样有高有低，险巇难走，却是平坦坦的，正直端方，好像十分有规则的模样，绝不东凸一峰，西凹一谷，简直像一个极大的玉墩。山上很少有泥土，自然也就没有几棵树，全山差不多完全裸露着。这种环境是不适合动物居住的，所以山上一个飞禽走兽都没有。雪白莹洁的山肤呈现出夺目的光彩，在那温润无瑕的峭壁上面透出了白得像羊脂又像雪片的皎洁颜色。可是在另一个地方又渐渐晕开了一些浅浅的嫩绿，越来越深，深到绿得和浓绿的翠鸟毛羽一般，绿沉沉的，一点杂色也没有，成了极大的翠玉岩。透明得好像吹弹可破，翠润得好像快要滴了下来。在这般绿得可爱的地方，大约几丈远近，又渐渐由浓绿变成了嫩绿，由嫩绿转成嫩碧，再由嫩碧转到娇黄，由娇黄成了浓黄，浓得和蒸熟的栗子一般，又黄又熟。黄到极黄的时候，渐渐转成赭色，接着是一大片深深殷赤的血色，浓得和鸡冠一般，红晶晶的，像初升的太阳，光耀刺眼。有的地方又杂了一些羊脂嫩白，犹如雪地上面衬托着鲜血，更加分明鲜艳。像这样满山上五色辉映，陆离光怪，照耀得人眼睛都花了。还有许多闪闪金光夹在深翠玉里，更加叫不出名字。有的地方各色相杂，凌乱无序，更显得错综变化，像彩绘，又像锦绣。穆王这才相信赤乌氏的话不假，世上果然有这般奇丽绝美的地方。这样天生的五彩玉山，山上整块的是玉，山下零碎的也是玉，根本没有一块石头。穆王停在山上四天，指点挑选，丁丁斧凿的声音日夜不绝，共计凿下了大大小小最美丽的宝玉一万块，用了三辆大车来装载，都装得满满的。

这群玉山有人说就是现在新疆莎车附近的密尔岱山，这山出产的玉最为丰富美丽，五色都有，因为都是玉，亦名“玉山”。前清时代，此地每年要纳贡美玉一万斤。可想而知，这山的玉是如何多了。现在这地方仍是世界著名的出产宝玉的地方，各地商人麕集搜买。所说的白如羊脂、红如鸡血、绿如翠羽、黄如蒸栗、黑如纯漆的各色美玉，依然常有。只是纯白朱斑的和翠绿闪金的，十分罕见，价格特别贵罢了。

且说穆王采得了许多美玉，心中十分快乐。但是他的贪心还没有满足，因为他曾经听见许多传说，都说极西地方有这个，有那个，有五色的玉山，有西王母国，有不死的药，有珍奇的鸟兽，有千里的流沙。这许多奇奇怪怪的传说说得好像真的有这么一回事，引动了他的好奇心。他本来是有雄心的统治者，在中原地方享惯了百样繁华，什么宝贝没有见过？想不到极西地方竟然有他没有见过的好东西，他如何舍得放弃？现在得到了这般多的美玉，更加证明了一路上的传说十分可靠。那么还有许多好地方，也一定得游历一番，方才不白白做个天子。

穆王抱了这种观念，于是又往西再走。走了足足一个月，路上经过了许多奇妙美丽的山水，有出铁的铁山，也有出麦的膜地，还有广大的玄池，池里清澄着西方少见的绿水。穆王在幽美的玄池旁边休息了三天，并且在玄池上面奏了三天乐，把它改名乐池，又在池边种了许多竹林，作为纪念，然后才又起身向西长征。一直走了三千多里，才到了他一向最企慕的地方，就是西王母国。

西王母在高山上面居住，山上有个池，叫作瑶池。西王母是两王母国的君长，这国很早就和中国有了交通，舜时候来献过玉环，禹也到过西王母国，羿还和西王母要过不死的药。因为地方是在极西，很少有人到过，又出了许多宝玉，还说有什么药吃了可以不死，就使人怀疑它是什么神仙地方。夏以后大约有一千年，没有和西王母交通，人们早已忘了他的本相，只把传说传了下来。穆王这次到了西王母国，看见地方富庶，建筑华丽，也觉得真是一个文明古国，不可轻视。便不以天子统治的身份自居，只作为一个远方的贵客，前来拜访，用了主客的礼，拿着羊脂美玉的白璧，作为贽礼，又送上锦绣三百匹。西王母看见这位贵宾这般阔绰，也十分欢迎，便又在瑶池上面请穆王饮酒。西王母将国内出产的奇葩异果罗列满桌，大半都是中原地方没有看见过的西方特产。穆王虽然享受过万方玉食，却没有见过这般土产，不由啧啧称羡。其中有几种异样的果子，一种叫作昆流素莲，乃是昆仑山下流水里面所产。冬天开花，一个莲房里有一百粒莲子，嫩脆无比。一种叫作阴岐黑枣，生在阴岐山下，树高百丈，过了一百年才能结出这种黑枣，每枚枣子足有二尺长，内里的核又细小又柔软。还有一种名叫万岁冰桃，据说这桃树生在磅磄山，桃树的树身足有百围大小，开的花是青黑的颜色，一万年才能成熟。还有一种名为千常碧藕，生在磅磄山东边的郁水里面，颜色嫩碧，长得奇怪，所以称为千常，一常就是七尺长。还有一种叫青花白橘，花是青翠颜色，结出橘子却是白色，大如一个瓜，香气扑鼻，数里内都能闻到。其他美酒佳肴，更是数说不尽，真是脍凤屠龙，珍馐百味。还有美女一群，吹笙鼓瑟，歌舞侑觞，穆王不觉开怀畅饮。饮到中间，西王母作歌，歌里说：

白云在天，（天上的白云，）
山陵自出。（是由高高矮矮的山内出来。）
道里悠远，（您来这里是经过遥远的道路，）
山川间之。（还有高山大水隔着。）
将子无死，（但愿您健康长寿，）
尚能复来。（或许还能再度光临。）

穆王接受了西王母歌辞，也便回答一首歌，他说：

予归东土，（我回到东方去，）
和治诸夏。（和平地治理了夏族地方。）
万民平均，（使万民都能平均安乐，）
吾顾见女。（我就回来看您。）
比及三年，（过了三年，）
将复而野。（将要再到这里。）

欢饮尽乐，穆王便命工匠刻了一块石作为纪念，石上刻的是“西王母之山”五个大字。穆王在这个地方盘桓了几天，便仍然往西出发。

这时候所走的地方，离中原更远，所看见的东西自然更是新奇。越走越远，不觉又走了一个多月，大约离西王母地方有两千里远。走过了一个很大的湖泽，前面有一片浩浩无垠的大旷原，无边无际，广阔无比，上面五色缤纷，鲜艳夺目，但觉光彩闪闪，不知是什么东西。穆王远远望见，心想一定是各色杂花，开在地上，这般繁盛，宛如绣花地毯一般，倒也好看。只是为何这样发光？难道又是什么异种奇花？我一定得搜采一些种子，可以带了回去，种在宫里地上。正在想着，不觉越走越近。仔细一看，原来并不是什么花草，却是无数的五彩鸟毛，斑斓闪烁，各色齐全，映着阳光，发出红的、黄的、赭的、绿的、白的、赤的、紫的、翠的、浅的、深的，千万种颜色，比起孔雀开屏、山鸡舞镜，还要鲜艳许多。踏在上面软绵绵的，如同走在棉絮团上面一般，十分舒服。这种五彩鸟毛，一直铺了不知多少里，极目无际，望不见任何东西，只是践踏着这锦绣的地毯行走。许多人众都为这奇景惊愕，不明白为什么这地方有这样多的鸟毛。

不多时，夕阳西下，发出灿烂的金光，射在这五彩毛羽上面，更加变幻出万万千千的美妙颜色，金碧交辉，倏忽万变，闪得大家眼睛都花了。脚下仍是这样软绵绵的，真要陶醉得没有气力再走，穆王只好传命就在这旷原住下。

到了明月初升，幽幽的月光照在五彩毛羽上面，又另外构成一幅清艳图案。六军将士躺在地上，随意捧起一堆鸟毛盖在身上，就成了暖和柔软的被褥，盖得全身好像喝过酒一般，说不出地融和舒畅。在这许多长征的日子里面，再没有睡得这样舒服。

天明了，在初日曈昽的光线里，一行人众完全被包裹在错彩镂金的锦绣堆中，艳丽得无法形容。看着天空上翱翔着许多五彩大鸟，常常在这旷原上解脱下美丽的羽毛，像五色碎锦一般，花雨缤纷地满天飘洒，使人们眼花缭乱。穆王对于这样的锦天绣地，实在不舍离开，便在旷原上慢慢游行。谁知这旷原十分辽阔，计算起来，何止千里地方！他们且走且歇，不觉在这旷原上勾留了三个多月，也捉到了很多美丽的鸟。因为走了许多天，还看不见旷原的尽头，穆王也就不想再往西走了，便只在旷原游玩，打算把这美丽鸟毛运回中原去。于是先在这地方大享将士一番，把牛、羊、穄麦、美酒都拿来痛吃一顿，又奏起广乐来，尽量欢乐。欢乐够了，命六师七萃就在旷原上施展技能，将奇禽异兽完全捕捉得一干二净。共计大猎了九天，射获的美丽鸟兽不计其数。把毛皮都剥了下来，正好把吃光了的运穄麦的车来装载鸟毛兽皮，挑选最美丽的满满装了一百车，方才心满意足，传命回东方去，不再西进。这个旷原，有人说就是现在里海、咸海附近的吉尔吉斯草原。究竟是不是，当然很难断定的了。

且说穆王回驾返东，依然晓行夜宿，马不停蹄地走。这番回来的心情和出发的时候大不相同，因为他是带着丰富无比的各地物产满载而归。可是他又不想再走以前的老路，还要换个路线走，一则可以多看些没有见过的东西，二则可以早一点到家，因此他便一直向东进发。

走了几日，路上植物渐渐少了，只有野生的白杨和红柳，还有路旁一些芦苇萧萧地在风里摇曳着，地上也渐渐干燥起来，都是些黄色沙子，一望无际。慢慢地白杨和红柳都逐渐减少到没有了，只剩下一色枯黄的茫茫沙漠，前后左右都显得十分干燥，马蹄踏在沙上，扬起了一些沙来，便依然归到沙漠里，寂寞得一点声息也没有。这样走了一天，除了几处高高低低的沙丘外，什么东西也没有。天色渐渐黑了，穆王只好在沙漠里住下。

七萃勇士们便在沙漠里开凿了一口井，井水很苦，不大好吃，幸而车上还带着美酒，便取来呈献穆王。过了一夜，第二天又走，依然是黄色连天，望不见沙漠的边。八骏虽然骏逸无比，但是在流沙上面，马蹄都没入沙里，不能不慢慢地走。走了一天又是一天，带的美酒渐渐也喝完了，可是这沙漠还是无边无际。一路上还得掘井取水，才能造饭，更加行走得慢了。走了几天，穆王烦躁起来，想不到沙漠这般讨厌，但是已经走了一半，又不能重新折回，只得催趱着走。走到中午，穆王给周围干热的阳光一晒，口渴得很，忙叫左右拿水来喝。叵耐沙漠中间哪来的水？左右只得去找，找了一会，还没有找到。这时候，七萃勇士里面有个名叫高奔戎的，急中生智，连忙拔出佩刀，向左骖的脖子上面刺了一刀，登时鲜血如注，奔戎早已用碗接住，接了满满一碗鲜血，献上穆王。穆王正渴得难受，接过血来，一饮而尽，觉得比美酒还要好喝，问知奔戎乃是刺了马血来献，称赞他会想出这般聪明办法，赐他一只佩玉。奔戎接过佩玉，叩头谢恩。

他们又走了两天，方才出了沙漠，一直往东再走，经过了许多地方，才回到周都洛邑。总计起来，由周到大旷原约有一万四千里，来回和各地游历所走的地方，共计三万五千多里，真可以算得是历史传说里面一次伟大的长征了。

穆王西征经过了二年多的时间，这其间国事都由周、召二公管理，倒也无甚变动。穆王又在南郑（陕西省渭南县[①]）地方建了一个都城，盖造一个宫殿，名叫祇宫。现在搬回许多宝玉鸟羽，越发把祇宫装饰得十分华美。这时候穆王年纪已经很老，按理说大可在祇宫安享暮年，无奈他是好动不好静的人，行装刚卸不久，便又起身去东方巡狩，这里也走，那里也走。有时打猎，有时钓鱼。有时起座离宫，有时盖个高台，又把都城附近地方围了起来，作为畜养野兽的苑囿。

不久，穆王召集诸侯，在涂山举行大会。这时候，周还是全盛时代，诸侯到会的非常多，算是成周大会以后一个有名的大会。穆王经过这次大会以后十分满足，觉得中国已经完全服从他的指挥了，可以没有任何顾虑，又想再去西方或是北方大大远征一下，使中国的声威远播各处，才不愧为一个英雄的君主。

自从穆王这般大量挥霍，府库已经一天一天空虚下来，人民也一天一天增加了困苦。但是穆王还是照样娱乐，并不知道节俭。不觉到了严冬，气候寒冷，朔风一起，大雪飘飘。穆王穿了白狐大裘，登台赏雪。左右娇姬美婢，捧酒进杯。看着白茫茫一片琼瑶世界，松竹青翠，梅蕊芬芳，景致十分美丽。想起西征时候，所经历的美景，更使他雄心勃勃。他便指点远处一团蠕动的东西，问左右说："这是什么东西？"左右回奏说："这是人民冒雪出行。"穆

① 今谓南市。

王说："你可去看看，他们这般寒冷，为何出行？"左右便奉命去了，去了好久，回来奏道："这些人民是冒雪出外拾取落叶的。其中有一个人，昨天冻死在雪地里，今天他的亲友冒雪把他运走，所以这般嘈杂。"穆王听了，心中很觉得不安，说："我一个人穿了狐裘，喝着美酒，这样舒服，人民却是这般地苦。"便作了三篇《黄竹》的歌，来悲悼这冻死的人。在表面上他虽然这样地表示爱惜人民，却没有任何为民谋利的措施，所以人民生活依然一天比一天困难，甚至被逼得无法生活，犯罪的人便也一天一天增加，越来越多，再也不是成、康刑措时代了。穆王却不曾想到人民为何困苦，还只是打算如何再到西方游玩，如何再到别的地方走走，立意要走遍整个天下才算。周、召二公看见穆王这般荒唐放逸，也常常随机进谏，穆王总是置之不理。一天，周公报告犯罪的人逐日加多，牢狱都要满了。周公的意思是说穆王游玩无度，浪费过多，弄得人民因为生活困难，屡次犯法，希望穆王减少浪费。不想穆王听见犯人太多，却反想出生财妙计，便传命任吕侯为司寇之职，专管各种刑罚犯罪。若是罪状可疑的人许他纳入金钱便可减免刑罚，并且规定了各种刑罚的定价。这样公开地卖起刑法来。只要有钱，便可赎罪，自然政治更加紊乱起来，可是穆王的用度却不再愁不够了。

穆王既然定了搜刮的妙计，便再打算远游，这时候穆王已经八十多岁了。祭公谋父上次跟过穆王西征，知道一路上的耗费和辛苦，要想劝止，明知穆王决不会听，便作了一篇诗，名叫《祈招》，表面上是赞美司马祈招的话，特地命乐工歌唱，希望穆王听见。那诗说：

祈招之愔愔，（祈招的性情是这样的安和，）
式昭德音。（所以能够显扬美好的声望。）
思我王度，（你要想到我王的风度，）
式如玉，（和玉一般的粹美坚固，）

式如金。（和金一般的厚重端方。）

形民之力，（用了老百姓的劳力，）

而无醉饱之心。（从来不想用到又醉又饱的分量。）

乐工果然按照祭公的话歌唱，在穆王酒酣的时候唱了出来。穆王听见是一篇新的诗歌，便拿着酒杯仔细听去。听到末了一句，不觉良心发现，十分惭愧，暗想：做人总得知足一点，我已经游历了许多地方，耗费了老百姓许多劳力和金钱，现在若再一味游玩，实在也不大说得过去。想了又想，把再去长征的雄心渐渐冷了。从这次起，就不再提到出游的事情。

又过了许多年，穆王年登百岁，病殁于祇宫。可是穆王只知个人享乐，不恤人民。传说他虽然曾到过西王母之邦，也不曾得到不死的药，只不过把国家弄得民穷财尽，江河日下。所以唐朝诗人李商隐有诗说：

瑶池阿母绮筵开，黄竹歌声动地哀。

八骏日行三万里，穆王何事不重来？

周的财力给穆王这样一花，弄得十分亏空，从此周便衰了下来。穆王的儿子共王，虽然没有什么很大过失，可是经济方面早已千疮百孔，渐渐难以支持。有许多场面又不能不维持着天子的架子。畿内土地陆续封建了许多诸侯和大小卿士，天子自己的地方越来越小，剥削收入也就越来越不够。幸亏各国诸侯贡献不断，还可以勉强支撑。自然像昭王南巡、穆王西征这样的大规模举动，是不能再有了，他只能在附近地方走动走动。

有一天，共王到泾水旁边游玩，泾水就在镐京附近，风景清丽。几位公卿扈从王驾，一同赏玩。那时正是阳春三月，柳绿桃红，一片农田，秧针乍出。许多农人看见王驾来游，都停了工作，站着观看。也有许多妇女儿童，都在树下田边睁着好奇的眼睛，把许多来游的王公卿士从头到脚细细观看。因为周时的封建制度，王公卿士所穿服装都和人民不同，所以人民觉得十分新奇。

这许多王公卿士都穿戴冕服，佩着玉佩，服饰十分讲究。在乡野人民看来，的确是属于另外一种人，这种人生活得多么舒适！再看看自己的衣服，不过短短的粗麻布褐衣，手脚都沾着烂泥，有的连褐衣还缝补了许多地方，委实差得太远了。也有些意志薄弱的人，就生了羡慕的心，觉得假如自己也能过这般舒服的生活，那有多好。其中有一个容貌出众爱好虚荣的妙龄少女，看了共王一行人众这样雍容华贵，想到自己将来如果能在这种环境生活，那真是神仙了。正想得出神时候，忽然旁边一个邻女推她一把，轻轻地说："姊姊，你看，这位大夫多么年轻！"她的幻想被她打断了，不由"呸！"的一声说："年轻，你管他年轻不年轻，他年轻和你也不相干呀！"邻女被她抢白得满脸通红，搭讪地说："我不过说说罢了，谁说和我相干呢？只怕你自己的心不正，才这样地编排别人。"她也不好意思地说："我怎样不正？你说！"又一个邻女听见她们吵，就劝解说："不要吵了，回头给人家听见，不大方便。当然的，这些公卿们都是有福气的，哪个不羡慕？说几句也不要紧。他们再年轻，也和我们不相干。"这两个少女听见了，都默然不说话了，但是她们眼眶里都觉得十分不受用。渐渐她们抬起满含幽怨的眼睛彼此对看了一下，三个人唧唧哝哝地密谈了起来。不多时，天色渐渐晚了，共王和许多公卿也都游兴阑珊，回车去了。共王因为天色已晚，便吩咐公卿不必送到王宫，各自散去。公卿奉旨，个个驱车回家。其中那个年轻的大夫，正是密康公，刚刚走到家门，下了车，忽然车后跑过来三个少女，跟在密康公后面，好像也要进门的样子。密康公大大惊异，忙问："你们是什么人？"这三个少女却又不说话，只是你推着我，我推着你，大家都不肯说。密康公看出她们神气，便说："想是这里不便说话，且请进去再说，也不要紧。"便带了三个少女进门。这位密康公家中人口简单，只有一位老母亲。她看见密康公带了三个少女进来，大为诧异，便唤过少女来，仔细问她们的姓名，三个少女都含羞地说了。老太太问她们来这里做什么，三个少女又都涨红了脸，不肯说。这个老太太想了一想，便对密康公说：“我很明白这三个女子的来意。但是你不过一个小小大夫，怎么可以消受这般美丽的三个少女？大凡过分的福气，不是可以随便接受的。随便接受一个过分的福，也一定要随便碰到过分的祸。数目到了三个，算是很多了，三只兽就可以称为群，三个人就可称为众，三个女子就可以称为粲。粲是非常美好的东西，没有极大的福分，哪能消得起这般艳福？王还未必消受得起，何况你区区一个小子。你要是把她们留下，一定要惹出祸来。据我看来，今天既然你是跟了王出去撞着她们，你还是把她们呈献上去，凭王分发。”这三个女子好容易跟到这里，进得门来，又看见密康公家无别人，只有一位慈眉善眼的老太太，正在心中暗暗欢喜，却不料老太太竟然说出这般的话，要把她们撵走，不由都花容失色，几乎哭了。那密康公正当青年，又碰着这样三个如花似玉的美人，满想母亲一定体谅人情，把她们三个留下。忽然听见母亲这般言论，也急得呆在那里，不出一言。老太太两边看看，看出双方都不愿意，叹了一口气说：“这是很要紧的事，你们要三思，不要惹出祸来。”密康公无可奈何，只得说：“这件事，儿子再仔细想想，等明天再说吧。”老太太点点头，又拉着三个女子问长问短，也觉得十分爱惜，便收拾了地方，让她们住下。到了次日，密康公照例上朝，却并不把这事奏上共王。这样一天挨过一天，这三个美人便都成了密康公的爱妾。老太太虽然觉察，也已无可奈何，只得算了。密康公平白地得了三个美人，好不快乐。不料乐极生悲，刚刚一年光景，便有人报上共王，说密康公私藏民女不献上来。共王调查清楚，果然是实，登时大怒，把密康公全家抄没。果然应了他母亲的话，得到过分的祸。

共王崩后，传位于儿子懿王。懿王懦弱无能，政治日益腐败，周更加衰弱。共王有个弟弟，王子辟方，才干很好。到了懿王病死，太子燮柔弱。辟方趁这机会便占了王位，是为周孝王。孝王要想把周复兴起来，认为第一件事先得振兴兵马，便在汧水、渭水（都在现在陕西省）中间选取了一大片草原作为牧地，大大养起马匹来。一面招募会养马的人，不惜厚禄，命他们专干畜养马匹的事。就有许多人应募前来，孝王都分配他们工作去做。每年孝王亲身去省阅一番，察看马匹肥瘦多少，分别赏罚豢养马匹的人员。

那汧水源出汧山的南麓，风景秀异，冈峦绵延不断，汧水由山麓向南流注，浩浩荡荡一直流入由西往东的渭水去。在汧水、渭水汇合的地方，土地肥沃，草木茂盛，是一片天然牧场。这一块地方往西，地势越来越高，迎着险峻的陇山蜿蜒千里，正好和汧、渭二水合成一个三角形。马匹在这种地方放牧，不但蕃息得十分快，也训练得非常健骏。孝王既然看得畜马是强国的一件大事，自然就十分认真去做，果然不久马匹增加了许多。到了秋天，孝王又来检阅，查知马数大量增加，心里高兴得很。又查得有一个养马的，他的马尤其生育得多，便指名召见。这个养马的小臣奉了命令，把他所养马匹带到孝王面前。孝王仔细一看，不但马数增加一倍有余，比任何人都增加得多，而且每匹都膘肥腿健，十分神骏，不由心中大悦。查问这个小臣用了什么方法，能够把马养得这般肥健。小臣叩头奏道："小臣是犬丘人氏。犬丘有一个名唤非子的，乃是造父同族，极会养马，马经了他手，都是又健又骏。小臣曾向他学习一点看马技能，所以养得比别人好一点。"孝王大喜，说："既是非子这般会养马匹，你可传我命令，召他前来。"小臣奉命，不多时果然带了非子来见。孝王查问养马方法，非子对答如流，对于马匹的调养、训练、生育、疾病，都有各种方法，使得马匹健康壮硕。孝王十分高兴，就任命他主管这一带牧场的马。非子叩头谢恩，果然十分用心去养，不多时，马匹数目大大增加，并且雄骏无比。孝王每年来看都十分满意，便想特别赏赐非子，来表扬他养马的功劳。那时封建诸侯有公、侯、伯、子、男五等，五等之下，还有只封几十里小地方的，不能算作男爵，只能附属于邻近的大诸侯，称作"附庸"。孝王既然欢喜非子，便把秦的地方（现在甘肃省天水市）几十里封给他做个附庸的国君，这就是秦的起始。后来统一中国的秦始皇，赫赫不可一世，恐怕再也不会记起他的祖先是由养马劳动出身的吧！

孝王虽然极力想要振兴周室，但是他的王位是由懿王传下的。懿王自己原有太子，按着当时的定例，孝王得位是不正当的。许多诸侯看见孝王厉害，嘴里不说，心中总不免有点不服。等到孝王病死，大家便约齐了共同扶立懿王太子燮为王，是为周夷王。

周夷王本来就因为柔弱无才，以致被孝王平白地抢去王位，现在各诸侯又因为惧怕孝王厉害，情愿拥立无用的夷王。夷王得到了失去已久的王位，自然十二分感激诸侯。对于诸侯，客气非常。以前天子见诸侯时候，天子是站在堂上的，诸侯在堂下行礼朝见。现在夷王觉得站在堂上受诸侯敬礼好像太不客气，便走下堂来和诸侯相见。自此周天子的尊严又丧失了一部分，周的封建统治的崩溃也加速了。

夷王是这般柔懦无用，幸亏几个大臣维持着苟安的局面。自然戎狄方面，不免趁周衰弱，时时骚扰。尤其被穆王搬到太原的戎，本来就不愿意搬去的，更不免兴风作浪，时刻寻事，搅是附近人民无法安居。夷王只得派了虢公出兵前去征讨。

虢公奉了王命，率领六师出征太原。太原一带戎人看见六师来到，便都四散逃走。原来戎人的生活是流动的，没有屋宇田地，完全靠着游牧，夜里便住在帐幕里面，所以逃走非常方便。虢公追逐了一阵，俘获了一些落后戎人和来不及带走的马匹。看着追了很远，虢公生怕中了戎人诱敌之计，万一有什么埋伏，难以退回，便不敢穷追，点算俘获马匹已有一千，传命奏凯班师，将一千匹马献上夷王。夷王慰劳虢公一番，休兵息将，以为总可以安静一时。谁知戎人狡猾，等到王师回去，便又重新骚扰，依然无停无休。

这时候，夷工已经抱病，便立儿子胡为太子。夷王病逝之后，由太子胡接位为王，是为周厉王。厉王赋性十分暴烈，和他父亲夷王大不相同。他一向认为父亲太过老实柔懦，以致弄到各方都不尊敬他，政治废弛，中间王位还被孝王抢去了许多年，这都是父亲夷王太过无用的缘故。现在他做了王，必须大大改变父亲的方法，立起威望，才可以让天下畏惧。他抱定这般主意，便存心用严厉刑法来树立威严。恰巧那时东方各国诸侯里，有一个纪国（现在山东省寿光县[1]南），本是姜姓，和齐国接近。地域既然相近，就不免会有一些小事起争执。齐国是太公之后，得到周的宠信，权力很大，当然不肯退让。纪国比较弱小，屡次吃亏，便怀恨在心。偏偏周天子聘后，按照周制度是同姓不婚的，所以往往聘娶齐国或是纪国的女子为后，因为这两国都是姜姓，和周的姬姓不同。纪和齐国为了争抢和周联婚机会的缘故，常常暗中钩心斗角，用了许多心计。现在厉王即位，按照老例，又得聘娶王后。纪侯为了这件事，心里十分不安，生怕齐国万一选上，一定更要挟势欺压纪国。他知道周历朝的王后多是齐女，齐国要想和厉王联婚，十分容易，总得想个妙计，才能加以阻止。于是纪侯在厉王刚刚即位的时候，先行来周朝见。朝见礼毕，便奏上厉王说："齐侯不辰身为王舅，理应忠心为国。想不到他惧怕我王英明，却同一干小人计议，要想重新拥立孝王的儿子为王。臣侦得他的密谋，不敢不奏。"厉王听了，果然大怒，便问纪侯怎样知道的。纪侯便捏造了许多话，使得厉王十分相信。厉王本来深恨诸侯不敬夷王，又怕王位被孝王的王子抢去，因此决心将齐侯严厉惩办，以儆戒其他诸侯。

过了几大，各地诸侯都已到齐，定了口期朝见新王。厉王受了诸侯朝礼，传命于次日大享诸侯。次日，各诸侯依礼到会，酒醴簠簋，一切齐备，礼仪穆穆，钟鼓喤喤。厉王上坐，各诸侯依次排列，单单不见齐侯。因为诸侯众多，大家也不曾注意。等到酒过三巡，外面抬进一个大鼎，热腾腾煮熟一锅人肉，由侍人分送各地诸侯，每人一脔，宣言齐侯不辰为臣不忠，现在烹熟了赐各诸

① 今寿光市。

侯分享。各诸侯忽听这般言语，个个心惊肉跳，才知道这位新天子竟然这般辣手，和他祖父懿王、父亲夷王大不相同。人人都怀着兔死狐悲的心情，但是在厉王的严威之下，谁也不敢多言。一席酒终，各诸侯纷纷散回本国。只有齐国臣下凄凄惨惨地带了齐侯凶信回去，在齐国遵礼谥不辰为哀公。那哀公没有儿子，依照封建制度，应该立他的同母弟公子山为君。厉王既然烹了哀公，便也不要他的同母弟为君，特地降旨，立哀公另外一个弟弟公子静为齐侯，是为胡公。齐国臣民都知道哀公是无罪的，替他可怜。但是惧怕厉王，不敢不遵命立公子静为君。过了几时，渐渐打听出来，乃是纪侯向厉王进的谮言。齐国既然不敢露出怨恨，便也依然和纪国按礼来往，暗中却从此结下不共戴天之仇。公子山记着哥哥枉死的仇恨，不甘白白把位让给胡公，更因他是厉王所立，益发怀恨，齐国臣民也有许多和公子山一般心理的，对于胡公都没有好感。过了许多年，公子山毕竟结合了国内有势力的臣下，把胡公弑了，自立为侯。臣民因为哀怜哀公，倒都对于公子山表示拥戴。公子山即位后，把齐的国都搬到了临菑地方（山东省临淄县①）。

且说厉王自从烹了齐哀公之后，各国诸侯无不畏惧。厉王以为得计，更加暴虐。周自从穆王西征，一味浪费以后，国库久已空虚。历代各王一则才力不足，二则经济困难，都只安分守己，节俭撑持。厉王既然严刑峻法，便也想整顿财政，凡是贡献太少的国家，便严厉地催索。那时有个大夫荣夷公，对于财政，很有办法。厉王认为他的才干很好，十分宠信。大夫芮良夫进谏道："荣公对于理财很有特长。但是财利这个东西是人人需要的，不能由一个人一手把持，完全专揽了去。所以做天子的应该把财利普遍分配，使得人人有饭吃，人人有财享。这样才可以使老百姓安乐。可是还应该小心谨慎，只怕老百姓怨恨。这样的战战兢兢，方才可以长久。现在要想用荣公去把所有的财利搜罗得

① 今淄博市临淄区。

干干净净，这怎么能行？假使有一个人民，将所有的财都把持了去，人家还管他叫作强盗。现在做了一朝天子，反而去把持人民的财利，这成个什么？天子要是重用荣公，将来一定会把周弄得不可收拾。”厉王不听芮良夫的话，仍然命荣夷公做卿士。荣夷公果然想尽各种方法去搜刮各方的钱财。当然，各国诸侯更是荣夷公搜刮的对象。各国所出产的东西，每年有多少、可以贡上多少，荣夷公都算得清清楚楚，休想少贡分文。并且在进贡的时候，荣夷公自己还得捞摸一些油水。因此弄得各国诸侯个个怨恨。先前害怕厉王暴虐，勉强进贡，渐渐就一挨二搁，都不来朝贡了。

至于周天子直接管辖的王畿千里，所收的赋税更是不能短少。厉王又十分暴虐，不如期交纳的，就得受极重的刑罚。老百姓怨恨得牙痒痒的，就纷纷咒骂起来。这时候周、召二公依然辅佐厉王管理国政，常常进谏，厉王只是不听。召公便作了一篇《民劳》的诗，来讽劝厉王。这篇诗说：

民亦劳止，（人民已经很劳苦了，）
汔可小康。（应该稍微让他们安息一下吧！）
惠此中国，（我们要惠爱中原的国土，）
以绥四方。（才能够安定天下四方。）
无纵诡随，（不要放纵那假装善良随人作恶的小人，）
以谨无良。（要留心那伤天害理的大奸。）
式遏寇虐，（除灭那残忍暴虐，）
憯不畏明。（一点也不怕严明刑法的坏人。）
柔远能迩，（慈爱远的地方，要先能慈爱近的，）
以定我王。（才能使王室真个安定。）

厉王对于这篇诗一点也不采纳，仍然任用许多贪婪小人搜刮百姓。只要会谄媚、会盘剥的，就可以得到厉王的信任。老百姓暗暗叫苦，无处控诉。芮良夫屡次进谏也不中用，便作了一篇诗，名唤《桑柔》，把那时候黑暗的情形统统描写出来，但是厉王依然和没有听见一样。

这位召公是召康公的后代召穆公，名虎，才德兼备，作了《民劳》以后，因为没有得到厉王采纳，心中悒悒不乐。一日，他到农村看视农民收割稻谷。农民遮住道路，围着召公哭诉贪官污吏如何如何逼迫田租，把小百姓弄得家家少食无衣，卖儿鬻女。一面说，一面哭。召公也十分愤怒，便安慰老百姓说："这都是小人欺骗天子，等我回去奏上，一定会减少租役。你们先不要这般伤心。"这些老百姓七口八舌地纷纷说道："我们也想，这或许是一些不好的官吏做的事，所以才向我公哭诉，希望把这些小人早早办罪，别让老百姓受苦。可是这些官吏都说是奉王的命令，要这样办。我周天子都是惠爱小民的，哪有这般行为？这成什么天子！并且交不出稻谷的就要杀要剐，这简直是老百姓的仇敌了。我们不信，这样的人也配做我们的天子！"召公听见人民这般愤怒，这般怨恨毁骂，只得安慰一番，说："我回去奏上天子，一定要把这般不好的情形改正。你们且请安心忍耐。"劝了又劝，老百姓们方才陆续散去。召穆公心里十分难过，回到家里，立刻整肃衣冠，进宫朝见厉王。厉王见召公临时来见，便问有何要事。召穆公把路上所见老百姓的痛苦情形述说一遍，然后奏道："我周向来把人民的生活当作第一要紧的事。公刘、太王都是十分看重农业，爱护农民，和农民一同生活，一同工作，一切政事都是为了农民打算。所以能够建立国家，统一天下，成为各国共尊的天子。现在农民痛苦到这般地步，租役又十分沉重。农民要不是受不了，何至这般怨骂？若不趁早改变政策，必然弄到全盘败坏，那时后悔无及。"厉王听了，勃然大怒，说："这些小百姓胆敢怨恨骂我，目无君上，罪该万死。你不必多虑，我自有办法。必须狠狠管束一番，且看他们还敢骂我不敢！"召穆公大惊，说："天子差了！老百姓因为痛苦，方才怨谤。只要替他们除去痛苦，他们自然不骂。现在反要再加刑罚，岂不是越弄越糟！”厉王摇头说：“这个你不懂得，他们是不可以好好对待的。你且去休息，我自有方法。”召公再三劝谏，厉王只是不听。召公无可奈何，只得退出。厉王一见召公退出，便命左右召来一个最信任的巫来。那巫是卫地的人，大家称他作卫巫。他是极会花言巧语的，一向谄媚谗谮，无所不为，赚得厉王十分信任。当时卫巫进宫，朝见礼毕。厉王问他道：“你既然善能知道鬼神的事情，也自然会知道一些别人所不知道的事情了。现在我派你替我监视一切臣民。有谁敢在背后骂我的，你便马上奏给我知道。这件事情，你可敢担任？”卫巫听了，晓得这是一个作奸舞弊的好机会，连忙叩头应道：“天子有旨，小臣哪敢不尽心去办理。那些大胆妄言的人实在罪该万死。容小臣侦得，立刻奏上。”厉王道：“现在这等大胆的百姓很多很多，你给我尽数奏来，不许隐瞒。”卫巫诺诺连声，退出宫外，连忙把他一向所不喜欢的人，开列姓名。次日进宫，报告说：“臣已经查得许多胆大妄为的人，背地骂詈天子，现在将他们的姓名呈上。”厉王略略看了一看，便吩咐左右，把卫巫单上开列的人尽数捉来杀了。

可怜这些老百姓，莫名其妙地被捉去屠杀，家里父母妻子哭哭啼啼地查问：“究竟犯了什么罪？也得说个明白。”那些刽子手都是凶神恶煞一般，个个圆睁着眼睛说：“谁叫你们这般放肆，毁谤天子？现在天子知道了，还不该杀头吗？”这时候他们才知道是冤枉他们毁骂周天子，连忙分辩说：“我没有骂，我没有骂，谁说我骂的？”可是刽子手不容分说，只管开刀，一个个都在极力呼冤的声音里，被砍下血淋淋的头来。

就在这般昏天黑地里，一批一批的人民给捉去杀了，罪状都是“诽谤天子”。这样下去，本来不骂的人也忍不住要骂了。可是一给听见，就不得了。卫巫为了讨好厉王，特地分布了许多心腹，四散出去，只要有一点风吹草动，都报给卫巫知道。自然，冤枉的事多得很。结果，没有一个人敢说话了，走到路上，也是寂寂无声。碰着熟人，大家只用眼睛对瞧一下，谁也不敢开口说话。整个热闹的都城，变成肃静无哗。

厉王看见卫巫头几天报告了许多人，后来渐渐少了，最后竟然连一两个也没有了，便问卫巫为什么不报告。卫巫叩头奏道："现在人民已经没有说话的了。他们再也不敢诽谤天子，所以没有可报的。"厉王听了大喜，重赏卫巫。次日上朝，厉王特地宣召召穆公进前，笑嘻嘻地对他说道："你前次所说的人民怨骂的事情，果然不差，真有许多人民背地骂我。但是我已经用了极好方法，把这类事根除了。现在他们再也不敢骂我了。"召穆公早已听得厉王命卫巫监视人民诽谤的事情，正要进谏，一听厉王这般言语，看出他不但不知自己暴虐，反以为用严厉手段迫害人民是极好的方法，便谏道："这不是使人民不骂，这是堵住了人民的嘴。堵人民的嘴，比堵一条河的出口还要糟糕。一条河的出口堵死了，便要由堤岸溃决一个口，淹死许多人畜。人民的嘴堵死了，结果也是这样。所以会治水的人，一定疏导它，让它有一个畅行无阻的水口，才可以安静地滔滔流去。会管理国政的人，也一定让人民尽量说话。正因为这样，一位明白的天子，当他料理国家大事的时候，一定让公卿大夫士都贡献所知道的，甚至百工也可以将他所知道的说出来，庶人也可以叫人传达他所要说的话。亲戚近臣、尊卑贵贱，都可以畅所欲言。天子斟酌了可行的行去，这样行的事就没有不对的了。人民心里有什么，嘴里才说什么。要是把他们的口堵了，他们怎么受得了？"厉王摇摇头说："我并不是不许他们说话，只不过不许他们这般骂我。他们有什么知识，怎么可以随便议论我？这不是反了吗？他们只应该老老实实地听我的命令，我是不会有错的。他们不服从我，却在胡言毁谤，怎么可以不杀？现在他们已经不敢说话，这是严厉管束的结果。你怎么反说不对？难道应该让他们瞎说八道吗？"召公又谏了一番，厉王只是摇头，反说召公无用。召公无奈，只得退出。走到路上，只见一路鸦雀无声，没有一个说话的人。个个垂头不响，放步疾走，谁也不和人打招呼。召公不胜叹息，眼见人民受到极深的剥削迫害，却不能说一句不平的话，这样下去，周室只有灭亡。回到家中，辗转一夜，不能成寐。次日上朝，遇见许多公卿，大家都是缄默不出一言。只有一位凡伯，乃是周公后裔，袖出一篇新诗，送与大家观看。诗名为《板》，内容是责备一个朋友的口气，全篇都是劝诫他迁善改过的话。大家彼此传观，点头会意。召公不觉诗兴大发，便也作了一篇《荡》，借着文王口吻，斥责商纣无道，理合亡国，若再不改，夏桀就是榜样。大家看了《荡》的内容，也都点头称善，不多说一句话。

原来那时的制度，乐工所唱的歌都是向各处采集民间歌谣，以及卿大夫所作的诗歌，随时唱给天子听。这个制度，是因为恐怕天子深居宫内，不知人民疾苦，特地把外面的生活唱给天子听听，天子就可以知道自己的所作所为是不是合于老百姓的心。这种诗歌常常是人民真心的话，所以能够反映出社会的真实面貌。有些官吏碰到不便直言的事，也往往借了诗来表达意见。就像祭公谋父的《祈招》，竟然把雄心勃勃的穆王感动了。现在凡伯和召穆公都因为无法谏诤厉王，所以只好作诗来让乐工歌唱，希望厉王在听歌的时候，觉悟过来。

他们这种希望，终究无法实现，厉王的暴虐，一天一天增加。他认为人民不说话了，更可以畅意地剥削压榨，把一切浪费统统压在老百姓身上。负担不起的，就狠狠屠杀。召公们也时时涕泣劝谏，总没有效果，厉王仍然一意压迫人民，尽量增加各种税收，分派百姓去做苦工。宫殿里所藏所积的东西宝货也都搜刮出来享用，把穆王带归的玉都拿出来雕琢器具，各方进贡的东西也都翻搜出来。

一天，忽报荣公来朝，厉王便召入问他有什么事情。荣夷公叩头奏说：“臣闻近郊农民，有一点不稳消息，恐怕万一有什么意外事情，我王不可不预先打好主意。”厉王大惊，说道：“你这话哪里来的？”荣夷公道：“臣昨天派了人到郊外收取田租，不想聚集了许多农民，都不肯交租，反把派去的人杀了。臣派人再去，据说农民越聚越多，光景十分不妙，请我王派兵弹压才好。”厉王听了，还没有答话，早有左右来奏周、召二公前来朝见，厉王忙命召入。二公启奏："近郊农民聚集了数千人，都要进城来，恐怕闹出事情，请旨定夺。"厉王说："这般农民聚众滋事，绝不是好东西，可急急派兵堵截。不听命令的，尽管诛杀。"周公道："我周制度，寓兵于农。农民就是兵，兵就是农民。现在农民起来反抗，我们还想去召集什么兵来弹压他们？"厉王听了不觉慌张起来，说："这，这，这可怎么好？这不是反了吗？"召公说："臣现在已派有凡伯、芮伯先去劝解农民，叫他们不要急切，静等我王命令。不知我王旨意如何？"厉王踌躇了一会说："两卿意见怎样？"周、召二公说："农民无非因为租税过重，无法交纳，刑罚太严，担受不起。我王如能降旨减免今年租税，把无罪的人都释放回家，也许可以把这次事情平息下去。"厉王听了，心中十分愤怒，怫然说道："我是天子，农民应该交纳租税。有罪的，我应该办。要是照你们所说，租税不交，有罪不办，还成什么天子？"刚刚说到这里，凡伯已经踉跄着不等通报就跑了进来，慌慌张张地说："不得了，农民已经涌进城来，臣允许他们减租减刑，他们全不相信。这便如何是好？"厉王看见凡伯慌张的样子，也觉着慌，忙问："把守城门的人员如何不加阻止？"凡伯一面拭汗，一面说："那些人员如何拦阻得住？并且他们早已通同一气了。"一句话还未说完，早听得远远一片嘈杂呼喊的声音，好像有几万人在叫着："我们不要这样的天子，出来！出来！我们找你算账！"那声音好像天崩地塌，震得满宫人众个个失色。饶你厉王怎样暴戾恣睢，在雷霆万钧的群众威力之下，也不能不发起抖来。正在这个时候，芮伯也飞奔前来，大喊："糟了，农民已经打进城来，就要来围王宫。我王还是赶快回避回避，切不可疏忽！"厉王这时候没了主意，直愣得说不出话来。周公、召公忙说："现在事不宜迟，我王还是暂时离开王宫，容臣等向农民商量劝解。事情平定以后，再请天子回宫不晚。"厉王现在也知道众怒难犯，不敢再硬下去，只得点头依允。当下商定，由周、召二人留守国都，和人民谈判交涉。凡伯、芮伯、荣公等一干人众随同厉王，马上离开王宫。匆匆议定，厉王记起太子靖还在外面居住，忙派人通知他速速出宫逃走，不要耽搁时间，以免给人民撞见，不能脱身。吩咐完毕，看看宫内情形，不觉心里一酸。许多美女娇妃、玉楼凤阁，一霎间都不是自己所有了，白白剥削了许多年，到头还是一场空。这时候，耳听四起的喊声越来越近，生怕王宫被围，逃不出去，只得急急忙忙带了宫眷步行出宫。周公、召公一面分派各处侍卫把守宫门，莫容农民撞入，一面便迎了出去，早见农民一路一路结队前来，城里人民都纷纷响应，加入行伍，越聚越多，都向王宫拥来。个个口中大声呼喊："无道的昏君，今天是你的末日到了！看你还能杀我们不能？你出来！出来！我们和你算账！"一唱百和，此起彼落，陆续不停地喊着，人数越多，声音越大。每人手中都拿着锄头、镰刀等农具，登时四面八方聚集拢来，声势十分浩大，看上去何止数万！周、召二公生怕厉王不能脱身，连忙招呼农民谈话。农民不知是谁，便围了上来，周、召二公分开两处，个个向农民大声劝导，说尽无数好话，又把周朝文、武、成、康各王的好处说了又说，希望农民激昂的情绪缓和下来。无奈农民受厉王的暴虐已久，再也不信二公的话，仍然大声呼喊，要找厉王算账，蜂拥地向王宫包围。那时厉王已经由宫中逃出，知道农民是由南边进来，连忙向北逃走，一路上听得人民呐喊声音，不由心崩胆裂。回望龙楼凤阙，好不凄惶。这时候性命要紧，顾不得贪恋富贵，急急马不停蹄地，犹如漏网之鱼一般，沿着渭水直向东北走去。好容易听得喊声渐远，方才停了下来，商量投奔何处。查点宫眷，倒还不少。只是太子靖不知何在，大约不曾跟来。便向凡伯道："现在离镐京已有不少道路。我这次仓促出奔，没有带得很多东西。必须找个安身所在，你看什么地方好？"凡伯奏道："这里离镐京还不算远，附近农民一见近郊农民起事，一定也要仿效。我王还是休辞劳苦，再走一段路程，方保万安。"厉王听了，想到自己身为天子，今日竟弄到为百姓所不容，无处栖身，不由两泪交流，说道："我悔不听众卿的话，得罪百姓。今天抛弃国都，失守社稷，这都是我一向专恣的罪，累了诸卿陪我奔波，我心实在不安。"说着凄惶不止。芮伯们听了厉王言语，也觉伤心，大家便劝慰厉王一番，无非是事已如此、懊悔无益的话。劝了一会，仍旧商量投奔何处，最后商量结果，还是往东北过了黄河，才可以放心，不至给人民赶上。于是一行人众依然披星戴月，日夜不停地奔走。走过了黄河，沿着汾水，一直到了彘（山西省霍县[①]）的地方，方才安居下来。一面派了凡伯回到镐京打听消息。

凡伯奉命回京，一路上早听见人民纷纷传说，镐京四郊的农民因为受不了苛虐，全体起义，赶走了无道的周天子，搜出太子把他杀死了。现在各种苛捐杂税都已豁免，人民从此不需要天子，免得受他统治。这般消息，沸沸扬扬，传说不绝。越到近镐京地方，人民言论也越激烈，都说：这般天子，应该杀死，才能平息百姓们的气愤。杀死太子还不够，还得把天子捉回来杀掉才好。说的时候，人人切齿，个个咬牙。凡伯听得这般消息，吓得惊疑不止，暗想难怪路上不见太子，原来已被人民捉着杀死。想着太子年轻，并无大罪，只为父亲暴虐，弄到这般惨死，未免可怜。看这般情形，厉王一时还不能回来，只好等事情冷了再说。想着便进了镐京，幸喜他向来是劝谏厉王的人，人民对他并无恶感，所以他很平安地回到自己家里，再设法打听各方面情形。

且说那天周、召二公用了缓兵之计，邀住农民再三劝说。农民当然不听他们的话，依然纷纷呐喊，奔向王宫，恰似怒潮汹涌，谁也不能制止。农民对周、召二人倒也并没有恶感，只不过他们俩要替厉王说话却也不行。二公无可奈何，只得各回自己家里，一任农民做主。这时候整个镐京，家家闭户，满街上全是四郊涌来的农民队伍，越聚越多，都涌到王宫外面，发一声喊，把个王宫围得水泄不通。那时，周已经统治了三百年的天下，宫室已经造得绵延数里，殿阙巍峨，楼阁无数，画栋雕墙，千门万户，农民包围起来很费一些时间，因此被厉王由北方逃去。农民把守了王宫门户，大伙便往门内冲了进去。

---

① 今霍州市。

守门的卫士不肯让他们进去，双方冲突了一会，究竟农民人多，争持了一番，便被他们打破宫门，纷纷撞了进去。一到里面，只见金阙玉楼，奢华美丽，满宫里珠摇翠晃，眩得眼睛生花，并且重楼叠阁，曲曲弯弯，走也走不完。许多农民纷纷七嘴八舌地喊道："昏君把我们的血汗抽了来，原来这般享受。这都是我们辛苦盖起来的。他还不知足，还要拼命搜刮，今天非得把他捉来问个明白不可。"大家一边喊，一边找。前前后后，找了半天，却找不到厉王形影。只剩了几个宫娥彩女，战战兢兢地缩作一团。连王后、太子也已踪迹全无。急得农民们暴跳如雷，大家都嚷着不能便宜了昏君，非捉住不可。便查问宫女，厉王究竟藏在哪里。那些宫女都颤抖着说："不知道哪里去了，有的看见出宫去了。"农民又搜了一番，委实不在宫里，只得散出宫去，满城搜查。有的人说："看见有一行人马往北逃走。"有的人说："看见一个穿着太子衣冠的人在路上奔逃。"农民们便分头去追赶厉王，一面在城里捕捉太子。那些追赶厉王的农民队伍，因为在宫里搜寻，已经耽搁了很久，所以落在厉王后面。赶了一程，赶到三岔路口，不知厉王是往哪条路去，只得分开追赶。又赶一程，还是分了几条歧路。没有办法，只得回来，在城里分头寻觅。把荣夷公一家财产都清算了，还有许多帮凶作恶的贪官污吏，也都一一给了他们应得的惩罚。搜来搜去，还是搜不出太子踪迹。后来有个人说看见那天有个穿太子衣冠的人往西边去，大家便分头向西寻找。找了许多地方，又有人说，那天看见穿太子衣冠的人往南拐弯，大家便又依他所说，向南拐弯找去。这样找来找去，到底是群众人多眼快，给他们找到了一所大宅。大家相信平民的住宅浅狭卑促，无法藏匿太子，一定是这所大宅的主人才会把太子藏匿起来。他们便发一声呐喊，把这家宅子团团围住，像擂鼓一般敲着大门，索取太子。这家不是别人，原来就是召穆公的家。太子靖由宫里逃出，找不到路，满街上全是农民。他只怕被农民撞见，送了性命，想找个平民家里暂避，又怕平民把他献出给农民去杀。想来想去，无处投奔。只有召穆公平日深得民心，也许藏在他的家里可以不致有危险。农民不会搜召公的家，召公也不会把他献给农民。想定了，便一直向召公家跑来。恰好召公由外边回来，一眼瞧见，忙带他进入家中，把太子藏在密室里面，想等到农民回郊外去了再说。不想刚刚过了一会，忽然大门如擂鼓一般，震得耳朵都快聋了。接着传来千万人怒喊的声音，口口声声只嚷："快把那昏君的儿子送出来，我们要讨还我们的血债。"吓得召公和太子面面相觑。同时看门的侍人也飞奔进来，报告说："不得了！不得了！外面许多人民要打进门来了。他们说太子是逃到我们家里的，外面有人亲眼看见。叫我们快快把太子献出去。否则，他们就要不客气地打进来了。这便如何是好？"召公惊得面色都白了，忙说："你为何不说没有？"侍人说："小人老早说了，他们一点也不信。还说因为知道这是召公的家，他们才客气地和我们要；要是什么贪官污吏，他们早就把门踏破了进来。他们连王宫都打得破，还打不破我们这扇大门吗？现在他们等着要我们速速回话，再不把太子交出，就要打进来了。"召公听了，连忙先叫卫士防守门户，别让人民打了进来，一面叫全家人口和太子先行躲进内宅密室。自己便上了高台，举目一看，在他住宅的四面八方，前前后后，重重叠叠，包围着许多农民，个个都是雄赳赳气昂昂的，像海潮汹涌一般，呐喊的声音天摇地动。召公只得提起喉咙，大声叫喊，请人民暂停敲门，上前打话。许多人民里面有认得召公的，见他站在台上，便都停止吆喝。召公看见人民已经安静下来，便向农民大声地说道："一向是天子误信小人，弄到这般。现在天子已经走了，你们为何还不散去？太子年幼，诸般事情，和他无干。你们有多少话，只能向天子说，也不能向太子说呀！"

人民里面有几个为首的，便也大声答应说："我们也知道这事和太子无干。可是昏君杀了我们许多人民，难道就一走了事？他杀了我们的儿子，我们也得杀他的儿子来抵偿才是。我们知道你一向是正直的，所以不来伤害你一家。只要你把昏君的儿子送出来，我们便立刻散去。"这些话刚刚说完，四面八方几万人的声音都叫了起来，说："我们只要昏君的儿子，你要是不交出来，我们就要进来搜了。”一面喊，一面像潮水一般往大门上挤，那召家大门早已给千万群众的压力挤得吱吱地响，这时候只听得“哗啦”一声，连门带墙全挤破了。潮水般的人民拥了进来，许多卫士拼命地抵抗着，但是人民是这样地多，几十个卫士哪里抵挡得住？眼见马上就要冲进来了。召公在台上喊破喉咙也没有人理，没有办法，只得急急下了高台，走进内宅。只见合家老幼抖作一团，那年幼的太子更是战战兢兢，泪流满面。召公夫人和几个儿子也都吓得面无人色。召公这时候势处两难。他明知献出太子，便可保得全家无事，但是封建时代忠君的思想已经深入他的脑筋，使得他宁可全家被人民杀死，也不能把太子献出，便对一家人众说：“我一向苦口劝谏王，王一句都不肯听我的话，以致弄到这般光景。现在我若是把太子献给人民，那么，王一定以为我是怨恨王不听我的话而不保护太子，臣下对于君上哪有怨恨的道理，这岂不是不忠吗？太子危急来投我，我反把他献出去，这岂不是不义吗？不忠不义，我怎么可以做得人？我宁可全家陪太子一同死，也不能把太子献出。”说到这里，忽然一个卫士慌慌张张跑进来说：“不得了，人民已经打进来了，现在我们死力守住内宅的门，主公快快打算。”召公还没有答应，召公夫人两泪交流地说：“我们全家陪太子死，没有什么，可是你还有母亲呀！他老人家难道也陪着一同死吗？”这句话可把召公愣住了。正是：民心王事难兼顾，公义私情不两全。

第十回

辅政共和　淮汉武功铭石鼓
倾城一笑　骊山烽火灭宗周

召公听了夫人的话，不觉呆了一呆。原来召公还有母亲幽姜，召公因为怕她受了惊恐，所以没有让她知道今天的事情，依然安坐内室。当时召公被夫人一言提醒，心里十分为难起来，暗想我若把太子献出，便不忠不义；若不把太子献出，人民一定进来搜索，那时不但太子还是不能保全，而且要累母亲受到惊恐，岂不是不忠之外，还要加上不孝？进退两难，如何是好？心里这般打算，眼睛便不住前后左右张望。一眼瞧见自己的儿子，年龄身材和太子不差多少，蓦地计上心来，挫了一挫牙齿，眼里滚出两行热泪，便挥手告诉卫士说："你且出去和农民们说，叫他们不要这般嚷闹，容我从长计议，把太子交给他们好了。"卫士答应一声，连忙出去。召公便叫太子快把外面衣服脱下，头上的冠巾也除了下来，同时叫儿子把身上衣冠脱下给太子穿戴，然后指着太子衣冠，含泪对儿子说道："现在事在两难，不是为父我不慈，实在别无其他办法，只得把你来代替太子，交给人民。你可快快把这衣冠穿上。"一面说着，一面泪珠簌簌掉下。召公夫人一听这话，真是晴天霹雳，几乎晕了过去，拉住儿子失声大哭起来。召公连忙摇手，说："你不要这般大哭，风声走漏，祸事不小。"夫人哽咽着吞声饮泣，勉强止住悲哀，颤抖着两只手帮着儿子把太子衣冠穿上。封建时代本来提倡"三纲主义"，那"三纲"是：君为臣纲，父为子纲，夫为妻纲。为臣、为子、为妻的对于为君、为父、为夫的都只有盲目地服从，不许反抗。召公只知有君，宁愿牺牲自己的爱子；他的夫人和儿子也只知有夫、有父，不知有自己，竟不敢有丝毫反抗的表示。那时太子觉得让别人替自己去死，似乎有一点说不过去，但是被召公连连催促，也就只得照办。刚刚把衣冠换好，卫士又喘吁吁地跑进来了，说："他们不肯再等了，说我们欺骗他们，白等了许多时间，一定要冲进来……"话还没有说完，早听得喧哗的声音，杂着各种乒乒乓乓敲打的声音，混成一片。许多卫士都被挤得一直退到门内。人民纷纷挤进门来，一面挤，一面喊，说："这可怪不了我们，我们只好来搜了。我们也知道你们有你们的难处，你们自然不敢把昏君的儿子交给我们，怕昏君和你们算账。那么，等我们自己来动手好了。"大家七嘴八舌地纷纷叫喊着。一面叫，一面挤。顷刻之间，由门外挤到门内，又由堂下陆续挤上堂来。召公看见情形已经十分紧促，忙叫夫人和太子急急避开，自己走出堂来，挥手叫卫士不要抵抗。无奈人多声杂，谁也听不见召公说的话。这时，几个挤上堂的人民已经瞥见房内有一个穿着太子衣冠的人。大家发一声喊，抢进房去。召公的儿子早已吓得呆若木鸡，被几个农民横拖直拽，捉出房来。召公慌忙上前拦住，大声说道："你们听我一句话，太子是无罪的，你们不可杀害他……"一面说，一面舍命来阻挡。怎当得人民都纷纷涌上堂来？许多卫士也夹在中间，抢上堂来卫护"太子"。就在双方拼命抢夺之下，撞撞跌跌，那些人民已经抓到了人，如何肯放松了手？大家一面打，一面抢，一阵乱戳乱砍，登时把个假太子打得鲜血满地，自然就一命呜呼。许多人民方才一哄而散，只剩了狼藉满地的血迹和假太子直挺挺的尸体。

召公看见儿子已经身死，不免痛哭一场，只怕机关走泄，勉强遏制着悲哀，吩咐买棺盛殓，依礼安葬。从此太子便住在召公家里，冒充召公的儿子。

这次农民起义，虽然一时愤激把厉王赶走，但是并没有完密的计划，以致被厉王逃去，又在混乱场合里错杀了假太子。大家散出召公家，还自以为怨气已经发泄，三三五五地陆续散去，回到田野，依然耕田种地，照旧工作。他们缺乏领导和组织，完全把胜利果实抛掉不管，让它落到贵族手中。

且说农民散去之后，城里各位公卿大夫方才敢开了大门，渐渐聚集朝堂，讨论善后事宜。太子年龄本来幼小，不能管理国政。召公也不敢说出太子真正踪迹。又因厉王还活着，也不便另立新王。商量一番，国事总得有人负责。大家决定，仍由周、召二人暂时管理。重要政事，由六卿合议。先维持一时，再看情形。这种政体称为“共和”。实际上也不过是几个贵族执政，并不是什么真正的民主。

周、召二公共同商酌，把厉王许多暴虐的刑法都改掉了，还把许多加重的租税也都减少，恢复了以前的标准。现在没有天子，减少了许多耗费。周、召两人虽然主政，有事也是和公卿大家商量，比较开明一点，不会像厉王那般专制。一切事情也比较顾到人民的利益。所以这次农民起义，虽然不曾把周朝推翻，但在当时情形之下，也算是很大的胜利了。

不久，凡伯回到镐京，听得许多消息，便去访问周、召二人，商量厉王回京的事情。两人都认为现在民怨未平，不是回来的时候；若是匆促回来，可能引起人民第二次大起义，那时后悔无及。还不如先在彘暂时住下，等待机会。凡伯已经听见许多人民咒骂的话，也知道无法接厉王回来，只得回去报告。从此厉王长期住在彘地。那地方本是汾水旁边小邑，因此周人便称厉王为汾王。汾王到了这般地步，所有天子的享受一概失去，每年只是由周、召送来一些衣服器用，维持生活，回想过去的富贵尊荣，宛如一场春梦。他郁郁地过了十四年光阴，一病而亡。

这时候，共和已经十四年，周、召二人商量，太子靖年龄已长，可以继位为王，只是还有许多窒碍，恐怕民心不服。两人商量结果，便利用那时社会上的迷信，想出了一条妙计来。那时正值大旱人民叫苦连天。周、召便故意命卜人卜问一卦，究竟为何上天动怒，要罚人民这般受苦。卜人奉命，薰沐占卦，占毕，便说：“按这卦的卦象，现在大旱，乃是汾王为祟。”周公假意失惊地说：“汾王得罪人民，自取其祸，为何还要为祟？”卜人说：“汾王虽然暴虐，已经居彘十四年，永远失去了天子地位，也足以抵消他一人的过失了。周家历代先王并无罪恶，何至因为汾王一人便弄到少祭缺祀？因此汾王心有不甘，要求立他儿子为王，使周的祖先仍能享受祭祀。”周、召两人听了，便说：“这事情十分重大，我们得商量商量。”卜人收了龟甲退出。周、召便对许多公卿商议说：“卜兆既然这般，我们不能不遵从天意，访寻汾王太子，以免旱到无可收拾的地步。”公卿向来服从周、召，并无异说。周、召便吩咐各官吏预备天子登基的一切礼节。这消息不消半天便传遍了各处。人民虽然愤恨厉王，但是事情已经隔了十几年，厉王也已身死，现在给可怕的大旱压迫得喘不过气，只求快快下雨，自然没有必要反对。周、召等了几天，看看人民方面并没有什么反响，方才敢由召公家里接来太子靖，让他正式登位，做了天子，是为周宣王。

宣王经过了许多艰难，知道人民的力量是不可轻视的，一切政务依照周、召两人在十四年共和时代的办法，兢兢业业，小心管理。又有周定公、召穆公左右辅佐，倒也平安无事。许多周时公卿贵族，一向看惯厉王专制行为，现在见宣王这般恭谨，就纷纷赞美他，说他是中兴贤主，歌颂了许多好话。其实宣王也不过是一个中等材料，可以做好的事，也可以做坏的事。幸亏那时君臣上下都由这次农民起义中得到教训，大家不敢小觑了群众力量，有了许多贤臣辅佐，使宣王博得了一个好声名。

周自从厉王失德，各地诸侯多不来朝贡，现在看见宣王认真管理国事，大家都又尊敬周室，依旧朝贡，只有距离周比较远一点的地方仍是不服。宣王和周、召二公商量，分别遣兵征伐各地。那时西方的西戎十分强悍，勇力出众，又逼近镐京，必得才武过人的勇将方能抵敌。宣王和众臣商量一番，大家举荐秦国的秦仲。他是非子的曾孙，生长于西方，和西戎累代互相争战，勇敢可用。宣王便封秦仲为大夫，命他出征西戎。秦仲一向虽然袭封秦君，因为地方偏僻，文化落后。现在做了周的大夫，有车有马，也有音乐，也有奴仆，享用居住登时煊赫许多，风光十倍。人民纷纷奔走相告，都觉得面上有了光彩，便作了诗歌来歌唱。秦仲自己当然更为得意，立刻点齐兵马，和西戎大战一场。

无奈西戎剽悍成风，虽然秦仲十分出力，也只拼个旗鼓相当。彼此有胜有败，一进一退地成了相持的局面。

西方既然付托秦仲，北方的猃狁也是强悍好战，直逼镐京。宣王没奈何又和周、召二公商议，派了尹吉甫前往征伐猃狁。这时候正是六月大暑的天气，本来也想等到秋凉禾黍收成清楚，再议出兵，只为猃狁进兵十分神速，已经到了泾水旁边，不能耽搁。尹吉甫受了王命，带领兵马，冒暑出征，便把家中一切嘱咐妻子小心在意，特别是前妻的儿子伯奇年龄已长，有什么事情，加意照应。他妻子听见吉甫出征，心里十分高兴，面上却装作忧愁模样，再三叮嘱吉甫一路小心。至于伯奇，她自然会和亲生一般看待，不必吉甫挂心。谈话未毕，伯奇走进房来，一听吉甫要去征伐猃狁，便请求带他同去。吉甫摇头说："你年龄还轻，不知战场上的事情，只在家中好好服侍母亲，教导幼弟伯邦，便是孝顺，不必跟了我去。"伯奇再三请求，吉甫只是不肯。吉甫妻子也说："战阵太危险了，伯奇跟去，我也不放心，还是在家好。"伯奇无奈，只得流泪送了父亲出征。

尹吉甫统率三军，直抵泾阳，和猃狁交战。猃狁一路掳掠禾黍妇女已经不少，遇着周军，无心恋战，打了一场，便即退走。尹吉甫麾军追逐，把猃狁抢去的妇女货物截获许多，一直赶到太原地方，猃狁才远远逃去。吉甫计算追赶不上，方才奏凯回镐。宣王见吉甫全胜回来，十分喜悦，便设宴犒劳，许多公卿都纷纷道贺。吉甫领宴，开怀畅饮，谢恩回家。到了家中，却见妻子愁眉泪睫，好像有无限委屈的模样，心中不解。当时问知家中一切平安，伯奇和伯邦都照常日一般见了父亲，问安道乏，便也不曾问及。到了晚上，一家人众都已安歇，吉甫这才问妻子道："你今天什么缘故，像受了谁的委屈？"妻子叹了一口气说："为人不要做继妻，做了继妻什么话都不能说。你叫我怎么说呢？就算没有事吧。"吉甫听得话中有话，一定逼着要她说。她依然不肯说。吉甫道："我明白了，一定是伯奇忤逆不孝，是吗？"妻子说："不，他倒没有。”吉甫更加不明白，一定要问个清楚，他妻子这才说：“你一定这样追问，我也说不出来。说出来，你也不会相信。明天你自己到台上看看，就知道了。”吉甫再问，她一句话也不说了。吉甫满腹狐疑，虽然知道一定是伯奇有什么不孝的地方，但想起来伯奇一向尊重父亲和继母，对幼弟也十分友爱，又不像会有怎样不孝的事情，使得后母这般生气。这一夜，尹吉甫闷在心中，不能安睡。次日，妻子果然和吉甫走上后园台上，观赏园中花木。吉甫记起昨夜言语，便问妻子：“这台上有什么可观的，你昨天叫我来看？”妻子说：“你只站在台上，我去园里游玩，你就可以知道我为什么愤怒了。”吉甫点头答应，他妻子便下台去了。

尹吉甫这个妻子是一个极有心计的女人。她一下了台，便叫人去叫伯奇，一面由房内取出预先藏下的黄蜂两只，把蜂针剪去，藏在袖里。然后分花拂柳地姗姗到后园来，故意走到吉甫可以望见的地方，徘徊细步。过了一会，伯奇果然来了，一见后母，便向前叫声：“母亲。”后母点头答应，忽然失惊地“啊呀！”一声，举起袖来，袖口里两头黄蜂摆扑不止。伯奇一见也慌了说：“母亲，快抖抖袖子，袖里有黄蜂。”后母说：“你快，快，快帮我捉去，它会刺人的。”说着花容失色，好像惊得手足无措的样子。伯奇这时候来不及考虑，连忙伸手到后母袖里去捉黄蜂。后母却又装作惊唬得颤抖的模样，连忙反把袖子举起，黄蜂便倒掉进去。伯奇捉不到黄蜂，只得一手拉住后母袖子，一手伸进袖里去捉，好容易才把黄蜂捉住，摔在地上，一脚踏死。正当他捉蜂的时候，尹吉甫在台上远远观望，只见伯奇竟然拉住后母，并且伸手到后母的袖里，不觉勃然大怒，气得根根胡子都直竖起来，立刻奔到自己房里，抓了一把宝刀，凶狠狠地赶了出来望着伯奇便砍。伯奇不知父亲为何这般动怒，急急躲了开去。正要启问原因，吉甫已经又举起刀，一面大声喝骂，一面挥刀猛砍。伯奇只怕自己万一被父亲砍死，只得飞跑逃走。吉甫追了一段，究竟年老，不如伯奇跑得快，眼见他跑得远了，只得恨恨地回到家里，挂上宝刀。只见妻子哭得满脸泪痕，好像带雨梨花，十分娇媚。尹吉甫叹了一口气说："真想不到这个孽子竟敢这般大胆，要不是亲眼看见，谁也不会相信。现在他也不用想再见我的面了，要是回来，我一定把他一刀两断。"一面说，一面抚慰妻子不必气恼。他妻子哭了多时，方才收泪，带领了幼子伯邽在吉甫身边献殷勤。

伯奇跑到野外，回头一看，父亲并没有追来，方才敢站定了脚。细想父亲昨天刚刚到家，今天为何便这般大怒，一定是听了谁的言语。现在既然父亲不容，无家可归，走到别处，也是无法栖止，不如干脆投水自杀，免得父亲动手。想定了，便向水边走来。封建时代，孝亲是最重要的道德。不孝的人，连社会上都没有人看得起他，当他一个禽兽。所以，伯奇一经触恼父亲，便觉得生不如死。走了不远，只见前面一片江水，伯奇满怀冤苦，无心细看，只站在岸边，流下两行眼泪来，怔怔地望着水，望了一会，迷迷惘惘地双脚一跳，跳下水去。却不料水边苔藻很多，纠缠联结，和一个大网相似。伯奇跳入水中，恰巧给苔藻兜住，半沉半浮。附近还有渔人，瞥眼望见伯奇跳水自尽，大家喊叫起来，纷纷赶来相救。不多时，大家七手八脚把他拉抬上了渔舟，只见伯奇两眼泛白，就先让他吐出清水。这些渔人都过惯了水上生涯，对于拯救落水的方法，自然十分娴熟。伯奇落水时间不久，被他们尽力施救一番，便呕出许多水来，渐渐脸色转了，两眼微开。大家都说："好了，好了，已经不要紧了。"一个老年渔人便说："你这人年纪轻轻，为何这般没出息寻短见？看你衣衫楚楚，不像饥寒所迫。到底是什么缘故，可说出来，大家替你想法。"伯奇见问，泪如雨下。想起这事情是不能说的，说出来，对父亲面上不大好看。想了一会，只得道谢渔人拯救的大恩，却不肯把寻死原因说出。渔人再三动问，伯奇总不肯说。大家见他一定不说，只得罢了。伯奇浑身湿水，怯弱无力。渔人们便留他暂住舟上，借些干衣给他换了，弄些热水给他喝下，大家方才陆续散去。伯奇本来无家可归，难得渔人们这般仁爱，心中十分感激。只是一想到父亲刚才情形，便觉心如刀割。歇了一会，天色已晚，渔舟上炊烟四起，渔妇抱了婴儿，大家笑言哑哑，十分快乐。伯奇触景伤心，觉得人家都有天伦乐趣，只有他身负奇冤，有家难返。渐渐月轮东上，照得波光澄澈，如同琉璃世界，悄寂无声。伯奇当这般幽凄境界，不觉悲从中来，情不自禁，便纵声唱了一首歌，把心里的悲哀抑郁完全发泄出来。真个唱得幽幽咽咽，如怨如慕，如泣如诉，十分凄楚可怜。渔人大家都屏息听了一会，个个都觉得非常感动。不由自主，许多人都三三五五地唱了起来。伯奇恐怕被他们看出行藏，睡了一夜，便托辞身子已经恢复，再三道谢，别了渔人，依然上岸，自己另觅生活去了。

转眼暮春三月，桃红柳绿，一派暄妍气象。一天，周宣王朝罢无事，便对公卿说道："一向因为猃狁、西戎侵扰，日夜不安，未曾和诸卿欢叙。现在幸赖诸卿出力，西戎、猃狁相继平定。正好趁着明媚春光，出外游玩一番，君臣同乐，岂不是好？"群臣同声领旨。宣王便吩咐轻车简从，和诸公卿一同到了郊外观赏春景。正是芳草如茵、柳绵似絮的时节，近郊一带农田，秧针插水，风景十分清幽。宣王和公卿们且行且赏，不觉到了一条清溪旁边，几个渔人正在溪边打鱼，一面撒网，一面歌唱。歌声清越抑扬，宣王不觉驻足细听，听出歌里全是思慕父亲的话，悲凄慕恋，如同失母孤雏一般啾啾唧唧，又好像有什么说不出的痛苦，希望父亲明白自己的冤抑。听了一会，心里十分感动，便问公卿道："诸卿听见这歌吗？这歌完全是一个孝子的口吻，才得这样入情入理。想不到这里有这般好歌。"群臣回答道："君王说得是，这歌太好了。不知什么人编的。"宣王便命小臣去叫渔人来，查问这歌是谁作的。渔人叩头奏道："几个月以前，有一个年轻人掉下水去，大家把他救起。他醒了以后，作了这歌。大家喜爱这歌，便互相传了下来。"宣王点头道："这作歌的人一定是一个受了冤抑的儿子。据他歌里口气，这人一定是孝顺的儿子。你们知道他在哪里吗？"渔人答道："小民不知。小民也是转学来的。"宣王听了，命渔人退去。又游玩了一会，也就回宫，公卿个个散出。只有尹吉甫听得渔人唱歌的声调，极像伯奇口气，本就觉得心里十分难过，又听得歌里句句思念父亲，表明自己冤抑，更加一阵酸楚。后来听得宣王再三说是孝顺儿子受了冤抑，又听渔人说是一个投水青年作的，他断定这歌一定就是伯奇所作，伯奇一定是受了冤抑。但是在众人中间不好说出，呆呆地跟定宣王，一直到了宣王回宫，方才一人踽踽凉凉地回到家里。越想越伤心，只怕伯奇真个自杀。但是伯奇若是冤抑，那么妻子的话就靠不住了。究竟是谁的错呢？尹吉甫想来想去，委决不下，便暗暗探查究竟。俗语说：若要人不知，除非己莫为。吉甫的后妻陷害伯奇，也算做得十分机密的了，但也仍有走漏之时。吉甫趁妻子不在的时候，唤过侍妾，细细盘问。问来问去，便有那看不过眼的人把实在情形说出。尹吉甫听了这一气非同小可，才知道自己上了后妻的当，几乎把儿子害死。这种恶妇，岂可留她活在世上？要是留她活着，伯奇即使回来，也要再受她的毒害。当时打定主意，使唤妻子到后园看花，一面拿了弓箭。到了后园，遣散侍女，方才放下脸来，责问她为何用了毒计陷害伯奇。后妻一听机关已泄，无法掩饰。尹吉甫便弯弓绰箭，把她一箭射死。看清她真的活不成了，吉甫才故意大声狂喊，引得侍女纷纷跑来。吉甫说是刚才要射一只飞鸟，不想误射了夫人。侍女们明知有些蹊跷，谁敢多话？便草草地殡殓埋葬了夫人。尹吉甫这才专心专意访寻伯奇，不多几日，访寻着了。吉甫亲去野外把他接回，父子重逢，说不尽又悲又喜。伯奇看待伯邽依然和从前一般，十分友爱。后来吉甫死后，大夫爵位自然仍由伯奇承袭。

且说宣王看见西、北两方都已安定，只有南方的荆蛮和东方的夷还未全服，便派了大夫方叔去南方征讨荆蛮。那荆蛮乃是南方荆州一带的蛮族，自恃地方险阻，不肯来贡，经过方叔讨伐以后，才算屈服。东方的夷散布淮水流域，民族众多，宣王命召穆公率师出征淮南的夷，大获全胜，奏凯归来。后来宣王又亲自出征淮北的徐夷，也获得了胜利。这时候东南西北部都得到捷报，宣王自然十分高兴，趁这机会在东都大会诸侯。诸侯见周的政治清明，势力强大，也都恭顺服从。宣王便在东都大大览猎一番，一半是检阅车马，一半是宣示武力。大览已毕，宣王命人凿取山石，雕琢石鼓十个，上面各刻诗句，记载蒐猎的盛典。这十个石鼓一直流传到今日，还保存在北京，成为罕有的国宝。

东都大会以后，周的势力可算圆满无缺。但是好景不长，偏偏警报传来，那一向倚为西方长城的勇将秦仲，竟被西戎杀得大败，连秦仲本人也被西戎杀死。西方各戎族趁这机会，纷纷向内侵占，西北一带处处告急。宣王因秦仲为国亡身，降旨召见他的五个儿子，赐给他们士兵七千人，命他们去征讨西戎，为父报仇。这五个儿子中间最长的便承袭了秦仲的职位，仍做了周的大夫，称为秦庄公。他带领了四个兄弟，和西戎舍死忘生地争战了几阵，竟然被他夺回许多土地。后来庄公年老，要立长子世父为太子，世父说："西戎杀了我的祖父，我非报了祖父的仇，才敢自己登位。"便把太子的位置让给弟弟秦襄公，自己带了兵出生入死去和西戎拼命大战。战到后来，被西戎生擒了去。但是西戎却不敢杀他，大家商量说："他是这样不怕死，杀了他，秦一定更和我们作对。还不如把他送还秦，和秦讲和。"商量定了，派人和襄公商议。这时襄公已经登位为君，想念哥哥世父，只得允许西戎讲和，把世父接了回来。像这般朴质无华、文化落后的秦国，倒是一家忠义孝友，和表面雍容揖让、暗里篡弑窃夺的所谓礼乐文明的东方各国诸侯比较起来，真不可同日而语。

不多几年，召穆公、周定公一班老臣相继谢世，宣王又认为天下已经太平，渐渐不似从前那般谨慎，政事便弛缓下来。

却说一日宣王早朝，大宗伯出班启奏："现在春初时候，应该举行藉田大典，请旨在哪一天举行，臣好命有司预备。"宣王听了，心中犹豫。原来周家极重农田，天子也有一千亩的地要种上稻谷，用来祭祀祖先。每年春初，由天子亲自下田推动犁耙三下，表示这田是天子亲自种的，然后再由农人耕种。这虽然只是形式，也可以表明重视农事的意思。同时，每个诸侯也都有百亩的地举行这种藉田的典礼。现在宣王因为年纪渐老，觉得下田推犁很是厌烦，不愿举行，便向宗伯支吾道："寡人这几天身体疲乏，今年的藉田典礼暂行停止。”一言才出，便有一班臣下进谏，无奈宣王只是不听。忽然报说鲁侯来朝，宣王就命宗伯去办理鲁侯朝见的事。

这个鲁侯是鲁武公敖，即位多年，夫人生有一子名括，不幸夫人病死，继室又生一子名戏。按理说，武公应该立括为太子才是，无奈括自小性质鲁钝，言语笨拙，又兼生得容貌不扬，武公心中不甚喜爱。偏偏次子戏又生得一表人才，自小聪明伶俐，哥哥括和他相比，真是天差地别。可惜戏生为次子，无法立为继嗣。武公因此心中闷闷不乐，把立太子这件事延搁下来。过了几年，后宫也生了几个公子，继室夫人又生了一个公子名称。但是算来算去，都占不去长子括的地位，他既是嫡出，又是最长，立起太子来，绝对不能立别人。一日，武公朝罢无事。括、戏同来见父，武公便和他两人谈论政事。括唯唯诺诺，好像全无主意。回头问戏，戏却对答如流，头头是道。武公因此加倍爱戏，暗想鲁国将来如立括为君，恐怕他不会管理国政，岂不危险？但是越次立戏，不但国人不服，也怕天子责问。偏偏戏又是继室所生，外人不知括无才，一定以为是做父亲的偏心。这个问题把鲁武公弄得一筹莫展。看看又过几时，武公年纪渐老，自料不能长久在世，这急切的问题还没有解决，不免长吁短叹。身边一个臣下窥出武公心意，便献计说：“主公只消带两个公子，一同朝见周天子，把这内中苦情奏上天子。天子一见两个公子言行举止，自然明白。若得天子旨意，封了二公子为鲁太子，哪怕国人不服！”武公听了大喜，果然便命有司卜日，带了两子来朝周王。当下周天子依照礼节，接见鲁侯。朝礼已毕，次日便是燕见。这“燕见”是一种联络感情的宴会，和庄严的朝礼不同。宴中可以随意谈话，不像朝礼那般拘束。当时宣王看见武公须发苍苍，便问：“叔父高年跋涉，一路辛苦。现在公子几人？已立太子没有？”武公乘机启奏：“臣有子括、戏二人，现在已经带来，愿我王召见。倘蒙王恩，在二人中间择一立为太子，使臣将来死后，有人继位服务国家，实是万分荣幸。”宣王听毕，心中微微知意，暗想鲁侯未立太子，自然应立长子，何必带来请旨，更何必带了两个叫我选择？明是其中有为难的事情，鲁侯自己无法解决，才想请天子的命令来压服国人。如此说来，鲁侯意在次子，一定无疑。想毕，便说："叔父既已带来，可即命他们来见。"武公谢恩，立刻吩咐身边侍臣出外唤进括、戏，一前一后，进入王宫，依礼叩见。宣王展眼一看，只见一个形容粗俗，身材矮矬；一个神采奕奕，眉目清朗。虽然穿着一色衣裳，美丑大不相同。便启口唤他们进前，细问年龄名字。公子括初见天子，内心惧怯，呐呐不能回答。公子戏举止从容，应对明白。比较之下，果然胜过乃兄十倍。宣王看了，心中彻底明白，暗想：我本意一父之子，未必相差过远，还想或许是鲁侯偏爱，现在看这般情形，括的才干的确远不如戏。这般愚笨，如何能做国君？若立他为太子，一定把鲁国弄得一塌糊涂。看来鲁侯也是无法可想，才来请我决断。他又说不得，我只好替他解决困难。想了一会，便故意提出几个问题，分别问两个兄弟。可怜公子括是个老实人，如何回答得出？只急得满头是汗，战战兢兢。公子戏却不慌不忙，款款回答，句句清楚，语语中听。这时候别说宣王，连旁边左右也都觉得这两个兄弟相差过远。当时宣王看了一会，便笑对武公道："这两个公子都很不差，只是聪明才干，似乎戏还胜一筹。叔父意下如何？"武公奏道："臣因为立嗣是国家根本，深恐儿子不才，有负天子分封的寄托，所以不能决断。"宣王道："立嗣本例，应该立长。但是鲁国是东方诸侯的首长，做国君的必须才德兼优，方能上奉社稷，下抚人民。寡人意思，不妨立贤，便立戏为太子。未知叔父的意思如何？"武公听了，正合心意，登时跪下谢恩。不想旁边转上一位大夫，叩头谏道："不可，不可。先王封建诸侯，君位承袭，定有常例。嫡妻无子，方许立庶出儿子中年龄最长的。年龄相同，方许立贤能的。现在鲁侯不但有嫡，而且年长。公子戏虽然贤能，不合立贤的例。君王以天子的旨意来变更封建的常例，万一鲁国不服，不听王命，要遵先王常法，难道说鲁不对？岂不是我王的旨意不行吗？即使鲁国服了，将来各国都纷纷立起少子来，我王又怎么去责备他们？这样，必至造成大乱。"宣王一看，原来是仲山甫。听他所说十分有理，无奈已经允许立戏，又不忍鲁武公失望，便道："先王常法，自然应该遵守。这次立戏，是出于寡人的特旨，和他人不同，各国不得为例。"仲山甫叩头力谏，宣王只是不听。鲁武公带了两子回国，宣布天子旨意，立戏为太子，国人自然不敢说话。回国不久，武公便即病死。戏嗣位为侯，是为鲁懿公。公子括向来老实，倒也罢了。不想他的儿子伯御年龄虽小，却有心眼，见父亲的侯位平白给叔叔抢去，心里不甘。过了几年，公子括病死。伯御承袭父亲大夫之职，更加怏怏，便勾结了国内几个贵族，趁懿公出游时候，买了勇士，刺死懿公，由伯御继位为君。报上周王，周王查知懿公乃是被弑，勃然大怒，便亲率六师征伐鲁国。鲁人不能抵御，只得将伯御献出，把弑君的罪完全推在伯御身上。宣王杀了伯御，查问鲁国还有何人可立。仲山甫推荐懿公的弟弟公子称，贤明有才。宣王本爱懿公，一听是懿公胞弟，便允许立他为鲁侯，是为鲁孝公。鲁国这场大乱才算完结。从此，封建制度下君位必须传给嫡长子的定例被打破了，各国更加兄争弟夺，暴露出封建制度无可补救的弱点。

这时候宣王已在位多年，天下无事，渐渐不免贪懒怕劳。一天，恰值大雪，气候寒冷，宣王在宫里和美人饮酒取乐，不觉酩酊大醉，一直睡到天明，还不曾醒。左右看见上朝时候已到，只得唤醒宣王，草草梳洗，出外接见臣下，商量朝政。原来那时天子上朝，照例是五更三点、天色初动的时候，到了天明，就太晏[①]了。宣王一上朝堂，看见许多公卿已等候多时，不免心里惭愧。朝罢回宫，忽然姜后的傅姆前来朝见。那时定例，凡是王后夫人都有傅姆，由年高有德的妇女担任，傅姆在王后夫人左右，辅佐一切，传达言语，好像女管家一般。宣王一见姜后傅姆，心中便有些明白，暗想姜后素来端庄贤淑，不苟言笑，今天派来傅姆，一定因为我晏朝的缘故，又来规谏。当时查问

① 闽语，太迟的意思。

傅姆有什么事情，傅姆叩头奏道："王后姜氏差遣妾来传达言语。王后因为无才无德，不能整肃宫廷，以致君王贪恋女色，失礼晏朝。这都是王后没有管束宫人的缘故。现在君王假使爱好女色，将来一定会喜欢奢侈。一喜欢奢侈，便一定会穷极方法去寻求快乐。这就是各种祸乱发生的原因。归根到底，祸乱是由于王后不会管理宫廷的缘故，这岂不是一件大罪吗？现在王后已经脱卸了王后的簪珥衣裳，在永巷等待君王的旨意定罪。"

原来古代王宫内有一道专门幽禁犯罪的后妃宫人的长巷叫作"永巷"，姜后为了感动宣王，便像犯罪的宫女一般打扮，在永巷待罪。

宣王一听傅姆言语，惭愧得满脸通红，连忙说："这是寡人的失德，是我自己不小心，造成这般过失，并不是王后的错，她怎么可以这般地自己贬抑？你快去请王后出来，依然穿上王后的服饰，还住在王后的宫里。寡人以后再也不敢这般疏忽，玩视国政。"再三安慰，傅姆方才退去，前往永巷请出姜后。这样一来，不但宣王不敢晏起，连满宫美女都不敢任意趋奉，以免自讨没趣。宣王有了这般贤内助，早朝晏罢，不敢偷懒，倒得了勤政爱民的美名。

这时候，西方的各戎族渐渐强大，屡次侵扰周的边地。宣王只得下令出兵讨伐条戎，下旨命晋国出兵助战。这晋国是唐叔虞的后代，改唐国为晋国，算是周的同姓至亲。因为住在西北地方，接近戎狄，地僻人稀，勤俭耐苦。这时晋穆侯在位，便带了兵马，随了周军和条戎大战。不料条戎非常厉害，周、晋两军都被杀得大败。穆侯回到本国，恰巧夫人姜氏生了一位太子。穆侯因为战事失利，满怀不乐，便把太子取名为仇，意思是要报复敌人。一面厉兵秣马，打算再去和戎拼命。过了一年，果然又接到周天子命令，起兵讨伐姜戎。穆侯连忙点起兵马，重复出师。此时穆侯夫人又已怀孕，穆侯也不在意，催趱人马，急急启行。到了千亩（在现在山西省介休县①）地方，远远望见前面

① 今介休市。

烟尘大起，喊杀连天，知是周军和戎人对敌，连忙催兵上前夹攻。这时候周军已被戎人杀得大败，抛戈丢甲，望后飞逃。戎人掳获甚多，正在得意，不料斜刺里杀出晋国的生力军来，一个个如熊似虎，勇气百倍。戎人抵敌不住，只得败走。穆侯追杀一阵，方才收兵。周军虽然大败，却幸得晋兵来援，救回了许多俘虏军器，宣王着实慰劳穆侯一番。因为周军已经不能成军，只得各自回国。穆侯这次奏凯归来，心中十分高兴。进入宫里，夫人欢笑相迎，诉说又生一个儿子。穆侯喜上加喜，忙抱来一看，只见小孩额广鼻高，天庭饱满，不由心花怒放。问知还等穆侯回来取名，穆侯不假思索，脱口说道："这次我全师大胜，成功归来，可把这孩子名为成师，作为这次战功的纪念。"自此这孩子便名为成师。晋大夫师服听见了孩子的名字，十分诧异，说："太子名仇，太子的弟弟名成师，一好一坏，相差千里。这虽然是一件小事，但是不免使小人生心，将来太子一定地位不稳。"师服这般议论，自然有许多人笑他多心。后来穆侯病死，穆侯的弟弟殇叔果然把太子逐去，自己篡了侯位。太子仇逃到国外，过了三年，又纠集旧臣，回到晋国把殇叔杀了，接位为君，是为晋文侯。文侯才干很好，和弟弟成师也很友爱，国内暂时无事，按下不表。

且说周宣王自千亩败回，士卒死亡不少，一路心灰意懒，走到镐京附近，天色薄暮，忽见前面有一群小儿拍手歌唱。宣王听得所唱的歌，隐隐约约是两句话："檿弧萁服，实亡周国。"

檿是一种山桑，用山桑木造成的弓就叫檿弧。萁是一种草，用萁草编成箭袋就叫萁服。周的时候，男子注重射箭的技能。凡男子生下三日，门上便悬挂一张弓弧，作为生男的记号。男孩稍长，便教他射箭。所以周时男子人人会射，所需用的弓箭自然极多。这山桑萁草价廉工省，童子学射，十分经济，所以造的人很多。当时宣王听了，心中老大不自在，便命左右捉拿小儿来问这歌的来源。左右奉命上前捕捉，众小儿一时惊散，只捉得一个跑得慢的前来。宣王问道："此歌是何人教的？"幼儿答道："这歌是一个女童所唱，不知名字。”宣王想了一会，便命幼儿退去，以后不许再唱。回到宫中，闷闷不乐。次日上朝，命禁止制造檿弓萁服，犯者重办。一时人民不知端的，所买檿弓萁服都被没收。许多乡间做好弓服抱来城里贩卖的人，走到城门，便被门卒查获，弓服没收之外，还得受一顿鞭打。

一日，宣王退朝，到姜后宫中闲坐。忽见一个宫女进来报告，说后宫有一个年老宫女生了一个女婴。姜后十分诧异，忙召老宫女前来，问她何时怀孕。老宫女奏道：“妾自先王时候入宫。先王曾经开启一只木柜，其中据说藏有夏代的龙漦，一不小心，把龙漦失手打翻，流在地上。妾那时年才十二，自不小心，误踏龙漦，滑了一跤。自此肚里便好像结有一块，至今已经四十多年，夜来忽然腹痛，今晨产下一个女婴，并无别情。”姜后听了，心中不信，说：“这完全一派妖言，岂有此理。看你产后虚弱，姑且免究。女婴来历既然不明，可即抛弃，不得抚养。”说毕斥退宫女，吩咐宫人把女婴抛弃野外。宫人奉命，用了一件旧衣包了女婴，抛在野外树下，回宫复命。

恰巧有两个乡民夫妇造了檿弓萁服，拿到城里来卖。刚刚走到城门，门卒看见，便喝道：“兀那乡民，胆敢违禁私卖檿弧萁服，快快拿下。”两人慌忙撇下弓服，飞跑逃走。走了一会，回头看看，门卒没有追来，方才放慢脚步，找个树根坐下喘息。忽然一眼瞥见树下有一个包裹，留心一看，内中包着一个女婴，还是活的。夫妇商议，把这女婴拾去抚养，也是好事。便把呱呱女婴抱起，两人一同逃走。因为不知门卒究竟为何捉他们，不敢回去，便逃去褒国（现在陕西省沔县①）地方居住。暂且不表。

宣王到了镐京，计算这次出兵损失太多，一时无法再举，便想把太原人民数目查点一番，准备将来抽调壮丁，补充队伍。这种清查户口的办法，古时候叫作“料民”。大夫仲山甫谏道：“人民原有乡遂制度，只消一查，便很清楚。

---

① 今勉县。

何必这般小题大做，从头清点。太原逼近戎族，人民受到惊扰，反给了戎族入侵的机会。”宣王这时候年纪已老，对于臣下进谏，往往固执于自己的见解，一点不听。对于仲山甫的话，自然也是置之不理。这种态度和刚刚即位时候的谦虚，已经大不相同。偏偏一班老成臣下都已身故，宣王就更加刚愎自用。那时有个大夫杜伯，为了一件很小的事情触怒宣王，要将他斩首。大夫左儒是杜伯的好友，连忙出来谏阻，宣王更加动怒，便斥责左儒说：“你只知有友，不知有君，是何道理？”左儒回答说：“君有理，臣应该顺君。友有理，臣应该从友。现在杜伯没有罪，不应该杀。臣宁死不能顺王杀杜伯。”宣王发怒道：“我偏杀杜伯，你待如何？”左儒道：“臣愿与杜伯同死。”宣王说：“我偏不杀你，看你如何同死？”说毕便叱左右把杜伯杀了。左儒回家后又气又愤，便也自刎而亡。

宣王因为一时愤怒，杀了杜伯。过了一会，内心也觉得懊悔；又听得左儒自杀，更觉得暗暗内疚。他渐渐精神恍惚，寝食不安，成了怔忡的病症。过了几时，稍稍平安，便想出外游猎，下令卜人卜日，预备车马，率领公卿武士，到郊外射猎一番。那天天色晴朗，万里无云。各将士要博宣王喜悦，个个逞胜争强，刀枪并举，毛血纷飞。正在猎得热闹时候，忽然宣王在车上大叫一声，往后便倒。吓得随从左右，胆裂魂飞。慌忙扶住宣王，传令罢猎，急急回宫，送入姜后宫中休息。无奈宣王年纪已老，服药无效，不多几天，便即崩逝。群臣依礼举哀，奉太子宫涅即位，是为周幽王。姜后因为悲哀过甚，不久也便病亡。

幽王即位，立王后姜氏，她是申侯之女，称为申后；又立长子宜臼为太子。一日，幽王视朝，虢公奏道：“褒国久不进贡，请旨训饬。”幽王道：“诸侯玩忽职责，便应出兵讨伐。可派遣勇将，克日征讨褒国。”虢公退下。

幽王对于国家政事全不在意，只觉得宫里缺少年轻美女，郁郁不乐，又和虢公商量。那虢公名石父，是个谄谀之徒。当下对幽王奏道：“先王享国日久，春秋已高。所用侍女都已年纪老大。君王登位，正应该另选美人，以供使唤。现在容臣下令各国访求美女，进贡前来。”幽王听了，心中大悦。虢石父便派人四出访求美人。此时仲山甫等都已告老不在朝廷，也无人出言劝止。

褒国一闻幽王派兵来讨，十分恐慌，忽然又听说有旨访寻美人，连忙派人向民间寻求美色。恰好那个卖檿弧萁服的夫妇所拾得的女子，已经长成，生得肤如凝脂，眼如秋水，一乡人民，无不交口称赞。褒国便用重金买得此女，另外再寻了九个美女，凑成十名，送与幽王，请求赦罪。幽王收到美女，也就罢兵，把十名美女收入后宫，以供使唤。一日，幽王退朝，到后宫游玩。遍看各国贡来的美人，并无合意的出色人才。看了一番，有一个宫女捧上一杯美酒。原来上古时代，还不知道用茶，全是以酒解渴。幽王接过酒杯，忽见那捧杯的手，又纤又嫩，如同春葱一般，洁白可爱，不觉抬头向宫女一望。哪知不望犹可，一望之下，顿然眼光缭乱，只觉得一种夺目的光艳把全身精神吸住，怔怔地呆了一会，便问这宫女是哪国贡来的。宫女奏道：“妾是褒国姒姓之女，去年进贡入宫。”幽王懊悔说：“怎么去年入宫，我竟没有看见？”便立刻把褒姒带入宫中，宠幸无比，把满宫后妃一概看得和敝屣一般。每日只和褒姒饮酒取乐，国政完全不理，任凭虢石父一班小人招权纳贿，谮害忠良，弄得人民叫苦连天。这褒姒原来便是当年被抛弃了的女婴，如今一朝得宠，平地登天。幽王只要褒姒欢喜，一切享用尽量奢侈，向各国征取宝货财用，日夜川流不息，各国莫不厌苦怨恨。那时有一首民间流行的诗歌，专咏幽王贪得无厌，名为《菀柳》。那诗借了上帝来比喻幽王，它说：

有菀者柳，（茂盛的杨柳，）
不尚息焉。（行路的人难道不想去休息一下呵！）
上帝甚蹈，（上帝是喜怒无常的，）
无自暱焉。（不要自己去亲近他呵！）
俾予靖之，（假使我来理他，）

后予极焉。（将来就要加罪到我的身上呵！）

有菀者柳，（茂盛的杨柳，）
不尚愒焉。（行路的人难道不想去歇脚呵！）
上帝甚蹈，（上帝是喜怒无常的，）
无自瘵焉。（不要自己去找苦吃呵！）
俾予靖之，（假使我来理他，）
后予迈焉。（将来就要把我流放到远的地方呵！）

有鸟高飞，（高飞的鸟儿，）
亦傅于天。（最高也不过飞到了天。）
彼人之心，（那个人的心，）
于何其臻。（不知道要高到哪里去？）
曷予靖之，（我怎么敢理他？）
居以凶矜。（怕他会赶我到凶险的地方去。）

其时东方有一个谭国（现在山东省历城县①）地方，是个很小的子爵国家，和各国一同受周的压迫。一年到头，贡献不绝，弄得民穷财尽，衣履不周。谭大夫把贡品送到周的镐京，一看镐京一班贪官污吏，衣服鲜华，起居阔绰。对于谭国贡来的物品，不是嫌少，就是嫌坏，百般挑剔。谭大夫忍气吞声，勉强赔着笑脸，再三央告，好容易才让他们把贡品收下。他们却又限他下次进贡的日期分量，必须十全十美，如限赶到。谭大夫肚子几乎气破，暗想我谭国千辛万苦，向小民压榨血汗，将贡品送到这里，却被你们这班小人看得

① 今济南市历城区。

不值半文。你们不过是一点不劳动、没有功绩的流氓小子，一朝得志，这样放肆。一路回去，真是越想越气，便作了一首《大东》的诗来自伤自叹，并且把东方人民的痛苦叙述出来。它说：

……

小东大东，（大大小小的东方国家，）

杼轴其空。（布匹全给拿光了，只剩下空空的机杼。）

纠纠葛屦，（夏天穿的粗粗葛布的鞋子，）

可以履霜。（到降霜时候还穿着走。）

佻佻公子，（孤孤单单的公子，）

行彼周行。（这般衣履不周地到周去进贡。）

既往既来，（把所有的都搜刮去了，也不见半点回礼，）

使我心疚。（使我心里伤痛得很。）

……

东人之子，（东方人的儿子，）

职劳不来。（辛苦得要死，没有得到半点慰问。）

西人之子，（西方人的儿子，）

粲粲衣服。（穿着漂漂亮亮的衣服。）

舟人之子，（划船人的儿子，）

熊罴是裘。（穿着厚厚的熊罴皮袍。）

私人之子，（私人的儿子，）

百僚是试。（享受着高官厚禄。）

或以其酒，（我们送上甜美的酒，）

不以其浆。（不当作水浆看待。）

鞙鞙佩璲，（我们送上长长的佩玉，）
不以其长。（还嫌它太短。）
维天有汉，（天上的银河，）
监亦有光。（也有一点儿光亮。）（可是看不见我们的委屈。）
跂彼织女，（那织女的星，）
终日七襄。（一个白天也移过七个时辰。）（自卯至酉。）

虽则七襄，（虽然移了七个时辰，）
不成报章。（也没有织出布来。）
睆彼牵牛，（明煜煜的牵牛星，）
不以服箱。（也不会驾车。）
东有启明，（东方有启明星，）
西有长庚。（西方有长庚星。）
有捄天毕，（还有长长像网的毕星，）
载施之行。（都不过摆摆样子。）

维南有箕，（南方有箕星，）
不可以簸扬。（也不会簸扬米谷。）
维北有斗，（北方有斗星，）
不可以挹酒浆。（也不会挹舀酒和浆。）
维南有箕，（南方有箕星，）
载翕其舌。（只会贪馋地舐着舌头。）
维北有斗，（北方有斗星，）
西柄之揭。（只会伸出向西的柄。）（好舀取东方人民的血汗。）

它以天上的星比喻周昏庸贪污的官吏，他们只懂得搜刮人民，却不会做一点事。由这首诗里面，可以看见东方各国已经被周剥削到无法生存的地步。政治腐败到这般样子，周的统治权已经岌岌不可终日了。幽王还不知死活，一味贪酒好色，渐渐每日都在醉乡。醉的时候，语言颠倒，喜怒无常，小人就趁这机会做起弊来，政治更加黑暗。一时风气所趋，人人都喝得烂醉如泥，抛弃了正经工作不做，上下紊乱，人民生活十分困苦，个个怨恨。这种酗酒的风气，简直和商纣末期的朝歌一般。

却说那时的卫国，自从康叔受封后，极力改革商代酗酒恶习，人民风气大变，传了八代，到了釐侯在位。釐侯的太子名余，不幸早死，谥为共伯。由弟弟武公和接了釐侯的位。武公谦恭好学，极得国人的爱戴，因为幽王贪酒，特地写了一篇《宾之初筵》的诗，描写酗酒的害处，希望幽王觉悟。但是幽王一点也不采纳。

不久，褒姒生了一子，取名伯服。幽王爱如珍宝，凡是褒姒所喜欢的事情，无不千依百顺，只少不曾把天上月亮拿了下来。褒姒喜欢撕裂缯帛的声音，幽王特地命人每天进贡一百匹缯帛，使有力气的宫女撕裂给褒姒听。但是褒姒虽然受到幽王百般宠待，却从不曾有过笑容。幽王觉得十分奇怪，再三问褒姒不笑的原因。褒姒只说生平不曾笑过。幽王说："以你如此容貌，若是笑一笑，一定要增加无限娇媚。无论如何，我必要设法使你发笑。"于是用了无数方法来博取褒姒的欢心，褒姒却依然不曾喜笑颜开。申后看见幽王这般颠倒迷惑，自然不免怨恨，褒姒便对幽王谮诉了申后许多言语。幽王正在宠爱褒姒的时候，便不分皂白地把申后废了，立褒姒为后；又把太子宜臼也废了，立伯服为太子。这时候满朝公卿都是阿顺谄谀的人，只有司徒郑桓公，名友，是厉王的少子、宣王的幼弟，封在郑国（在河南省郑州市）为伯，为人正直，苦谏再三，无奈幽王分毫不听。申后退居后宫，让褒姒正位为后。太子宜臼被废后，恐怕幽王还要杀他，便逃奔母舅申侯的国土（现在河南省南阳市）去了。

幽王反认为宜臼不知认罪改过，应该重重惩戒一番，便派了人去申国索取宜臼，一面携带褒姒到骊山游玩。

那骊山（现在陕西省临潼县[1]）在镐京的东边，蜿蜒曲折，和蓝田山（在陕西省蓝田县地方）相接，是镐京邻近的第一座名山。山上重峦叠嶂，松柏参天，风景十分幽静美丽。山边有温泉涌出，一脉溶溶，自然暖热。这带地方本是骊戎居住的所在，所以名为骊山；现在周已经把骊戎赶走，在骊山上盖了精致的离宫，倚岩建筑，碧瓦朱甍，雕栏绣柱，虽然不及镐京宫殿的宏伟，却也小巧玲珑，别饶韵致。前面盖有一座高台，登台四望，周围山景，全收眼底。朝霞夕照，春树秋花，真是观之不尽。当日幽王因为在宫中享尽荣华，生活过得腻了，要换个环境，游山玩水，娱目爽心，便带了褒姒到了骊山宫里，登台饮酒。这泼蓝罨绿的岚色山光果然比金丝鸟笼般的宫禁赏心悦目得多。当下一面饮酒，一面谈笑，指点着野树山花，品红评绿。正说得高兴时候，褒姒忽然指着山上一座台墩模样的东西，问道："这是什么？"幽王笑道："爱卿如何不识？这是烽燧。"褒姒听了，还不明白。幽王便说："这烽燧在外寇来侵的时候，一点着，近地诸侯一见烽烟，便即带兵来救。"褒姒这才懂得烽燧的用处。幽王一见褒姒不识烽燧，忽然想到宫里万般奇巧褒姒都已见过，只有烽燧还没有看见，一则要讨好褒姒，二则要卖弄自己的权力，便暗暗命人把烽燧燃点起来。

原来周都镐京，一向迫近戎狄，自从太王以来，一直和各族戎狄争战不休。为了安全起见，便选择了在最近的骊山上安设烽燧。那烽燧是用狼粪杂了燃料，在山顶上筑成高高的圆柱模样，遇有紧急军事，举火点着，狼粪被烧，发出一股浓烟，直冲霄汉，任多大狂风，绝吹不散。附近各地诸侯一见狼烟冲天，便知有敌人来犯，急急催兵前来，合力抵拒。骊山有了这种设备，镐京就

---

① 今西安市临潼区。

可以安如泰山。当时幽王只图褒姒欢喜，不顾利害，左右侍臣也没有远见之人，不加谏阻。便即传令出去，把山上许多烽燧尽数点起。一时狼烟四起，直冲天际。王畿附近各诸侯忽见半空烽烟乱窜，知道镐京告急，连忙点齐兵马，挂剑提刀，马不及鞍，人不及甲，急急排开队伍，如飞地奔驰前来。霎时，旌旗乱飐，战鼓齐鸣，漫山遍野，涌到了无数的军队。到了骊山，却见一轮明月，万籁无声，只有一派笙歌，抑扬婉转，台上灯烛辉煌，幽王和褒姒浅斟低酌，对坐饮酒，哪有半个敌兵形影？各诸侯又惊又怪，忐忑不定。幽王已经派了小臣下来传旨说："天子因为烽燧久设不用，恐怕大家怠忽，故特意试举一次。各诸侯跋涉远来，可即回去休息。"各诸侯听了，面面相觑，作声不得。只得卷旗息鼓，个个回去。

褒姒看见烽烟一起，果然来了许多军马，一顷刻之间，招之便来，挥之即去，匆匆忙忙，并无一事，不觉掩口大笑。幽王在褒姒面前显示了自己威权的强大，又博得褒姒一笑，不由狂喜，说道："爱卿一笑，果然百媚横生，添得十分颜色，这都是烽火的力量。今天骊山之游，真是不虚此行。"便欢欢喜喜在骊山游玩了几天，才回到镐京。郑桓公知道幽王举烽戏弄诸侯，大惊，连忙进谏道："先王设置烽燧，原为预备不虞。现在无故举烽，失去信用。万一有事，如何是好？"幽王笑道："天下太平，何用烽燧！叔父未免过虑。"竟然不听郑伯的话，从此不时去骊山游玩，高兴时候，便燃点烽燧作乐。

不久，派去申国的使臣回来，报告说："申侯不肯把废太子交出。"幽王大怒，便和虢石父商议，要起兵讨伐申国。忽然又听得探子报告，申侯派人聘问西戎。幽王道："申侯不肯交出宜臼，又和西戎来往，必有逆谋。"虢石父道："申侯谋逆，反形未露。今可召集诸侯大会，申侯一定前来赴会，等他到来，便擒下监禁，要他献出宜臼，不怕他不献出。"幽王大悦道："此计大妙。"便下了命令，第二年春间召集诸侯在太室大会。

太室就是嵩山（在河南省登封县），地点适中，各地诸侯到会的道路都不太远。那时东方各国已经被周搜刮得皮骨仅存，又不敢不来到会。因为周封建各国，每国都不过百里左右的地方，兵力自然有限；而周天子自己的王畿已经有千里方圆，还可派遣各国随同出兵。强弱不齐，各国自然畏惧。到了太室，幽王见申侯公然不来，又看出各诸侯表面从命，内心不服，便命令举行歃血的盟誓典礼。由郑桓公为首，定期同盟。

这种盟的礼节，是杀一头牛，把血盛在盘里。预先做好一张誓书，上面写好应当怎样同心服从天子。由在会的诸侯共同看过，读过一遍，放在牛的身上。然后每人按照次序大小，将手指蘸了盘里牛血，抹在自己唇上，称为歃血。意思是，谁要违背了这誓书上面的话，谁就要和这头牛一般。在上古迷信神权的时代，这种盟誓的仪式的确有着无上的束缚权力。天子和诸侯是不平等的，所以命郑桓公做个主盟，因为他既是王子，又是周的卿士，可以代表周天子的一方面。

当时诸侯畏惧周幽王的势力，勉强同盟了，陆续散去。只有戎狄们，本来周看他们不起，一向不曾叫他们参加盟会，这次幽王因为恐怕戎狄不服，特地允许他们参加。他们却又推辞说：不熟礼节，不愿歃血。幽王只得由他。等到大会完毕，幽王方才宣布说："申侯不来到会，显有不臣之心，应该讨伐。"说毕，派虢石父率领军队出征申国。

申侯听见幽王召集太室大会，知道一经到会，一定被幽王扣留，因此不敢赴会，暗中却派人打听消息。探子探知幽王讨伐申国的命令，连忙飞报申侯得知。申侯大惊，慌忙聚集群臣，商量计策。大家都说天子这般无道，要想免祸，除非把太子献出。但是太子无罪，献出情有不忍。势难两全，无法可想。申侯道："太子与我有甥舅之亲，我不能献出太子。王师若来，只有尽力抵抗。只是兵力薄弱，不能不借助外人。邻近各国，兵微将寡，只有西戎素来剽悍，可以为援。我意欲借兵西戎，大夫以为如何？"群臣听了，都说："此计大妙。"又有一个臣下献计说："主公既然有借兵西戎的意思，不如和西戎一起进攻镐京。如能得胜，可请求天子废黜褒姒、伯服，仍恢复王后、太子位号。此乃不世之功，岂但免祸而已？”申侯一则畏惧幽王暴虐，二则牵于太子甥舅私情，只得听了这个臣下的建议，派人赍了重币到西方犬戎借兵。犬戎本来和周有世仇，累代相攻，接到申侯礼币，自然欣诺，便率领戎兵，由申侯引导，一直进攻镐京。

幽王由太室回来，正要和褒姒再到骊山游玩，忽然闻报申侯和犬戎兴兵杀奔镐京，连忙传令速速点兵抵御，一面派遣使者到各国征兵。还未准备清楚，犬戎已经扑到镐京附近。原来幽王多年玩忽政事，只知饮酒娱乐，军队腐败不堪。虢石父等一班小人，又只知欺压百姓，全不管整军修器。到了要用的时候，不是刀锈，就是枪钝，旌旗破烂，车轮朽坏。真个去打申国，也不免要吃败仗，何况还要抵御凶悍的犬戎？当时郑桓公看了这般情形，只急得搓手顿足。一面派人飞速到自己郑国，催太子掘突速速发全国的兵前来勤王；一面忙令骊山举起烽火，召齐附近各国诸侯军队，一同抵御犬戎。谁知各诸侯因为幽王屡次举烽，并无外寇，这次看见烽烟，认为又是幽王要讨褒姒欢喜和他们开的玩笑，都不去召兵备马，如同没有看见一般。郑桓公等了许多时间，救兵不到。虢石父一班奸佞，这时候性命要紧，只顾缩在家里发抖，一应守城事情，全推在郑桓公身上。郑桓公只得启奏幽王道：“犬戎顷刻便要到了，若是坐等他来，把镐京包围起来，那就太危险了。臣请带兵出外，迎头痛击一场。若能把犬戎打退，便可以转危为安。”幽王此时心里十分恐慌，只怕郑伯带兵出城，城里越加空虚，便阻止道：“现在城里全靠叔父守城，岂可离城外出？不如只在城内坚守，救兵自会来到。”郑伯无奈，只得在城内巡逻，一面又派人再去骊山举烽。任他烽烟冲破半空，各诸侯依然认为幽王是有意和他们再开一次玩笑，都不理睬。

不多时，犬戎兵到，一声呐喊，把镐京团团围住，狠狠攻了一阵城。郑桓公在城内相机对付，一会上城，一会下城，赶得手忙脚乱，勉强支撑一天。怎禁得犬戎来势凶猛，守城军士又因为幽王昏暗，粮饷一向被小人克扣，怨恨已久，都是懒洋洋的，无精打采，一点也不起劲。郑伯巡到东门时候，天色已经薄暮，西门军士便随意离开岗位。一眨眼间，城堞已经被犬戎爬上。霎时喊声大震，城楼火起。犬戎杀了把门兵卒，抢进城门，一路乱杀乱抢。登时满城鼎沸，人民哭声震天动地。郑伯在东门望见西边城楼火起，知道城破，连忙赶到宫中，正逢幽王和褒姒、伯服慌作一团，走投无路。郑伯急急保护三人出了宫门，只见满街都是逃难人民，男啼女哭，拥挤难行。望见北门没有火光，忙催趱车马向北逃走，好容易杀出北门，冲开一条血路，一直向骊山逃去。

犬戎杀入镐京，大烧大抢。杀到王宫，发一声喊，踏了进去，掳掠无数珍宝美女。又把库藏打开，也搬取一空。犬戎主还不足意，查点不见幽王，连忙派兵追赶。这时候郑桓公正护卫着幽王前行，黑暗中兵士陆续逃散，只剩百余人左右。忽见后面火把无数，喊声大震。郑伯知是追兵来到，慌忙启奏幽正道："请我王速速前行，臣当拼一死断后。"幽王此时惊慌无措，一句话也说不出，褒姒只有搂着伯服哭泣。郑桓公别过幽王，自己绰枪回马，迎住犬戎追兵大战。郑伯虽然英勇，无奈犬戎兵马越来越多，将郑伯团团围住，乱枪攒刺，顷刻阵亡。一面犬戎分兵往前追赶幽王，幽王随从士卒一时惊散，只剩下幽王、褒姒、伯服三人，吓得瘫在车上。犬戎一见幽王衣服，知道是周天子，便不问皂白，一刀砍死。由褒姒手中抓过伯服，也给他一刀。只留下褒姒一人，掳去献给犬戎主。

这时候，三百年来繁华无比的镐京，只杀得尸横遍野，血流成河。到处是熊熊火光，照得满天通红，全城化成一片焦土。可怜历代人民血汗积累的精华，尽数付之一炬。自从周武王灭商到犬戎焚掠镐京，共计三百五十一年。正是：百年建国谈何易，一笑亡邦事不难。